이렇게 살아가도 괜찮은가

이기적인 사회에서 살아가는 사람들을 위한 희망의 실천윤리

이렇게 살아가도 괜찮은가

초판 1쇄 2014년 1월 20일
초판 7쇄 2021년 1월 20일
2판 1쇄 2023년 12월 15일
3판 1쇄 2025년 12월 15일

지은이 피터 싱어
옮긴이 노승영
펴낸이 김성실
책임편집 박성훈
표지 디자인 민진기디자인
제작 한영문화사

펴낸곳 시대의창   **등록** 제10 - 1756호.(1999. 5. 11)
주소 03985 서울시 마포구 연희로 19 - 1
전화 02)335 - 6121   **팩스** 02)325 - 5607
전자우편 sidaebooks@hanmail.net
페이스북 www.facebook.com/sidaebooks
트위터 @sidaebooks

ISBN 978 - 89 - 5940 - 877 - 1 (03190)

※잘못된 책은 구입하신 곳에서 바꾸어드립니다.

피터 싱어 지음

노승영 옮김

이렇게
살아가도
괜찮은가

How are we to live

Ethics in an age of self-interest

이기적인 사회에서 살아가는 사람들을 위한
희망의 실천윤리

시대의창

세계관과 인생을 변화시킬 빨간 알약

이 책을 집어든 예비 독자께 충고합니다. 한 번 더 생각해보시기 바랍니다. 이 책은 영화 〈매트릭스〉에서 네오가 삼킨 빨간 알약과 같습니다. 피터 싱어는 여러분의 세계관을 바꿀 것입니다. 그에게 설득되어 세계관을 바꾸었다면 여러분은 삶의 방식을 바꾸어야 합니다. 피터 싱어의 주장에 동의하면서 지금 같은 삶―물질적 부를 추구하고 자신의 이익을 남의 이익보다 중요시하는 삶―을 살 수는 없기 때문입니다. 싱어도 이렇게 말합니다. "지금의 삶이 더할 나위 없이 흡족하다면, 여러분이 살고자 하는 바로 그 삶이라고 확신한다면 지금 책장을 덮기 바랍니다. 계속 읽어봐야 마음만 불편해질 테니까요."

이 책의 목적은 정보를 제공하는 것이 아니라 설득하는 것이며 생각을 바꾸는 것에 그치지 않고 행동을 바꾸는 것입니다. 여러분은 제삼자의 위치에서 논증을 감상할 수 있습니다. 지금처럼 살겠다던 싱어의 논증을 반박해야 합니다. 그러지 못한다면 싱어가 제시하는 삶의 방식을 진지하게 고려해야 합니다. 그래서 이 책은 높임말로 옮겼습니다. 이 책은 독백이 아니라 대화입니다. 독자의 방관자가 아니라 토론자입니다.

그렇다고 해서 긴장할 필요는 없습니다. 이 책에서 말하는 윤리는 여러분의 삶의 제약하는 것이 아니라 완성하는 것이니까요. 사람들은 "'윤리' 하면 이거 하지 마라, 저거 하지 마라 하고 금지하는 규칙 체계라고한 생각하"는데, 윤리는 사실 "어떻게 살아야 하는가를 생각하는 토대"입니다. 동성애, 낙태, 순결, 혼외정사—우리가 '윤리' 하면 떠올리는 것들은 세상의 고통받는 사람들을 어떻게 도울 것인가, 한계를 넘어선 지구 생태계를 어떻게 살릴 것인가, 공동체를 어떻게 복원할 것인가에 비하면 사소한 문제입니다. 기독교의 회개는 헌금이 아니라 기부를 하지 않은 것에 대해, 큰 차를 타고 다니는 것에 대해, 고기를 먹는 것에 대해 해야 합니다.

종교 윤리가 권위를 잃으면서 우리의 삶에서 윤리 자체가 무너졌습니다. 양심은 '개인의 문제'가 되었으며 상대주의가 유일한 판단 근거로 올라섰습니다. 피터 싱어는 이성의 힘으로 세속 윤리를 세우고자 합니다. 그 토대는 '이웃을 네 자신같이 사랑하라', '자신이 원하지 않는 일을 남에게 하지 마라己所不欲 勿施於人'라는 고대의 황금률과, 도덕적 판단을 내리기 전에 자신을 남의 입장에 놓으라는 R. M. 헤어의 주장입니다. 여기에 진화론과 협력의 딜레마를 넣고 시지윅의 '우주적 관점'을 버무리면 '어떻게 살아야 하나'에 대한 해답과 삶의 의미를 찾을 수 있습니다.

이 책은 1996년에 첫 출간되었지만 지금 재번역하여 재출간하는 것이 시의적절하다고 생각합니다. 피터 싱어가 이 책을 쓸 당시에 LA 폭동이 시대의 징후였다면 지금은 전 세계적 금융 위기가 물질적 탐욕 추구의 종착점을 보여주고 있으니까요. 당시가 지구의 수용 능력을 막 넘어서려던 시점이었다면 지금은 한계를 초과하여 곳곳에서 문제가 터지고 있습니다. 지금이야말로 피터 싱어의 해법에 귀를 기울여야 할 때입니다. 또한 로버트 액설로드의 《협력의 진화》가 번역 출간되면서 협력의 딜레마를 제대로 이해할 수 있게 되었으며 《실천윤리학》, 《변하지 않는 인간의 본성은 있는가?》, 《물에 빠진 아이 구하기》 등 이 책의 논증을 확장하거나 천착한 싱어의 책들이 출간되어 풍성한 논의가 가능하게 되었습니다.

대학 시절에 읽은 칼 포퍼의 《추측과 논박》은 제 세계관을 바꾸었습니다. 《이렇게 살아가도 괜찮은가》가 독자 여러분의 세계관과 인생을 바꾸는 책이 되길 바랍니다.

노승영

윤리적 삶을 산다는 것

아직도 삶의 목적이란 게 있을까요? 돈, 사랑, 가족 말고 추구할 만한 가치가 있을까요? 있다면 과연 무엇일까요? '삶의 목적'이라는 말에서는 어렴풋이 종교적 색채가 느껴지지만, 비종교인 중에서도 많은 사람들이 '삶에 의미를 부여하는 아주 중요한 무언가가 빠져 있는 듯한 불편한 느낌을 받습니다. 그렇다고 이 사람들이 정치 이념에 심취한 것도 아닙니다. 지난 수백 년간 정치 투쟁이 종교의 역할을 대신했지만 현대사를 돌아보면 정치만으로 세상의 문제를 모두 해결할 수 없음을 분명히 알 수 있습니다. 하지만 어떤 대안이 있을까요? 저는 이 책에서 한 가지 해답을 제시하고자 합니다. 철학의 여명기까지 거슬러 올라가는 오래된 해답이지만 지금 상황에 더더욱 들어맞는 해답, 그것은 바로 우리가 윤리적 삶을 살 수 있다는 것입니다. 윤리적 삶을 산다는 것은 다양한 문화권을 아우르는 위대한 전통에 참여한다는 뜻입니다. 게다가, 차차 살펴보겠지만 윤리적 삶은 자기희생이 아니라 자기완성입니다.

편협한 선입견을 거두고 세상에서 우리가 어떤 위치에 있는지 넓게 바라보면, 삶의 목적을 찾지 못하는 것이 오히려 이상해 보입니다. 해야 할 일이 이렇게 많은데 말이죠! 이 책의 원고를 거의 다 썼을 무렵, 유엔평화유지군이 소말리아에 파견되었습니다. 굶주리는 소말리아 국민에게 구호 식량이 제대로 전달되도록 하기 위해서였습니다. 비록 목표를 달성하지는 못했지만, 부자 나라들이 머나먼 타국의 굶주림과 고통을 해결하려는 각오가 되었다는 희망의 조짐을 볼 수 있었습니다. 이번 일에서 교훈을 얻으면 다음에는 더 잘할 수 있을 것입니다. 텔레비전 앞에 앉아 아이들이 죽어가는 모습을 지켜보면서도 아무 거리낌 없이 풍족한 삶을 살아가던 시대가 저물기 시작했는지도 모릅니다. 하지만 극적이고 중요한 문제에만 관심을 가져서는 안 됩니다. 규모는 작아도 심각성은 적지 않고 우리가 노력하면 막을 수 있는 상황이 수없이 많습니다. 기아 문제를 해결하는 것도 무척 중요한 일이지만, 삶의 목적을 찾으려는 사람에게는 이에 못지않게 시급한 문제가 얼마든지 있습니다.

문제는 윤리적 삶에 대해 막연하게밖에 모르는 사람이 대다수라는 것입니다. 이들은 '윤리' 하면 이거 하지 마라, 저거 하지 마라 하고 금지하는 규칙 체계라고만 생각합니다. 윤리가 '어떻게 살아야 하는가를 생각하는 토대'임을 깨닫지 못합니다. 사람들이 이기적으로 살아가는 이유는 이기심을 타고나서가 아니라 적절한 대안을 찾지 못했기 때문입니다. 세상을 좋은 곳으로 바꿀 방법도, 바꿔야 할 이유도 모르기 때문입니다. 종교에 귀의하지 않는 한, 사람들은 물질적 자기 이익을 추구하는 것 말고는 어떤 삶의 목적도 알지 못합니다. 하지만 윤리적 삶을 살 수만 있다면 이 난국에서 벗어날 수 있습니다. 우리가 윤리적 삶을 살 수 있다는 것, 이것이 바로 이 책의 주제입니다.

윤리적 삶이 가능하다고만 말하고 방법을 알려주지 않는다면 세상 물정 모르는 소리라는 비판을 들을 것입니다. 사람은 본디 이기적으로 행동할 수밖에 없는 존재라고 말하는 사람도 있을 것입니다. 4, 5, 6, 7장에서는 이 주장을 여러 각도에서 논박합니다. 인간 본성이 선하든 악하든 현대 서구 사회는 합리적이거나 윤리적인 논증이 통하는 시기를 훌쩍 지났다고 주장하는 사람도 있을 것입니다. '이 미친 세상, 바로잡으려 해봐야 헛수고'라고 생각할 수도 있습니다. 이 책의 원고를 읽은 한 출판사 관계자는 창문 너머로 뉴욕 시내를 가리키며 운전자들이 재미 삼아 빨간 신호등을 무시한다고 말했습니다. 세상이 저런 자들로 가득한데 이런 책으로 무슨 변화를 일으킬 수 있겠느냐고 하더군요. 세상 모든 사람들이 남이야 죽든 말든 상관하지 않고 심지어 자신의 목숨조차 하찮게 여긴다면 우리가 할 수 있는 일은 아무것도 없을 것입니다. 이런 상태로는 인류가 오래가지 못할 것입니다. 하지만 진화는 그 정도로 무모한 사람들을 솎아냅니다. 어느 시대에나 그런 사람이 조금씩은 있게 마련입니다(미국 대도시에는 좀 더 많아 보입니다). 문제는 그런 사람의 행동이 언론과 대중에게 과도하게 주목받는다는 것입니다. 평범한 일상은 뉴스거리가 아니니까요. 뉴스거리가 되는 것은 매일같이 남에게 도움을 베푸는 수많은 사람이 아니라 옥상의 저격범 한 명입니다. 저는 사악하고 폭력적이고 비합리적인 사람들이 있다는 사실을 부인하지 않지만, 모든 사람이 나면서부터 늘 사악하고 폭력적이고 비합리적이라고 여기며 살아서는 안 된다고 굳게 믿습니다. 이 책은 그런 확신을 토대로 썼습니다.

제 생각이 틀렸더라도, 정신 나간 사람들이 제 생각보다 훨씬 흔하더라도, 우리에게 다른 대안이 있을까요? 뒤에서 설명하겠지만, 자기 이익만을 추구하는 것은 개인에게나 집단에게나 파멸에 이르는 길입니다. 윤리적 삶은 자기 이익을 추구하는 삶에 대한 가장 근본적인 대안입니다. 윤리적으로 살겠다고 마음먹는 것은 정치 이념에 헌신하는 것보다 더 영향력이 크고 효과적입니다. 윤리적으로 성찰하는 삶을 산다는 것은 무엇을 하고 무엇을 하지 말아야 하는지 꼬치꼬치 따지면서 사는 것이 아닙니다. 윤리적으로 산다는 것은 자신이 어떻게 살고 있는지 성찰하고 그 성찰의 결론에 따라 행동하려고 애쓰는 것입니다. 이 책의 논리가 타당하다면 우리는 비윤리적 삶을 살 수 없으며 오늘날 세상에 존재하는 당하지 않아도 되는 수많은 고통에 무관심할 수 없습니다. 성찰적이고 윤리적인 삶을 살아가는 비교적 소수의 사람들이 이기심의 본질에 대한 대중의 통념을 바꾸고 자기 이익과 윤리의 관계를 새로 정립하리라 기대하는 것은 순진한 생각일지도 모릅니다. 하지만 세상이 얼마나 엉망진창인지 두 눈으로 확인했다면 지푸라기라도 붙잡고 싶지 않을까요?

책은 개인적 경험을 반영하게 마련입니다. 물론 학문이라는 여러 겹의 체에 거른 내용을 책에 반영하기는 하지만요. 제가 이 책의 주제에 관심을 가진 것은 멜버른 대학에서 철학을 공부할 때였습니다. 석사 논문 주제는 '왜 도덕적이어야 하는가?'였습니다. 저는 논문에서 이 물음을 분석하고 지난 2500년간 철학자들이 제시한 해답을 연구했습니다. 하지만 정녕 흡족한 해답은 하나도 없었습니다. 그 뒤로 25년 동안 영국과 미국, 오스트레일리아의 대학에서 윤리학과 사회철학을 연구하고 가르쳤습니다. 초창기에는 베트남전쟁 반대 운동에 참여했습니다. 부당한 법률에 대한 불복종이라는 윤리적 쟁점을 다룬 저의 첫 책《민주주의와 불복종》에는 이때의 경험이 녹아 있습니다. 두 번째 책《동물 해방》에는 인간이 동물을 처우하는 행태를 윤리적으로 옹호할 수 없음을 논증했습니다. 그 책을 계기로 동물 해방 운동이 탄생하고 성장했으며 지금은 전 세계에서 동물 해방의 외침이 울려 퍼집니다. 저는 철학자로서뿐 아니라 변화를 추구하는 단체의 적극적 구성원으로서 운동에 참여했습니다. 그 밖에도 개발도상국 원조, 난민 지원, 안락사 합법화, 자연 보전과 환경 운동 등 여러 분야에 몸담았습니다. 역시 강단 철학자이자 생활인으로서 참여했습니다. 이 과정에서 시간과 돈과, 때로는 삶까지 포기하고 윤리적 이상을 추구하는 사람들을 만났으며 윤리적 삶을 살려고 노력하는 것이 어떤 의미인지 깊이 이해하게 되었습니다.

석사 논문 말고도《실천윤리학》마지막 장에서 '왜 도덕적으로 행위해야 하는가?'라는 물음을 던졌으며《사회생물학과 윤리》에서는 윤리와 이기주의라는 주제를 다루었습니다. 다시 한 번 윤리와 자기 이익의 관계로 돌아온 저는 이번에는 현실 경험이라는 단단한 배경과 다른 학자들의 연구와 저술을 이 책의 토대로 삼았습니다. 왜 도덕적으로, 윤리적으로 행동해야 하느냐고 누가 내게 묻는다면, 이제는 과거 논문에서보다 더 자신 있고 긍정적으로 대답할 수 있습니다. 윤리적 삶을 선택하고 세상을 변화시킨 사람들을 예로 들 수도 있습니다. 이 사람들은 삶에 의미를 부여했습니다. 수많은 사람들이 찾을 엄두조차 못 내는 의미를 말입니다. 이제 이들은 윤리적 삶을 선택하기 전보다 더 충만하고 온전하고 흥미진진한 삶을 살아갑니다.

피터 싱어

차례

궁극적
선택

01

1985년에 아이번 보스키는 아비트리지(인수될 기업의 주식에 투자하는 기법으로 '차익거래라고도 함)의 제왕으로 통했습니다. 보스키는 듀폰이 코노코(콘티넨털 석유회사)를 인수한 1981년에 4,000만 달러(약 450억 원)의 수익을 올렸고 셰브런이 걸프오일을 인수한 1984년에는 8,000만 달러를, 텍사코가 게티오일을 인수했을 때는 1억 달러를 챙겼습니다. 꽤 큰 손실을 입기도 했지만 거침없이 승승장구하여 결국《포브스》선정 미국 400대 부호에 이름을 올렸죠. 개인 재산은 1억 5,000만 달러에서 2억 달러 사이로 추산됩니다.[1]

보스키는 대단한 명성을 누리고 사람들에게 존경받았습니다. 그가 명성을 누린 한 가지 이유는 엄청난 액수의 돈을 주물렀기 때문입니다. 보스키의 동료는 "미국의 어떤 CEO라도 아이번이 얘기 좀 하자고 하면 아침 7시에 변기에 앉아 있다가도 벌떡 일어나 달려올 겁니다"라고 말합니다.[2] 명성의 또 다른 이유는 미국항공우주국에서 쓰는 정교한 통신 시스템에 기반한 새로운 '과학적' 접근법을 투자에 도입했다는 그의 주장 때문이었습니다. 한편 보스키는 경제 잡지뿐 아니라《뉴욕타임스》패션 면에도 등장했는데, 최고급 양복 차림에 윈스턴 처칠처럼 금으로 만든 회중시계 사슬을 보란 듯 늘어뜨렸더군요. 그는 뉴욕 외곽 웨스트체스터 카운티에 면적이 4,000제곱미터에다 침실이 열두 개나 되는 조지 양식의 대저택을 소유했습니다. 보스키는 공화당의 주요 인사인지라 그가 정치적 야심을 품고 있다고 생각하는 사람들도 있었습니다. 아메리칸발레시어터와 메트로폴리탄미술관 이사회에도 몸담았습니다.

보스키는 여느 아비트리지 투자가와는 달리 자기가 하는 일을 홍보하고자 했으며 '시장이 제대로 돌아가도록 돕는 특수 분야의 전문가'로 자리매김하고 싶어 했습니다. 1985년에는 아비트리지를 주제로 《합병 열풍》이라는 책을 출간했습니다. 이 책에서 보스키는 아비트리지가 '공정하고 유동적이고 효율적인 시장'에 기여한다며, "부당한 이윤은 얻지 않는다. 아비트리지 투자가가 시스템을 속이는 신비의 기법 따위는 없다. …… 이윤이 창출되는 것은 아비트리지가 시장에서 중요한 역할을 하기 때문이다"라고 주장했습니다. 《합병 열풍》은 감동적인 헌사로 시작합니다.

헌사

아버지이자 멘토, 이제는 소중한 기억으로 남은 윌리엄 H. 보스키(1900~1964)에게 이 책을 바친다. 아버지는 1912년에 고향인 러시아 예카테리노슬라프를 홀쩍 떠나 이곳 미국에 당도했다. 아버지는 기개와 인류애가 넘쳤고 배움이야말로 정의와 자비, 의로움을 실현하는 가장 중요한 수단이라고 역설했으며, 이는 내 삶에 크나큰 영향을 미쳤다. 아버지는 신이 내려주신 재능을 활용하여 얻은 이익을 공동체에 환원하는 모범을 보였다.

아버지의 교훈을 마음에 새겨, 나의 지식을 배우고 싶어 하는 모든 이를 위해 이 책을 쓴다. 자신감과 결단력이 있으면 무엇을 꿈꾸든 이룰 수 있으리라는 믿음을 독자들에게 심어주고자 한다. 독자들이 오로지 이 거대한 땅덩이(미국)에만 존재하는 기회를 깨닫기 바란다.[3]

자서전이 출간된 그해, 성공 가도를 달리던 보스키는 데니스 러빈과 내부자 거래를 모의하고 있었습니다. 러빈은 정크본드(신용도가 낮은 기업이 발행하는 고수익·고위험 채권_옮긴이) 시장을 지배하여 엄청난 성공을 거둔 월 스트리트 회사 드렉셀 버넘 램버트에서 일하며 연봉과 보너스로 해마다 300만 달러가량을 벌었습니다. 정크본드는 인수 자금을 마련할 때 즐겨 쓰는 방법이었기에 드렉셀은 대규모 인수 전쟁에 빠짐없이 관여했습니다. 따라서 넉넉한 자본을 가진 사람이 러빈의 정보를 손에 넣으면 아무런 위험 부담 없이 수천억 원을 벌어들일 수 있었다는 얘기죠.

이 상황에서 어떻게 행동하는 것이 윤리적인가는 말할 필요도 없습니다. 보스키는 러빈에게 얻은 정보를 토대로 주식을 사면서 주가가 오르리라는 사실을 알았습니다. 하지만 그에게 주식을 판 주주들은 그 사실을 몰랐습니다. 주식을 팔지 않고 보유했다가 나중에 더 비싸게 팔 수 있는데 보스키에게 헐값에 넘긴 것은 이 때문입니다. 인수 계획이 새어 나가면 드렉셀의 고객은 인수 자금을 더 많이 써야 합니다. 보스키가 주식을 사들이면 주가가 오르기 때문입니다. 그러면 늘어난 비용 때문에 인수가 무산될 수도 있고, 설령 성공하더라도 대출금을 갚느라 회사 자산을 팔아야 할 수도 있습니다. 드렉셀은 고객과 비밀 유지 계약을 맺었기 때문에—따라서 러빈도 비밀 유지 의무가 있었습니다―인수 정보를 제삼자에게 유출하여 고객에게 손해를 입히는 것은 어떤 윤리 규정에 비추어 보더라도 명백한 위반 행위였습니다. 보스키는 이러한 윤리 규정에 반대 의사를 표명한 적이 없으며 자신의 상황이 예외로 인정될 수 있다고 생각하지도 않았습니다. 내부 정보 거래가 불법이라는 사실도 알고 있었습니다. 하지만 1985년에 보스키는 러빈이 건네는 정보로 주식을 살 때마다 이익의 5퍼센트를 러빈에게 지불하겠다는 내용의 계약서에 서명했습니다.

왜 그랬을까요? 1억 5,000만 달러를 소유하고, 사회에서 존경받고, 자서전의 헌사에서 보듯 공동체에 이바지하는 윤리적 삶을 적어도 겉으로는 중시하는 사람이, 합법적이지도 윤리적이지도 않은 무언가를 위해 자신의 부와 명성과 자유를 위험에 빠뜨린 이유는 무엇일까요? 물론 러빈과의 계약은 막대한 이익을 가져다줄 터였습니다. 미국 증권거래위원회는 나중에 보스키가 러빈의 정보를 이용하여 체결한 주식 매수 거래를 몇 건 공개했는데, 여기에서 보스키가 얻은 이익은 5,000만 달러로 추산되었습니다. 증권거래위원회의 평소 행태를 보건대 보스키는 불법 내부자 거래를 들키지 않고 행여 들키더라도 처벌받지 않을 것이라 생각했을 법합니다. 따라서 내부 정보를 이용하여 안전하게 거액을 벌 수 있으리라는 보스키의 생각은 충분히 합리적이었습니다. 그렇다고 해서 그것이 현명한 처사였을까요? 이런 상황에서는 어디에서 지혜를 구해야 할까요? 윤리적으로 정당화할 수 없는 방식으로 부를 늘리기로 결심함으로써 보스키는 근본적으로 다른 두 삶의 방식 중에서 하나를 선택했습니다. 이러한 선택을 '궁극적 선택'이라 부르기로 합시다. 윤리와 자기 이익이 충돌할 때 우리는 궁극적 선택에 직면합니다. 어떻게 결정을 내려야 할까요?

일상생활에서 내리는 선택은 정해진 틀이나 가치 기준이 있다는 점에서 대부분 '제한적 선택'입니다. 건강하게 살고 싶다면, 소파에 푹 파묻혀 텔레비전으로 축구 경기를 보면서 맥주를 마시기보다는 밖에 나가서 산책하는 것이 합리적 선택입니다. 열대 우림을 보전하고 싶다면, 산림 파괴에 대한 대중의 인식을 제고하는 단체에 가입하는 것이 합리적 선택이지요. 높은 수입과 화려한 경력을 쌓고 싶다면, 법대에 가는 것이 합리적 선택이고요. 이 세 가지 선택은 이미 근본적 가치를 전제합니다. 선택은 내게 가치 있는 것을 달성하는 최선의 방법이 무엇인가 하는 문제로 귀결됩니다. 하지만 궁극적 선택에서 문제 삼는 것은 근본적 가치 자체입니다. 이익 극대화를 추구하는 틀이나 윤리적 최선을 행하고자 하는 틀 '안'에서 선택하는 것이 아니라 여러 가능한 삶의 방식 '중'에서 하나를 선택하는 것입니다. 그중에는 자기 이익을 무엇보다 앞세우는 삶의 방식도 있고 윤리를 무엇보다 앞세우는 방식도 있고 둘을 절충하는 방식도 있습니다. (제가 윤리와 자기 이익을 맞세우는 이유는 두 관점이 가장 극단적으로 대립하기 때문입니다. 물론 다른 가능성도 있습니다. 이를테면 예의범절을 지키면서 살 수도 있고 자신의 삶을 예술 작품으로 여겨 탐미적 기준에 따라 살 수도 있습니다. 하지만 이러한 가능성은 이 책에서는 논외로 합니다.)

궁극적 선택을 하려면 용기를 내야 합니다. 제한적 선택은 우리의 근본적 가치관을 선택의 토대로 삼지만 궁극적 선택은 삶의 토대 자체를 문제 삼습니다. 1950년대에 프랑스의 철학자 장 폴 사르트르는 이 같은 선택을 궁극적 자유의 표현으로 간주했습니다. 우리는 어떤 사람이 될지를 자유롭게 선택할 수 있습니다. 본성, 즉 우리 바깥에서 주어진 목적이라는 것은 없기 때문입니다. 한 그루 사과나무는 누군가 심었기 때문에 존재하지만, 우리 인간은 그냥 존재하며 나머지 모든 존재가 인간으로 말미암습니다. (이렇게 생각하는 사람들을 '실존주의자'라고 합니다.) 때로는 도덕적 공백 상태가 끝 모를 심연처럼 우리 앞에 펼쳐지기도 합니다. 아찔합니다. 최대한 빨리 이 상황에서 벗어나고 싶습니다. 그래서 전에 하던 대로 행동하여 궁극적 선택을 피해 가려 합니다. 이 방법이 가장 간단하고 안전해 보이니까요. 하지만 이건 궁극적 선택을 실제로 회피하는 것이 아닙니다. 아무 선택도 하지 않는 것 자체가 궁극적 선택이기 때문입니다. 안전하다는 보장도 없습니다. 아이번 보스키가 자신을 부자로 만들어준 방법을 계속 고수한 이유는, 다르게 행동하기 위해서는 삶의 대부분을 지탱해온 토대에 의문을 던져야 했기 때문인지도 모릅니다. 보스키는 돈을 버는 것이 자신의 본성인 양 행동했습니다. 하지만 그건 말이 안 됩니다. 돈벌이가 아니라 윤리적 삶을 선택할 수도 있었기 때문입니다.

하지만 우리는 궁극적 선택과 맞닥뜨릴 각오가 되어 있어도, 어떻게 맞닥뜨려야 할지 막막하기만 합니다. 제한적 선택 상황에서는 전문가에게 조언을 구할 수 있습니다. 금융 컨설턴트, 교육 상담가, 의료 전문가가 기꺼이 최선의 방법을 알려줍니다. 물론 무엇이 옳은 일인가에 대해서도, 즉 내가 궁극적 선택 상황에 처했을 때도 많은 사람들이 선뜻 의견을 내놓습니다. 하지만 여기서는 누가 전문가일까요? 낯선 사람에게 중고차를 판다고 가정해봅시다. 여러분은 차에 중대한 결함이 있다는 사실을 알지만 상대방은 자동차에 문외한이라서 결함을 눈치채지 못합니다. 차의 겉모습만 보고 마음에 들어서 계약서에 서명하려던 순간, 그 사람이 "차에 무슨 문제는 없겠죠?" 하고 지나가듯 묻습니다. 여러분이 아무렇지도 않은 듯 "제가 알기론 없습니다"라고 대답하면, 상대방은 계약서에 서명할 테고 여러분이 문제점을 털어놓았을 때보다 100만 원은 더 지불할 것입니다. 나중에 결함이 발견되어도 여러분이 거짓말을 했다는 것을 그 사람이 무슨 수로 입증하겠습니까? 거짓말이 나쁘다는 것은 알지만, 100만 원이면 앞으로 얼마간은 요긴하게 쓸 수 있습니다. 이런 상황에서는 무엇이 자신에게 가장 이익인지, 무엇이 옳은 일인지 남에게 물어볼 필요가 없습니다. 그렇다면, 무엇을 해야 하는지는 물을 수 있을까요?

물론입니다. 어떤 상황에서도 자동차 상태를 속이면 안 된다고 말하는 사람도 있겠지만 그건 희망 사항일 뿐입니다. 가슴에 손을 얹고 생각해보십시오. 자기 이익과 윤리가 충돌할 때 자기 이익을 선택한 적이 있지 않았나요? 이건 여러분이 의지박약하거나 비합리적이어서가 아닙니다. 우리는 어떻게 하는 것이 합리적인지 알 도리가 없습니다. 이 충돌은 너무나 근본적이어서 이성으로는 도저히 해결할 수 없기 때문입니다.

살다 보면 반드시 궁극적 선택과 맞닥뜨리게 됩니다. 비윤리적 수단으로 얻을 이익이 5만 원이든 5억 원이든 선택의 무게는 동일합니다. 20세기 후반을 살아가는 우리는, 비윤리적인 방법으로 돈을 벌려는 유혹에 넘어가지 않더라도 어느 정도까지 자신을 위해 살고 어느 정도까지 남을 위해 살 것인지는 정해야 합니다. 굶주려 영양실조에 걸리고 몸 누일 곳이 없으며 기본적 의료 혜택마저 누리지 못하는 사람들이 있고, 이들을 도우려고 기금을 모으는 단체들이 있습니다. 이것은 거대한 문제라서 한 사람의 힘만으로는 별 영향을 미치지 못하는 것이 사실입니다. 기금 일부가 조직 운영에 쓰이거나 행방이 묘연해져서 가장 필요한 사람에게 전해지지 않으리라는 것도 분명합니다. 이렇듯 피할 수 없는 문제가 있지만 선진국의 부와 개발도상국의 빈곤 사이에는 엄청난 격차가 있기 때문에, 여러분이 내놓은 돈의 아주 일부만이 그들에게 전해지더라도 그 돈 전부를 여러분 자신을 위해 썼을 때보다 훨씬 큰 변화가 그들에게 생길 것입니다. 혼자 힘으로 문제를 전부 해결할 수 없다고 좌절하는 것은 어리석은 짓입니다. 몇 가족의 삶을 변화시킬 수 있다면 그걸로 충분하지 않을까요? 이제 묻겠습니다. 여러분은 구호단체에 참여할 의향이 있습니까? 단지 걸인에게 동전 몇 푼 던져주는 것이 아니라, 풍족한 삶을 포기해야 할 만큼 많은 금액을 내놓을 수 있습니까?

여러분이 쓰는 상품 중 어떤 것은 오존층을 파괴하거나 온실효과를 일으키고 우림을 파괴하거나 강과 호수를 오염시킵니다. 토끼를 중세의 형틀 같은 기구에 옴짝달싹 못하게 가두어놓고 농축된 화학물질을 눈에 발라 시험하는 제품도 있습니다. 반면 환경을 파괴하지 않거나 잔인하지 않은 방법으로 시험하는 제품도 있습니다. 대안을 찾는 일은 시간이 많이 걸리고 번거롭습니다. 번거로움을 감수할 의향이 있습니까?

우리는 인간관계에서 끊임없이 윤리적 선택에 맞닥뜨립니다. 사람들을 이용한 뒤에 헌신짝처럼 버릴 수도 있고 의리를 지킬 수도 있습니다. 신념을 고수할 수도 있고 인기를 좇아 시류에 편승할 수도 있습니다. 사람마다 처한 상황이 달라서 인간관계의 도덕을 일반화하기 힘들지만 여기에서도 우리는 무엇이 옳은지 알면서도 무엇을 해야 할지 갈피를 잡지 못하는 경우가 많습니다.

물론 윤리 따위는 신경 쓰지 않고 살아가는 사람들이 있는 것은 사실입니다. 그중에는 단지 무관심할 뿐인 사람도 있고 진짜 못된 사람도 있습니다. 하지만 윤리를 눈곱만큼도 개의치 않는 사람은 매우 드뭅니다. 오스트레일리아에서 가장 악질적인 범죄자로 손꼽히는 마크 '식칼' 리드가 옥중 집필한 끔찍한 자서전은 그가 사람들을 죽이기 전에 가한 매질과 고문을 구역질 날 정도로 자세하게 묘사합니다. 리드는 자신이 폭력을 즐기는 사람이긴 하지만 희생자들이 '당해도 싼 나쁜 놈'이었다고 독자를 설득하려 합니다. 행인에게 자동 소총을 난사하고 지금은 동료 수감자가 된 한 묻지마 살인자를 자신이 지독히 경멸한다는 사실을 티 내고 싶어 합니다.[4] 사람은 누구나 자기 행동을 어떻게든 윤리적으로 정당화하고 싶어 합니다.

스스로에게 이렇게 물어보십시오. '나의 일상생활에서 윤리가 어떤 위치를 차지하고 있지?' 이 물음을 염두에 두고 또 이렇게 물어보십시오. '내가 생각하는 좋은 삶 ─ 가장 온전한 의미에서의 좋은 삶 ─ 이란 무엇일까?' 이것이 궁극적 물음입니다. 여기에 대답하려면 또 이렇게 물어야 합니다. '내가 진정으로 바라는 삶은 어떤 삶일까? 나이 들어 지난 세월을 돌아보며 뭐라 말할 수 있기를 바라는 걸까? "즐거웠지"라고 말할 수 있으면 그만일까? 아니, 즐거웠다는 말이나마 진심으로 내뱉을 수 있을까?' 자신이 어떤 지위에 있든 어떤 처지에 있든 자신의 삶에서, 즉 자신에게 주어진 가능성의 한계 안에서 여러분은 무엇을 성취하고 싶습니까?

기게스의
반지

—

서양 철학이 기지개를 켜던 2500년 전, 소크라테스는 그리스에서 가장 현명한 사람으로 명성이 자자했습니다. 어느 날 아테네의 부잣집 도련님 글라우콘이 '어떻게 살아야 하는가'라는 질문을 던지며 소크라테스에게 도전을 청했습니다. 소크라테스와 글라우콘의 대화는, 서양 철학의 주춧돌을 놓은 작품으로 손꼽히는 플라톤의 《국가》에서 핵심 내용이자 궁극적 선택에 대한 고전적 설명이기도 합니다.

플라톤이 전한바, 글라우콘은 리디아의 통치자에게 고용된 양치기 이야기로 말문을 엽니다. 어느 날 양치기가 양들에게 풀을 먹이려고 들에 나갔는데 뇌우와 지진이 일어난 뒤에 땅이 갈라졌습니다. 아래로 내려간 양치기는 금반지를 발견하여 자기 손가락에 끼웠습니다. 며칠 뒤에 동료 양치기들과 모인 자리에서 반지를 만지작거리다 무심코 거미발(보석 받이)을 손 안쪽으로 돌렸는데 몸이 투명하게 되어 동료 눈에 보이지 않게 되었습니다. 이 사실을 안 양치기는 왕에게 양 떼의 상태를 보고하는 사자들 속에 자신도 끼도록 일을 꾸몄습니다. 양치기는 궁전에 들어가자마자 반지를 이용하여 왕비를 유혹하고 둘이서 모략을 꾸며 왕을 살해한 뒤에 왕관을 차지했습니다.

글라우콘 이야기는 윤리와 인간 본성에 대한 통념을 잘 보여줍니다. 이 이야기가 뜻하는 바는 그런 반지를 가진 자는 누구든 윤리 기준을 죄다 내던지리라는 것입니다. 더 심각한 문제는 그렇게 하는 것이 지극히 합리적인 행동이라는 것입니다.

올바름 속에 머무르면서 남의 것을 멀리하고 그것에 손을 대지 않을 정도로 그처럼 철석같은 마음을 유지할 사람은 아무도 없을 것같이 생각됩니다. 말하자면 시장에서 자기가 갖고 싶은 것은 무엇이든지 두려움 없이 가질 수 있고, 또 어느 집에든지 들어가서 자기가 원하는 사람이면 누구와도 교접할 수 있다면, 그리고 또 자기가 그러고 싶은 사람이면 누구든 죽이거나 속박에서 풀어줄 수 있으며, 또한 그 밖의 여러 가지에 있어서 인간들 사이에서 신과도 같은 존재로서 행세할 수 있다면 말씀입니다. …… 만일에 어떤 사람이 그와 같은 자유로운 힘을 얻고서도, 올바르지 못한 짓이라곤 전혀 저지르려 하지도 않으며, 남의 것엔 손도 대려 하지 않는다면, 이를 아는 사람들이 보기에는 이 사람이야말로 가장 딱하고 어리석은 자로 생각될 것이니까요. 하지만 사람들은, 자기가 올바르지 못한 짓을 당하지 않을까 하는 두려움 때문에, 서로의 면전에서는 서로를 속이면서 그를 칭찬할 테죠.[5]

글라우콘은 윤리에 대한 이런 통념이 잘못되었음을 입증하라고 소크라테스를 도발합니다. 글라우콘 패거리는 옳은 일을 해야 하는 타당한 이유를 자기들에게 설득하라고 말합니다. 잡힐 것이 두려워서 따위의 이유가 아니라 발각되지 않으리라는 것을 알 때에도 적용할 수 있는 이유를 대라고, 현자가 반지를 발견했을 때 양치기와 달리 옳은 행동을 할 것임을 자기들에게 입증하라고 말합니다.

사실 여부는 모르겠지만, 어쨌든 플라톤은 이렇게 전했습니다. 플라톤에 따르면 소크라테스는 글라우콘과, 함께 자리한 아테네 사람들에게 '불의가 어떤 이익을 가져다주더라도 옳은 일을 행하는 사람만이 진정으로 행복하다'라고 답했습니다. 소크라테스는 옳은 일을 행하는 것과 본성을 조화시키는 것과 행복한 것이 일맥상통하는 이유를 장황하게 설명하지만 안타깝게도 오늘날의 독자 중에서 고개를 끄덕이는 사람은 거의 없을 것입니다. 소크라테스의 논증은 현학적이고 억지스러우며 대화는 곧잘 일장 연설로 흐릅니다. 소크라테스의 논증에 명백한 논리적 허점이 있는데도, 글라우콘의 동조자들은 처음에만 얼굴을 내밀고는 다들 내뺐으며 글라우콘은 그 논증을 모두 순순히 받아들입니다.

아이번 보스키가 데니스 러빈에게서 입수한 정보는 일종의 마법 반지였습니다. 이 반지만 있으면, 부를 추구하는 공화국 미국에서 왕에 버금가는 존재가 될 수 있을 터였습니다. 문제는 이 반지에 결함이 있다는 것입니다. 보스키는 자기가 원할 때 투명인간이 될 수 없었습니다. 하지만 이것이 보스키의 유일한 실수였을까요? 러빈의 정보를 입수하여 활용하지 말았어야 할 유일한 이유였을까요? 보스키가 처한 상황은 2500년 전에 글라우콘이 소크라테스에게 던진 물음을 현대의 우리에게 묻습니다. 우리는 더 나은 대답을 내놓을 수 있을까요?

한 가지 '대답'은—실은 전혀 대답이 아니지만—질문을 못 들은 체하는 것입니다. 많은 사람들이 그렇게 합니다. 자신의 목표가 무엇인지, 자신이 왜 어떤 행동을 하는지 결코 묻지 않고 고민 없이 살다 가는 것입니다. 지금의 삶이 더할 나위 없이 흡족하다면, 여러분이 살고자 하는 바로 그 삶이라고 확신한다면 지금 책장을 덮기 바랍니다. 계속 읽어봐야 마음만 불편해질 테니까요. 하지만 소크라테스에게 던져진 물음을 여러분 자신에게 묻지 않았다면 여러분은 아직도 어떻게 살지를 선택하지 않은 것입니다.

내가 왜
이짓을 하지?

어떻게 살아야 하나, 라는 물음이 지금처럼 절실하게 다가온 적은 일찍이 없었습니다. 우리는 탐욕의 시대를 지나왔지만 지금이 어떤 시대인지는 아직 분명하지 않습니다. 보스키는 캘리포니아 대학 버클리 캠퍼스 경영대학원 졸업식 축사에서 탐욕의 시대를 이렇게 정의했습니다. "탐욕은 좋은 것입니다. …… 탐욕은 건전한 것입니다. 탐욕스러워도 자신에게 만족을 느낄 수 있습니다."[6] 버클리 캠퍼스가 표현의 자유 운동으로 진보 사상의 요람이 된 지 20년 뒤에 경영대학원 학생들은 탐욕의 찬가에 박수갈채를 보내고 있었습니다. 학생들은 돈을 많이, 그것도 당장 벌고 싶어 했습니다. 마이클 루이스는 화제작 《라이어스 포커》에서 "정직하게 벌고 쓰는 일상에서 벗어난, 드물고도 황홀한 일탈"을 회상합니다. 루이스처럼 똑똑한 채권 중개인들은 스물다섯 살이 되기도 전에 연봉과 보너스로 해마다 백만 달러를 벌어들였습니다. 루이스는 "아무런 재주도 없는 스물네 살의 청년이 뉴욕과 런던에서 그렇게 짧은 시간에 그토록 많은 돈을 벌었던 사례는 거의 없을 것이다"라고 털어놓았습니다.[7] 하지만 그조차도 칼 아이컨, T. 분 피컨스,

헨리 크래비스(기업 사냥꾼), 도널드 트럼프(부동산 개발업자), 마이클 밀컨(정크본드 투자가), 살로먼브라더스의 존 굿프렌드(월 스트리트 최고 경영자) 같은 거물급 선배들에 비하면 새 발의 피였습니다.

80년대 미국의 황금만능주의 풍토에서 이들은 영웅이었습니다. 심심치 않게 잡지에 등장하고 끊임없이 사람들 입에 오르내렸습니다. 하지만 다 지나고 돌아보면 '그때 왜 그랬을까?' 하고 후회하는 사람이 많습니다. 도널드 트럼프의 고백을 들어봅시다.

인생에서 원대한 목표를 달성하고도 슬픔과 공허감, 상실감에 시달리지 않는 사람은 드물다. 신문, 잡지, 텔레비전 뉴스에서 보듯 엘비스 프레슬리에서 아이번 보스키에 이르기까지 수많은 사람들이 성공을 거둔 뒤에 방향을 잃거나 윤리적으로 타락하는 일이 비일비재하다.

사실 다른 사람의 인생을 살펴볼 필요도 없다. 나 또한 누구 못지않게 성공의 올가미에 사로잡혔으니…….[8]

80년대에 피터 린치는 하루에 열네 시간을 일하며 피델리티 마젤란 뮤추얼 펀드를 130억 달러 규모의 거인으로 키워냈습니다. 하지만 린치는 마흔여섯의 나이, 대다수 경영자들이 목표를 올려 잡을 시기에 은퇴를 선언했습니다. 동료들은 깜짝 놀랐습니다. 왜 그랬을까요? 린치는 스스로에게 이렇게 물었습니다. '내가 왜 이 짓을 하고 있는 거지?' 이 물음에 대답하려다 보니 이런 생각이 떠올랐다고 합니다. '죽음을 맞이하는 순간에, "사무실에서 시간을 더 보낼걸" 하고 후회하는 사람은 없다.[9]

올리버 스톤 감독의 영화〈월 스트리트Wall Street〉는 사람들의 생각이 달라지고 있음을 보여줍니다. 금융계의 막후 실력자이자 정나미 떨어지는 작자인 고든 게코(마이클 더글러스)는 돈 버는 수법이 보스키를 빼닮았으며 칼 아이컨 같은 기업 사냥꾼을 연상시키기도 합니다. 젊고 야심만만한 주식 중개인 버드 폭스(찰리 신)는 한몫 잡겠다는 꿈에 잔뜩 부풀어 있었으나 자기 아버지가 정비사로 있는 항공사를 게코가 인수하여 자산을 팔아치우려 하자 격분하여 이렇게 묻습니다.

고든, 말해봐요. 이 모든 짓거리가 언제나 끝나는 겁니까? 수상 스키 타는 데 요트가 몇 척이나 필요한가요? 대체 얼마를 벌어야 충분하신가요?[10]

이 물음에서 보듯 80년대 부자들은 철학자들이 늘 알고 있던 사실을 재발견했습니다. 돈은 아무리 벌어도 모자란다는 사실 말입니다. 점점 많은 사람들이 '내가 왜 이 짓을 하고 있는 거지?'라고 의문을 품기 시작했습니다. 린치가 그랬듯, 경제적·사회적 기대로 틀 지워진 인생행로를 그저 따라가는 것이 아니라 삶의 방향을 스스로 정하는 사람이 늘었습니다. 목적을 추구하는 삶을 살기 시작한 것입니다.

호시절이 끝나고 불황이 닥치자 사람들은 경기가 회복되었을 때 자신이 바라는 세상의 모습을 다시 고민했습니다. 물론 풍선을 다시 부풀려 파티를 계속하고 싶은 사람도 있겠지만 아직도 숙취에서 벗어나지 못한 많은 사람들은 고개를 내젓습니다. 게다가 경제 회복을 바라는 나라들 위로 일본의 위협적인 그림자가 드리워 있습니다. 조지 부시의 1992년 일본 방문은 이례적인 사건이었습니다. 아직도 세계 최고의 군사 강국인 미국의 대통령이 일본 총리에게 무역역조(수입액이 수출액보다 많은 상태_옮긴이)를 해소해달라고 빌었으니 말입니다. 일본 자동차 회사가 미국 시장에서 1위를 차지할 정도로 일본의 국가 경쟁력이 뛰어난 상황에서 미국 제조업체들이 살아남으려면 그 수밖에 없었습니다. 부시의 방문을 지켜본 서구인들은 일본 사회가 단결, 조화, 질서, 성공을 이룬 비결이 궁금했습니다. 일본의 남다른 점을 분석하는 책이 쏟아져 나왔습니다. 일본인들은 함께 살아가는 법을 서구인들보다 더 잘 아는 걸까요? 서구적 삶의 방식이 다시 한 번 도마 위에 올랐습니다.

—

역사의 종말인가,
세속윤리학의 시작인가?

—

'어떻게 살아야 하나?'라는 물음이 지금 더욱 절실하게 다가오는 것은 80년 대에 서구에서 추구한 이상이 실패로 돌아갔기 때문입니다. 하지만 이 물음이 이토록 첨예하게 대두되는 데는, 심지어 지구적·역사적으로 의미를 가지는 데는 더 중대하고 거시적인 이유가 있습니다. 마르크스는 공산주의가 "인간과 자연 그리고 인간과 인간 사이의 충돌의 참된 해결이며 …… 개체와 유類 사이의 싸움의 진정한 해결"이라고 말했습니다.[11] 마르크스는 글라우콘의 물음에 이렇게 대답했을 것입니다. 사회의 성격을 바꾸지 않으면 결코 만족할 만한 해답을 얻을 수 없다고 말입니다. 이것은 경제적 생산이 특수 계급의 이익 충족을 위해 추동되는 사회에 사는 한, 개인의 자기 이익과 사회 전체의 이익은 대립할 수밖에 없다는 뜻입니다. 이런 상황이라면, 마법 반지를 이용하여 원하는 것을 취하고 죽이고 싶은 자를 죽인 양치기는 지극히 합리적으로 행동한 것입니다. 이에 대해 마르크스는 인간 본성이 고정되어 있지 않고 사회적 조건에 따라 달라지므로 모든 사람에게 두루 이익이 되도록 생산수단을 조직하면 인간 본성이 달라질 수 있다고 말할 것입니다. 탐욕과 시기가 결코 뽑아낼 수 없을 만큼 인간의 마음속에 단단히 뿌리 내린 것은 아니며 공동소유에 기반한 새로운 사회의 구성원은 모든 사람의 이익을 위해 일하는 것에서 행복을 느끼리라는 것입니다.

마르크스를 비판한 사람들은 애초부터 이것이 한낱 꿈임을 알고 있었지만, 마르크스주의가 유토피아적 몽상임을 모두가 깨달은 것은 동유럽과 옛 소련의 공산주의 사회가 무너진 뒤입니다. 그리하여 우리는 역사상 처음으로 하나의 사회 모델이 모든 선진국을 지배하는 세상에 살게 되었습니다. 공산주의 실험의 실패는 자유시장경제를 대신할 대안을 마련하여 자기 이익과 공공선의 대립을 해소하겠다는 희망이 실패로 돌아갔음을 자인한 꼴입니다. 아직도 사회주의라는 이상에 매달려 '레닌과 스탈린의 공산주의는 왜곡된 공산주의이고 진짜 공산주의는 아직 한 번도 정당한 평가를 받은 적이 없다'라고 주장하는 대담한 사람들이 있기는 하지만 극소수에 불과합니다. 자기 이익을 설명하는 관점 중에서 이제 남은 것은 개인주의적 관점뿐입니다.

자유민주주의 자유기업 모델이 우리의 상상력을 얼마나 옥죄었던지, 미국 국무부에서 정책기획 담당 차장을 지낸 프랜시스 후쿠야마가 '대담하고 그럴듯하지만 알고 보면 조금도 현실성이 없는' 주장을 들고 나왔을 때 사람들은 고개를 끄덕이고 심지어 박수갈채를 보냈습니다. 후쿠야마는 역사가 '방향과 종말이 있는 과정'이라는 헤겔의 생각을 부활시켰습니다. 헤겔과 후쿠야마에 따르면, 역사에 종말이 있다는 것은 역사가 끝장난다는 뜻이라기보다는 최종 목표나 목적지에 도달한다는 뜻입니다. 《역사의 종말》에서 후쿠야마는 자유민주주의 자유기업의 사회 형태를 모두가 받아들이는 것이야말로 역사의 종말이라고 주장합니다.[12] 하지만 정치적 현실주의자를 자처하는 사람들이 이 모델을 확고하게 받아들인 그 순간, 한 시대의 종말이 가까워지고 있음이 점차 분명해지고 있습니다. 대니얼 벨이 '이데올로기의 종언'을 예언한 직후에 신좌파가 떠오르고 60년대의 급진적 이념이 부활했듯,[13] 자유주의적 자유기업 체제가 영원하리라는 후쿠야마의 예언 역시 그 체제가 가장 지독한 위기를 앞둔 시점에 터져 나온 것이 아닐까요?

후쿠야마의 '역사의 종말' 논리와 대립하는, 전혀 다르면서도 흥미로운 주장이 두 가지 제기되었습니다. 빌 매키번의 책 《자연의 종말》은 제목을 통해 그중 첫 번째 주장을 압축적으로 보여줍니다. 우리 시대가 목도하는 것은 역사의 종말이 아니라 '자연의 종말'이라는 것이 그의 논지입니다. 뉴욕 주 애디론댁 산맥에 살고 있는 매키번은 인간의 손이 미치지 않은 자연 세계가 인류 역사상 처음으로 자취를 감추었음을 알아차렸습니다.[14] 애디론댁 산맥에 가도, 아마존 우림에 가도, 심지어 남극 빙하에 가도 문명의 영향에서 벗어날 길이 없습니다. 우리는 태양의 자외선으로부터 지구를 보호하는 오존층을 감소시켰고 대기 중 이산화탄소의 양을 증가시켰습니다. 따라서 식물의 생장, 빗물의 화학적 조성, 구름의 생성은 어느 정도 우리가 초래한 결과입니다.

유사 이래 인류는 대양과 대기를 거대한 쓰레기장 삼아 마음껏 이용했습니다. 후쿠야마가 모든 역사의 궁극적 결과라며 제시한 자유민주주의 자유기업 체제는 '이 짓'을 영원히 할 수 있으리라는 가정을 토대로 삼습니다. 하지만 양식 있는 과학자들은 우리가 '낭떠러지로 돌진하는 폭주 기관차에 타고 있는 승객'이라고 말합니다. 지금처럼 계속 살아가는 것은 불가능합니다. 우리가 스스로 달라지지 않으면 지구의 기후가 달라질 것이고 모든 나라가 영향을 받을 것입니다. 사소한 변화로는 안 됩니다. 자유기업 사회를 지탱하는 근본 가치관과 윤리관이 바뀌어야 합니다. 자유민주주의 자유기업 사회가 이 어려움을 이겨내고 적응할지도 모르겠습니다. 하지만 그때의 자유민주주의 자유기업 사회는 지금과 전혀 다른 모습일 것이며 사람들은 전혀 다른 가치관과 생활양식을 가지고 살아갈 것입니다. 따라서 삶의 윤리적 토대를 재검토해야 한다는 압박이 예전과는 전혀 다른 방식으로 우리를 짓누릅니다.

역사가 종말에 이르렀다는 논리에 반대하는 두 번째 흥미로운 주장은 데릭 파핏이 몇 해 전에 제기한 바 있습니다. 옥스퍼드 출신의 철학자 파핏은 학계 바깥에서는 아는 사람이 없지만 동료들 사이에서는 윤리학의 가장 까다로운 난제들을 누구보다 깊숙이 파고든 인물로 평가받습니다. 주저 《이성과 인간》에서 파핏은 450쪽에 이르는 자세하고 정교한 논증을 펼친 뒤에 결론에서 '윤리학이 더 발전할 여지가 있는가?'라는 포괄적 물음에 눈을 돌립니다. 파핏은 윤리학에 대해 할 이야기는 다 나왔다는 주장을 반박하며 윤리학 연구는 최근까지도 대부분 종교적 틀 안에서 이루어졌다고 주장합니다. 종교인을 제외하면 윤리학을 일생의 업으로 삼은 사람은 극소수에 불과합니다. (파핏은 붓다, 공자, 18세기 스코틀랜드의 철학자 데이비드 흄, 빅토리아시대 후기 공리주의 철학자 헨리 시지윅을 이 예로 거론합니다.) 역사상 최초로 직업적 도덕철학자의 상당수가 무신론자인 지금, '무엇을 해야 하는가?'라는 물음은 철학계에서 퇴물 취급을 받고 있습니다. 철학자들은 도덕 원칙의 의미를 연구하고 윤리가 주관적인가 객관적인가를 논증했습니다. 비종교 윤리학은 1960년대 이후에야 체계적으로 연구되기 시작했기 때문에 (파핏의 말을 빌자면) "가장 젊고 덜 발달한" 학문입니다. 파핏은 희망적인 전망으로 책을 마무리합니다.

> 앞으로도 10억 년은 지구에서 생명체가 살 수 있을 것이다. 문명은 고작 수천 년 전에 시작되었다. 인류가 스스로를 파괴하지 않는다면 이 수천 년은 문명화된 인류 역사의 극히 일부분에 지나지 않을지도 모른다. …… 신에 대한 믿음은 도덕적 사유의 자유로운 발전을 가로막았다. 지금은 인구 대다수가 신을 믿지 않는다고 버젓이 이야기하지만 이것은 최근의 현상이며 아직도 마무리되지 않았다. 그런 탓에 비종교 윤리학은 아직 초창기에 머물러 있다. 수학에서처럼 모두가 합의에 이르게 될지 아직은 예측할 수 없다. 윤리학이 앞으로 어떻게 발전할지 모르기 때문에, 희망을 크게 품는다고 해서 비합리적이라고 말할 수는 없다.[15]

파핏 말대로 비종교 윤리학이 아직 초창기에 머물러 있다면, 역사가 최종 목적지에 도달했다는 것은 분명히 섣부른 생각입니다. 이제야 우리는 종교와 윤리가 단단히 얽혀 있던 과거와 단절하기 시작했습니다. 사람들이 윤리의 본질을 제대로 이해했을 때 어떤 변화가 생길지 예측하기는 아직 이르지만, 아마도 커다란 변화가 일어날 것입니다.

종교를 믿지 않는 사람은 종교와 윤리를 한통속으로 치부하여 윤리를 종교의 영역에 한정했습니다. 그랬더니 낙태와 동성애에 반대하는 자들이 '도덕성'을 선점해버렸습니다. 하지만 논리적으로 훨씬 명쾌한 쪽은 여성의 이익을 태아의 잠재적 이익보다 우선시하는 낙태 찬성론[16]과 성인들이 합의 하에 남에게 피해를 주지 않고 가지는 성관계는 이성애이든 동성애이든 인 정해야 한다는 동성애 찬성론입니다. 진보는 사회를 개조하면 모든 모순을 해결할 수 있다고 믿었기에 도덕성을 방치했고, 위선자들이 그 자리를 대신 차지했습니다. 이제 위선자들에게서 도덕적 우위를 되찾아야 합니다. 이 시대의 가장 중요한 도덕적 문제는 동성애나 낙태가 아닙니다. 이렇게 물어 야 합니다. '소말리아에서 사람들이 굶어 죽어가는 지금, 풍족한 세상에 사 는 우리가 해야 할 일은 무엇인가? 보스니아, 아제르바이잔, 로스앤젤레스 에서 사람들이 평화롭게 어울려 살아가지 못하도록 가로막는 인종주의적 증오를 어떻게 해결해야 하는가? 인간 아닌 동물 수십억 마리를 공장식 축 사에 가두고 단지 우리의 미각을 만족시키기 위한 물건으로 취급할 권리가 우리에게 있는가? 지구 전체를 지탱하는 생태계를 보전하기 위해 우리의 행동을 어떻게 바꾸어야 하는가?'

각성한 기독교인들은 교회가 성 문제에 집착하는 것이 잘못임을 깨달았 습니다. 캔터베리 대주교 조지 케리는 교회가 성적 죄악을 나머지 죄악보다 더 중요시하는 죄를 저질렀다고 고백하며 전 세계적 빈곤 같은 지구적 문제 에 관심을 기울여야 한다고 말했습니다. 하지만 이것은 윤리학을 현실에 적 용하려는 철학자들이 70년대부터 해오던 이야기를 뒤늦게 되풀이한 것에 불과합니다.[17] 성에 집착하는 보수적 기독교의 도덕관이 윤리와 무관하다 는 사실을 많은 사람들이 깨달으면, 인간적이고 긍정적인 윤리를 토대로 삼 아 사회적·정치적·생태적 삶을 재건할 수 있을 것입니다.

오늘날의 지배적 정치·경제 모델은 시민들이 사익(대개는 물질적 부) 추구를 삶의 주된 목표로 삼는 것을 허용, 아니 조장합니다. 이 지배적 관념이 현명한 것인지 집단적으로나 개인적으로 성찰하는 일은 드뭅니다. 하지만 사익을 추구하는 것이 정녕 최선의 삶일까요? 어떻게 살아야 하는가를 정할 때 과연 모두가 부를 목표로 삼아야 할까요? 그런 결정을 내릴 때 윤리학이 설 자리는 어디일까요? 과거의 유토피아적 이상이 실패했다고 해서 가치가 우리의 삶에서 중요한 역할을 해서는 안 된다고 판단하는 잘못을 저지르면 안 됩니다. 저는 윤리학이 발전함에 따라 세계 역사에서 새롭고 희망적인 방향 전환이 가능하다는 파핏의 견해에 동의합니다. 하지만 이론뿐 아니라 윤리의 실천에서도 진전이 있어야 할 것입니다.

우리에게는 변화의 새로운 힘이 필요합니다. 윤리관을 변화시키는 것은 개인적 삶의 변화에 머물 뿐 개인을 넘어선 사회와 정치 영역을 외면하는 것처럼 보일 수도 있지만, 이것은 오해입니다. 자유시장주의자들은 탐욕을 부추기며 이것이 모든 문제의 해결책이라고 주장했지만 90년대 초에 이들이 경제 활성화라는 최소한의 목표조차 이루지 못했음이 분명해졌습니다. 자유시장주의는 사회와 환경에도 재앙이었습니다. 이제 마지막 남은 대안을 시도할 때입니다. 물질만능의 편협한 이기주의를 거부하는 사람이 많아지면, 신뢰를 회복하고 더 원대하고 중요한 목표를 위해 우리는 힘을 합칠 수 있을 것입니다. 정치인들은 모든 유권자가 물질적 번영을 누리도록 하겠다는 공약 대신 더 바람직한 정책을 내놓아도 표를 얻을 수 있다는 사실을 깨달을 것입니다. (뉴질랜드에서는 주요 정당들이 소득세율을 낮추고 정부 지출을 줄이기로 합의해왔지만 10년이 지나 새로 구성된 동맹당은 국가가 의료, 사회보장, 교육을 제대로 하려면 돈이 필요하다며 오히려 세금을 올리겠다는 공약을 내걸었습니다. 여론조사 결과 동맹당은 주요 정당들을 위협할 정도로 지지를 얻었습니다.)

소비사회에서는 가진 게 많을수록 더 좋은 삶이라며 소비를 부추기지만, 이 통념을 제외한 모든 측면에서 더 좋은 삶의 가능성이 우리 앞에 열려 있습니다. 좋은 삶에 대한 기존 통념에서 벗어나면 지구의 생태 환경을 보전하고 지구촌 정의를 실현하는 문제를 다시금 무대 중앙에 세울 수 있습니다. 그제야 우리는 빈곤, 범죄, 근시안적 지구 자원 파괴의 근본 원인을 해결하려는 의지를 새롭게 다질 수 있을 것입니다. 정치가 윤리를 토대로 삼으면 급진적일 수 있습니다. 이 말은 뿌리부터 바꿀 수 있다는 뜻입니다.

윤리와
자기 이익

윤리에 대해 개인 차원에서 의심을 품을 수도 있습니다. 우리는 윤리적으로 사는 것이 힘들고 불편하고 손해가 되고 대개는 자신에게 돌아오는 게 없을 거라 짐작합니다. 즉 윤리가 자기 이익과 대립한다고 생각합니다. 내부자 거래로 돈 버는 사람은 윤리를 무시하고 자기 이익을 따른 것이며 (들키지 않는 한) 성공한 것이라고 생각합니다. 아무짝에도 쓸모없거나 오히려 사람들에게 해로운 물건을 만들거나 판촉하는 일자리를 단지 임금이 높다는 이유로 선택하는 것도 마찬가지입니다. 양심의 가책 때문에 승진 기회를 포기하거나 재산을 좋은 일에 기부하는 사람은 윤리의 명령을 따르기 위해 자신의 이익을 희생하는 것이라 생각합니다. 자신이 누릴 수 있는 모든 즐거움을 포기하고 남 좋은 일만 시키는 사람들을 우리는 바보 취급하기도 합니다.

자기 이익과 윤리에 대한 통념에 따르면 윤리는 자신과 동떨어진 것, 심지어 자신의 이익을 해치는 것이 됩니다. 우리는 자기 이익을 추구하려는 충동과 나쁜 짓을 하다가 들켜 벌 받으면 어떡하나 하는 두려움 사이에서 갈팡질팡하는 자신의 모습을 상상합니다. 이 모습은 서양적 사고에 깊이 스며들어 있습니다. 선한 행동을 하면 상을 주고 악한 행동을 하면 벌을 주 겠다고 약속하면서도 이 상과 벌을 천국과 지옥에 떠넘겨 이 세상과 상관 없는 것으로 치부해버리는 전통 종교도 마찬가지입니다. 인간은 천상과 지 상 사이에서 살아가며 천사의 고귀한 영적 속성과 짐승의 야만스러운 육체 적 속성을 둘 다 가진 존재라는 생각도 이와 다를 바 없습니다. 독일의 철 학자 이마누엘 칸트는, 도덕적 존재가 되려면 타고난 육체적 욕망을 '우리 의 추론 능력을 통해 인식되는 보편적 이성의 명령'에 복종시켜야 한다고 말했는데 이 또한 같은 맥락입니다. 그러고 보니 이드id와 초자아super ego의 갈등이 우리의 삶을 갈기갈기 찢는다는 프로이트의 논리가 자연스럽게 떠 오르는군요.

윤리와 자기 이익의 대립은 현대 경제학의 뿌리에도 자리 잡고 있습니 다. 사회생물학을 인간 본성에 적용하는 대중서들도 이런 생각을 퍼뜨렸습 니다. 1년 내내 《뉴욕타임스》 베스트셀러였으며 아직도 꾸준히 팔리고 있 는 로버트 J. 링어의 《포 넘버 원》 같은 책들은 남의 행복을 자신의 행복보 다 우선시하는 것이 "자연의 법칙을 악용하"는 일이라고 수많은 독자들에게 떠들었습니다.[18] 텔레비전은 프로그램과 광고를 통해 윤리의 알맹이가 빠 진 물질적 성공의 이미지를 내보냅니다. 토드 기틀린은 미국의 텔레비전을 연구한 《프라임타임 해부》에서 이렇게 말했습니다.

프라임타임은 사람들을 개인적 야망에 사로잡히게 한다. 등장인물들은 야망에 사로잡혔거나 패배자로 끝날지 모른다는 두려움에 시달린다. 그렇지 않으면, 야 망과 두려움을 당연한 것으로 여긴다. 중산층을 겨냥한 소비재에 굳이 둘러싸여 있지 않더라도 등장인물 자체가 매혹적인 욕망의 화신이다. 그들이 바라는 것은 공공의 행복이 아니라 개인의 행복이다. 그들은 사회에 요구하는 것이 거의 없으며, 어려움을 당해도 기존의 제도적 질서에 불만을 품지 않는다. 개인적 야망과 소비주의는 그들에게 삶의 원동력이다. 사치스럽고 으리으리한 드라마 배경은 소비가 곧 좋은 삶이라고 떠드는 광고나 마찬가지다. 자유와 쾌락, 성취, 지위를 향한 갈망을 소비 행위로 충족할 수 있다고 가르쳐대는 광고야 말할 것도 없다.[19]

그럴듯한 주장이지만 무언가 문제가 있습니다. 실존주의 철학자들은 삶이 무의미하다는 사실을 놀라운 발견인 양 떠벌렸지만 요즘 권태에 빠진 청소년들은 당연하다는 듯 그렇게 얘기합니다. 여기서 비난해야 할 것은 자기 이익을 떠받드는 태도와 우리가 자신의 이익을 생각하는 방식입니다. 자기 이익을 추구하는 삶은 쾌락과 개인적 만족을 제외하면 아무 의미도 없는 삶입니다. 그런 삶은 종종 스스로를 파멸시킵니다. 고대 사람들은 '쾌락주의의 역설paradox of hedonism'을 이야기했습니다. 쾌락을 얻고자 하는 욕망을 추구할수록 그 욕망을 충족하기가 더 힘들어진다는 사실 말입니다. 이 고대의 지혜가 통하지 않을 만큼 인간 본성이 달라졌다고 생각할 이유는 전혀 없습니다.

이 질문들은 고대로 거슬러 올라가지만 대답은 고대에 얽매일 필요가 없습니다. 물리학이나 유전학처럼 급속히 발전하지는 않았을지라도 윤리학은 19세기에 많은 것을 밝혀냈습니다. 철학뿐 아니라 과학의 발전도 윤리학을 이해하는 데 이바지했습니다. 진화론은 이타주의의 한계에 대한 고대의 물음에 대답을 내놓았습니다. 불확실한 상황에서 무엇이 합리적 선택인지 설명하는 '합리적 선택 이론'은 고대 사상가들이 논하지 않은 문제인 '죄수의 딜레마prisoner's dilemma'를 부각시켰습니다. 죄수의 딜레마란, 둘 이상의 사람이 최적의 정보를 가지고 매우 합리적이고 의도적으로 행동하여 독립적으로 자신의 이익을 추구하면 덜 합리적으로 자기 이익을 추구했을 때보다 더 나쁜 결과를 맞게 된다는 역설입니다. 이 문제를 들여다보면 인간 본성이 편협한 이기심에서 벗어날 수 있도록 진화했음을 알 수 있습니다. 현대 여성주의에서도 남성적 관점이 지배하는 윤리학에 한계가 있음을 지적하고 나섰습니다. 자기 이익에 대한 개념에도 그런 한계가 있었을지 모릅니다. 이 책에서는 죄수의 딜레마, 쾌락주의의 역설, 여성주의의 영향을 엮어자기 이익을 새롭고 폭넓게 설명하고자 합니다.

여기에 마침표를 찍는 것은 윤리입니다. 윤리적 삶은 자신의 이익을 넘어선 목표를 추구하는 삶입니다. 그리하여 우리 삶에 의미를 부여합니다. 윤리적 삶과 계몽된 이기주의자의 삶이 같다는 생각은 고대로 거슬러 올라가지만, 그런 조화가 가능하다고 믿지 못하는 냉소주의자들은 코웃음을 칩니다. 현대사를 들여다보면 윤리적 이상주의를 냉소하는 것도 이해가 갑니다. 이를테면 러시아의 공산주의 지도자들이 마르크스주의의 이상주의적 목표를 스탈린의 공포 정치와 브레즈네프의 썩어빠진 독재 정치로 전락시킨 역사의 비극을 생각해보십시오. 이런 사례를 본다면, 더 나은 세상을 꿈꾸는 것보다 그 꿈을 조롱하는 것이 더 매력적으로 보일 것입니다. 하지만 역사에서 교훈을 얻을 수는 없을까요? 고대 사람들은 윤리적으로 좋은 삶이 그렇게 사는 사람에게도 좋은 삶이라고 생각했습니다. 이 오래된 생각을 받아들여야 하는 이유를 널리 알려야 합니다. 시간이 없습니다. 오래도록 서구 사회를 지배한 자기 이익 관념에 의문을 제기해야 합니다. 그리하여 이 관념을 대신할 현실적 대안을 제시할 수 있다면 우리는 궁극적 선택의 문제를 합리적으로 해결할 수 있을 것입니다.

제 잇속만
차리는 사회

02

자기 이익을 바라보는 서양의 시각은 현대에 들어와 하나도 아니고 두 가지 위기를 낳았습니다. 이 장에서 설명할 첫 번째는 서구 사회 전체의 위기로, 미국의 현재 모습이 이를 한눈에 보여줍니다. 두 번째는 뭇 생명이 살아가는 우리 지구 생태계를 위협하는 위기입니다. 여기에 대해서는 다음 장에서 설명할 것입니다. 두 위기를 들여다보면 자기 이익에 대한 현재의 시각이 대단히 모순적임을 알 수 있습니다. 게다가 이 모순은 불행을 가져올지도 모릅니다. 우리가 이익을 물질적 관점에서만 바라본다면, 각자 자신의 자기 이익을 추구하는 과정에서 모두의 이익이 타격을 입을 테니까요.

실패로 돌아간
사회 실험

미국은 개인이 자기 이익을 추구하는 사회가 결국 어디로 가는가를 보여주는 본보기입니다. 미국이 승승장구하던 시기에는 자유의 여신상이 미국을 상징했지만, 90년대 초가 되면서 로스앤젤레스에서 피어오르는 연기(LA 폭동)가 미국의 상징이 되었습니다.

미국의 범죄 실태는 이기심을 추구하는 사회가 어디로 나아가고 있는가를 똑똑히 보여줍니다. 1990년에 뉴욕 시민을 대상으로 실시한 설문 조사에서 "범죄를 당할까 봐 얼마나 자주 걱정하십니까?"라고 물었습니다. 그랬더니 '거의 또는 결코 걱정하지 않음'이라는 응답은 13퍼센트에 불과했고 60퍼센트가 항상 또는 자주 범죄를 걱정한다고 응답했습니다. 놀랄 일은 아닙니다. 맨해튼 도심의 지하철 승강장에서 스물두 살 청년 브라이언 왓킨스가 칼에 찔려 사망한 사건을 비롯하여 온갖 범죄 기사가 그해 신문 지면을 가득 메우고 있었으니까요. 왓킨스는 저녁을 먹으러 가족과 함께 집에 가는 길이었고 가족 중에는 남자가 세 명 있었습니다. 그때 십 대 소년 여덟 명이 가족을 공격했습니다. 《타임》지에 따르면 소년들이 범죄를 저지른 이유는 근처에 있는 로즈랜드 댄스 클럽 입장료를 마련하기 위해서였다고 합니다.[1] 뉴욕에서는 이렇듯 이기적이고 비정한 살인 사건이 심심치 않게 일어납니다. 미국에서는 총기 사고가 십 대의 사망 원인 중 수위를 다툽니다. 1992년 3월에 《뉴욕타임스》는 그해 상반기에 뉴욕 시내 학교와 그 주변에서 총기 사건이 56건 일어났다고 보도했습니다. 학생 16명, 학부모 2명, 경찰 1명이 총에 맞았으며 학생 6명은 치명상을 입었습니다. 뉴욕에서는 학생들이 무기를 가지고 등교하지 못하도록 금속 탐지기를 설치한 고등학교가 스물한 곳에 이릅니다.[2]

　뉴욕만 그런 것이 아닙니다. 살인 발생률이 뉴욕보다 높은 도시가 여덟 곳이나 됩니다. 미국의 사실상 모든 대도시의 주민들은 일상생활에서 늘 범죄의 위협에 노출되어 있습니다. 저는 오스트레일리아에서 어린 시절을 보내고 옥스퍼드에서 4년을 공부한 뒤에 1973년에 뉴욕 대학 철학과 초빙 교수가 되어 뉴욕에 갔습니다. 그런데 워싱턴 광장에 있는 대학 본관으로 걸어 들어가다가 충격적인 장면을 목격했습니다. 총을 휴대한 경비원들이 정문을 지키고 있는 겁니다. 하지만 그해 말이 되자 대학 구내에 살상 무기가 있다는 사실이 아무렇지도 않더군요. 저녁 늦게 강의를 마치고 블리커 가의 숙소로 돌아갈 때는 워싱턴 광장 공원을 가로지르지 말고 돌아서 가야 한다는 것을 배웠습니다. 시내에 있는데 밤이 이슥해지면 렉싱턴 가 지하철을 타기보다는 웨스트 4번가 지하철역에 가서 그리니치빌리지의 번화가를 걸어서 돌아가는 게 낫다는 사실도 알게 되었습니다. 렉싱턴 가 지하철이 숙소와 가깝기는 하지만 그리니치빌리지와 너무 멀어서 안전하지 않기 때문입니다. 미국 도시에 사는 사람은 모두가 이런 '출입 금지' 구역을 숙지해야 합니다. 어떤 동네에 사느냐에 따라, 저녁때 공원을 거니는 일조차 위험하거나 미친 짓이 될 수 있습니다. 아파트 저층 창문에 창살이 쳐진 모습은 마치 감옥을 연상시킵니다. 돈 있는 사람들은 경비원이 출입자를 24시간 감시하는 아파트에 삽니다. 부모는 아이가 해코지 당할까 봐 '빼앗길' 돈을 미리 챙겨줍니다. 《타임》지에 이런 기사가 실렸습니다. "험한 동네의 유치원 교사들은 아직 말도 제대로 못 하는 아이들에게, 총소리가 나면 바닥에 엎드리는 법을 훈련시킨다."[3]

로스앤젤레스에서는 특이한 방식의 묻지 마 살인이 벌어지는데, 이름 하여 '고속도로 총격'이라고 합니다. 1987년부터 고속도로의 고가도로에 차를 정차해놓고 아래를 지나는 차량에 총질한 사건이 여러 차례 일어났습니다. 일반 도로를 지나는 차량에 무차별 총격을 가한 일도 있었습니다. 급기야 로스앤젤레스 경찰은 "옆 차량 운전자와 눈을 마주치지 마십시오"라는 공고문을 발표했습니다.[4]

생명을 위협하는 범죄가 아니라서 눈길을 끌지 못하지만 결코 간과해서는 안 되는 문제가 있습니다. 하루에 15만 5,000명이 지하철에 몰래 무임승차한다는 사실 말입니다. 이로 인한 비용이 해마다 6,500만 달러(약 70억 원)에 달합니다. 대중교통을 개선하는 데 쓸 수도 있는 돈이 이렇게 새어나갔습니다.[5] '공공시설의 혜택을 누렸으면 이를 유지하는 데 기여해야 한다'라는 상식이 조롱거리가 된 것입니다. 하지만 무임승차를 하고도 아무 탈이 없다면 무임승차를 마다할 사람이 누가 있을까요? 다들 규칙을 어기는데 혼자만 정직하게 살다가는 바보라는 소리를 듣지 않을까요? 80년대 중반에 미국인의 가치관을 조사하여 사회에 큰 반향을 일으킨 책 《미국인의 사고와 관습》에서 한 미국인이 말합니다.

> 다들 꼭대기에 올라서서 제 뜻대로 하고 싶어 해요. 인간관계에서처럼요. ……
> 저 혼자 당하고 싶지는 않단 말이에요. 혼자 봉이 될 생각은 없어요. 제 할 일을
> 안 하는 사람들 대신 희생양이 되고 싶지는 않다고요.[6]

오늘날 미국 사회의 기틀이 무너져 더는 돌이킬 수 없는 지경에 이르지 않았나 하는 우려가 듭니다. '혼자 봉이 될 생각 없어'라는 사고방식을 가진 사람은 새로운 인간관계를 맺기 전에 의심부터 하기 십상입니다. 이런 사람이 많을수록 공공선을 위해 힘을 모으기가 더 힘들어집니다(이에 대해서는 7장에서 자세히 살펴보겠습니다). 인구가 포화되고 자기중심적이며 살상 무기로 중무장한 사회가 망하지 않은 적은 한 번도 없습니다. 오늘날 미국이 딱 그런 꼴입니다. 변화를 위해 노력하는 어느 누구도, 사회적 무정부 상태로 치닫는 현재의 추세를 되돌릴 수 있으리라 확신하지는 못합니다. 하지만 이 사태를 방치했을 때 닥칠 끔찍한 결과를 예상한다면, 지푸라기라도 붙잡아야 하지 않을까요?

사회 지도층 인사들이 공공선을 추구하는 봉이 되지 않겠다며 용을 쓰고 다른 사람들도 제 잇속만 차린다면 상황을 개선할 수 없습니다. 1991년에 미 하원에서 의장, 민주당 원내대표, 공화당 원내총무를 비롯한 의원 수십 명이 하원 은행(하원의원을 대상으로 설립된 개인 은행_옮긴이)에서 수표를 초과 발행했다가 들통 난 일이 있습니다. 거금을 대출받은 셈이었는데도 이자나 위약금은 전혀 물지 않았습니다. 이 무이자 대출의 비용은 국민의 세금으로

충당했습니다. 여론조사에 따르면 미국 성인의 83퍼센트는 의원들이 실수로 그런 것이 아니라 '그렇게 해도 아무 탈이 없으리라는 사실을 알았기 때문'이라고 생각했습니다.[7]

이번 사건이 물의를 빚기는 했지만, 애리조나 주 의원들에 비하면 약과였습니다. 경찰이 비밀리에 촬영한 비디오테이프의 녹취록에는 의원들의 인생관과 윤리관이 노골적으로 드러나 있습니다. 캐럴린 워커 상원의원이 말합니다. "떵떵거리며 살고 싶어요. 한몫 챙길 수 있는 자리를 찾고 있어요." 워커 의원은 뇌물 액수를 2만 5,000달러로 합의하면서 이렇게 덧붙입니다. "의원마다 가격이 달라요." 보비 레이먼드 하원의원은 한술 더 뜹니다. "다른 건 아무것도 관심 없습니다. 제 관심사는 오로지 저한테 무슨 떡고물이 떨어지느냐입니다."[8]

미국 대기업 총수들도 잿밥에만 관심이 있었습니다. 이자들은 기업이 손실을 입고 직원들이 해고당하는 동안에도 막대한 연봉을 챙겼습니다. 이를테면 1990년에 ITT의 주가가 18퍼센트 떨어졌지만 랜드 애러스코그 회장의 연봉은 1,100만 달러(약 124억 원)로 103퍼센트나 치솟았습니다. 《GQ》의 칼럼니스트 조지프 노체라는 애러스코그가 연봉 문제를 뭐라고 해명하는지 들으려고 ITT 주주 총회에 갔다 와서 이렇게 전했습니다. "애러스코그는 이런 돈을 챙길 수 있으면 언제든 챙길 거라고, 남들이 어떻게 생각하든 상관없다고 말하는 듯했다."[9] 기업인은 으레 그렇게 생각합니다. 1985년부터 1990년까지 IBM 주주들은 연 수익률이 1퍼센트에도 못 미쳤지만 같은 기간에 존 에이커스 회장의 연봉은 400퍼센트가 뛰어올라 1990년에 800만 달러(약 90억 원)가 되었습니다. 이마저도 타임워너의 최고 경영자 스티븐 로스와 N. J. 니컬러스에 비하면 새 발의 피입니다. 타임워너가 적자를 기록한 1990년에 둘이 챙긴 연봉은 도합 9,960만 달러(약 1,126억 원)에 달합니다. 미국에서 기업 총수와 노동자의 평균 연봉 격차는 1975년만 해도 35 대 1이었으나 90년대 들어 85 대 1을 넘었습니다. 일본(16 대 1)과 독일(21 대 1)보다도 높은 수치입니다. 그 뒤로 미국의 임금 격차는 더 벌어져 이제는 기업 총수의 연봉이 노동자의 160배에 달하는 것으로 추정됩니다.[10]

노조 지도부는 기업 총수의 숙적이지만, 돈 문제만큼은 적에게서 한 수 배웠나 봅니다. 뉴욕 건설업 노조의 노조원들이 대부분 2만 5,000달러(약 2,800만 원)도 채 못 받던 1989년에 거스 비보나 위원장은 41만 2,000달러(약 4억 7,000만 원)를 벌어들였습니다.[11] 1992년 2월에 뉴욕 시에서 시청 직원을 정리 해고하는 와중에 시청 노조는 바하마 군도에서 예산 회의를 열겠다며 한 리조트 호텔에 객실과 고급 스위트룸을 100개 이상 예약했으며 회의에 참석하는 노조 간부에게 체류비 전액을 지급했습니다.[12]

대학도 갈수록 탐욕스러워집니다. 1991년에 존 딩걸을 위원장으로 한 의회 소위원회에서 대학의 연구 기금 운영 실태를 조사했더니 스탠퍼드, 하버드, MIT, 러트거스를 비롯한 수많은 대학에서 연구와 무관한 제품을 구입하면서 연방연구기금, 즉 국민 세금 수백만 달러를 청구했다고 합니다. 서랍장, 총장 부인의 운전기사, 사망한 대학 임원의 주택, 타호 호수의 휴양지, 총장 사택을 장식할 꽃 따위가 어떻게 학문을 뒷받침하느냐고 딩걸이 물었지만 대학 관계자들은 다들 꿀 먹은 벙어리였습니다. 후속 조사에 따르면 하버드 의과대학은 학장 은퇴식 비용 1,800달러를 '연구비'로 둔갑시켜 연방 정부에 청구했습니다. 텍사스 의과대학은 근사하게 조각한 포도주 병 열개를 사느라 공금 2,095달러를 썼고 세인트루이스 워싱턴 대학은 조각상을 기부받고도 구입비를 청구했으며 피츠버그 대학은 총장 부인의 아일랜드와 플로리다 여행 비용을 정부로부터 받아냈습니다.[13]

레이건 정부와 부시 정부는 윤리와 정의에 대한 냉소가 최고위층까지 퍼져 있음을 만천하에 알렸습니다. 부시 대통령은 임기가 한 달도 채 남지 않은 시점에 이란-콘트라 사건 관련 레이건 정부 관료 여섯 명을 모두 사면했습니다. 위증 혐의로 기소된 전 국방장관 캐스퍼 와인버거도 사면되었습니다. 그 덕에 부시 대통령은 재판에 증인으로 서는 상황을 모면할 수 있었습니다. 하지만 대통령이 정의를 실현하는 것보다, 아니 실현하는 것처럼 보이는 것보다 자신의 이익을 중시한다는 사실을 들키고 말았습니다.[14]

최고위층의 탐욕은 공공선의 정신을 잃어가는 사회의 한 단면입니다. 또 다른 단면은 여느 미국 도시에서 쉽게 찾아볼 수 있습니다. 어느 이른 아침 워싱턴 시내를 걷다가 지하철 환기구에 종이 상자를 깔고 누워 있는 사람들을 보았습니다. 환기구에서 나오는 온풍으로 몸을 녹이려 안간힘을 쓰고 있더군요. 숲 사이로 백악관의 낯익은 모습이 보입니다. 노숙자와 미합중국 대통령은 이웃사촌이었습니다! 노숙자들이 백악관 근처에 자리 잡은 이유는 시위를 하려는 게 아니라 그저 잘 데가 필요했기 때문입니다. 노숙자는 미국의 일상 풍경이 되었습니다. 영국처럼 사회복지가 훨씬 잘된 나라에서도 노숙자가 늘고 있습니다. 이탈리아의 사진가 레티치아 바탈리아는 《미국의 어느 날》에 실을 노숙자 사진을 찍은 뒤에 이렇게 말했습니다. "이렇게 슬픈 적은 처음이다. 고개를 들면 맨해튼의 마천루가 하늘을 찌르지만 아래를 내려다보면 절망의 풍경이 펼쳐진다. 이렇게 비참한 광경은 팔레르

모(이탈리아의 항구 도시로 빈곤 문제가 심각하다_옮긴이)에서도 본 적이 없다."[15]

예전에 미국에서는 인도에 여행 갔다 온 사람들만이 거지 얘기를 꺼냈습니다. 그런데 지금은 뉴욕 시내만 걷더라도 구걸하는 사람들과 마주치지 않을 도리가 없습니다. 공손하게 손을 벌리는 사람도 있지만 사납게 옷을 부여잡는 사람도 있습니다. 노숙자와 거지가 급증한 데는 주택 임대료 상승, 실업, 약물 및 알코올 남용, 가족 울타리 붕괴, 레이건 정부의 복지법 개악과 주택 자금 삭감 등 여러 이유가 있습니다. 하지만 사회 체제의 본질에 관심이 있는 사람이라면 노숙자가 증가한 원인보다 사회가 노숙자를 받아들이는 태도에 더 주목해야 합니다. 길거리에서 살아가는 사람의 수가 레이건 정부 들어 부쩍 늘기 시작했을 때 처음 나타난 반응은 충격이었습니다. 무언가 조치를 취해야 한다는 요구가 뒤따랐고요. 하지만 그 충격은 곧 사그라들었습니다. 《타임》지는 이렇게 표현합니다. "출근길 지하철에서 노숙자를 피해 장애물 달리기를 하고 길거리에서 걸인에게 시달리기를 여러 해, 도시민들은 이제 동정 대신 경멸의 눈길을 보내며 더는 이들의 고통에 공감하지 않는다."[16]

노숙자는 미국의 평범한 일상이 되었습니다. 그나마 지방 정부에서는 여러 번 해결책을 모색했지만 연방 차원에서는 아무런 조치도 없었습니다. 레이건 대통령의 임기 말에 연방 정부는 주택 건설에 해마다 80억 달러를 지출했습니다(이에 반해 노숙자가 훨씬 드물던 카터 행정부는 320억 달러를 지출했습니다). 하지만 같은 기간에 소득세는 꾸준히 감소하여, 과세 소득이 1년에 20만 달러를 넘는 최고 부유층조차도 연방 소득세율이 24퍼센트에 불과했습니다. 1979년 세율로 과세했다면 820억 달러를 더 걷을 수 있었을 테고 주택 예산을 삭감할 필요도 없었을 것입니다. 가난한 사람과 집 없는 사람을 돕기보다 부유층의 세금을 깎아주려 드는 사회는 진정한 의미의 공동체라 할 수 없습니다.

—
공동체는
어디로
—

사람들의 심성이 각박해지는 중요한 이유는 공동체 의식이 줄었다는 것입니다. 수많은 미국인이 타향살이를 하고 있으며 몇 년마다 이사를 다니니 그럴 수밖에요. 기업들은 효율성을 내세워 관리 직원을 적재적소에 배치한답시고 집과 멀리 떨어진 곳에 발령하는데, 시키는 대로 하지 않는 직원은 애사심이 없는 사람으로 낙인찍힐 우려가 있습니다. 《미국인의 사고와 관습》에 등장하는 사람들은 자신이 부모에게서 무엇을 물려받았는지 곧잘 잊어버리며, 장성한 자녀와 유대감을 느끼지도 못합니다. 일본에서는 '출가'라고 하면 속세와의 인연을 모두 끊고 승려가 되는 것을 말하지만, 미국에서는 장성한 자녀가 집을 떠나는 게 당연하기에 성장기는 출가를 준비하는 시기라고 생각합니다. 이런 경향은 오래전부터 있었습니다. 일찍이 토크빌은 이러한 미국의 문화적 유산을 거론하며 "모든 사람으로 하여금 자기의 조상을 잊게 할 뿐만 아니라 후손에 대해서 무관심하게 하며 동시대인으로부터 고립시킨다"라고 썼습니다.[17]

프랜시스 피츠제럴드는 플로리다의 은퇴자 마을 선시티 주민들을 인터뷰했는데 이들은 자녀에게 신세 지는 것을 부끄럽게 여겼습니다. 한 주민은 자녀와 함께 사는 것이 미국인답지 않다며 "흑인이나 쿠바인 같은 다른 민족들은 가족이 모두 함께 삽니다만 우리는 그러지 않아도 되는 수준에 올라섰습니다"라고 말했습니다. 또 한 주민은 자녀들과 가까운 북부에서 사는 것과 자녀들과 떨어진 플로리다에서 사는 것을 비교하며 "추수감사절, 성탄절, 부활절 단 사흘을 자녀들과 함께 지내겠다고 다섯 달의 근사한 날씨를 포기하고 싶습니까?"라고 말했는데, 비단 은퇴자 마을이 아니더라도 미국 사회에서 가족의 중요성이 점차 줄어들고 있음을 알 수 있습니다.[18]

버펄로 뉴욕 주립대학에서 비교문화인류학의 기틀을 세운 라울 나롤은 이른바 '윤리망moralnet'의 중요성을 강조했습니다. 윤리망이란 사람들을 하나로 묶고 사람들의 행동에 윤리적 배경 역할을 하는 가족과 공동체의 유대 관계를 일컫습니다. 윤리망은 사람들이 윤리적 선택을 하는 데 도움이 됩니다. 윤리망에서 옳다고 여기는 행동을 하는 쪽이 속 편하니까요. 나롤은 튼튼한 윤리망을 구축하려면 사회적 유대, 공동체 구성원의 정서적 온기, 힘든 시기에 낙오하는 사람에 대한 사회적·경제적 지원이나 '보험', 사회를 하나로 묶는 공통의 상징, 의식, 전통, 신화, 이념이 필요하다고 말합니다. 고립된 개인들이 오로지 이기적 소유욕으로 뭉친 집단은 튼튼한 윤리망을 구축할 수 없습니다. 물론 윤리망이 튼튼하다고 해도 얼마든지 끔찍한 비윤리적 행위를 저지를 수 있습니다. 특히 윤리망 바깥에 있는 사람들을 상대로는 말이죠. 따라서 튼튼한 윤리망이 좋은 사회를 보장하지는 않습니다. 하지만 나롤은 윤리망이 취약하면 범죄, 약물 및 알코올 남용, 자살, 가정 폭력, 정신 질환이 증가한다고 주장합니다.[19] 사회 전체의 윤리망이 윤리적 삶을 지탱하지 못할 정도로 취약해진 첫 사례가 바로 오늘날의 미국일지도 모른다고 생각하니 오싹합니다.

1887년에 독일의 사회학자 페르디난트 퇴니에스는 《게마인샤프트와 게젤샤프트》에서 사회를 두 가지로 구분했습니다. '게마인샤프트'는 '공동 사회'라는 뜻으로, 끈끈한 공동체 의식으로 묶인 전통적 집단을 일컫습니다. 게마인샤프트의 구성원이 자신을 집단 전체와 동일시하며 집단을 벗어나서는 의미 있는 삶을 살 엄두를 내지 못한다는 점에서, 게마인샤프트는 유기적 공동체라 할 수 있습니다. 이에 반해 '게젤샤프트'는 '이익 사회'라는 뜻으로, 개인의 연합을 일컫습니다. 게젤샤프트의 구성원은 자신이 집단을 떠나서도 얼마든지 살아갈 수 있는 독립된 존재라고 생각합니다. 사회는 인간의 창조물이며 어떻게 보면 사회계약의 산물이기에 들어오든 나가든 개인 마음이라는 것입니다.

퇴니에스의 구분은 독일의 위대한 철학자 게오르크 빌헬름 프리드리히 헤겔의 저작에서 영감을 얻었습니다. 헤겔에 따르면 고대 그리스 사람들은 자신의 이익을 공동체의 이익과 별개로 여기지 않았습니다. 개인의 선善은 공동체 구성원 전체의 선에 속할 뿐이라는 것이 그리스 사람들의 생각이었습니다. 헤겔은, 그리스 사람들이 공동체의 이익을 중시한 이유는 개인의 자유와 자의식이 가능하다는 것을 깨닫지 못했기 때문이라고 말합니다. 헤겔이 보기에 소크라테스는 아테네 사람들에게 '지금껏 당연하게 여기던 것을 비판적으로 생각하도록' 가르친 핵심 인물이었습니다. 그러니 보수파는 소크라테스가 체제 전복을 꾀하는 위험 인물이라고 여길 수밖에 없었을 것입니다. 소크라테스가 던진 물음은 고대 그리스 사회에서 용인되는 틀 안에서는 대답할 수 없는 것이었으니까요.

소크라테스는 자의식적으로 사유하는 정신을 대표하는데, 이러한 정신은 관습에 기반한 사회를 파멸시킬 수밖에 없습니다. 이런 관점에서 보면 서구 역사는 관습적 사회에서 벗어나 자신을 개인으로 파악하는 반성적 인식을 향해 나아가는 과정이었습니다. 하지만 헤겔 철학에서 이 과정은 이 책에서 우려하는 문제를 동반했습니다(헤겔은 프로테스탄트 종교개혁이 일어나고 시장경제가 꽃핌으로써 이 과정이 완성되었다고 생각했습니다). 관습과 공동체의 끈이 없다면 개인이 윤리적으로 행동할 이유가 없을 테니 말입니다.

이 물음에 최초의, 어떤 면에서는 가장 인상적인 대답을 내놓은 것은 토머스 홉스였습니다. 홉스가 최대 걸작 《리바이어던》을 발표한 1651년은 왕권신수설을 통치 근거로 내세운 스튜어트왕조가 잉글랜드 내전으로 무너진 뒤였습니다. 전통적 권위가 몰락하는 것을 지켜본 홉스는 모든 인간에게 한 가지 기본 욕망이 있다는 가정을 논의의 출발점으로 삼았습니다. 바로 "죽을 때까지 계속되는, 힘에 대한 끊임없는 욕망" 말입니다.[20] 인류의 자연적 조건에 따르면 모든 사람은 "만인이 만인에 대해 적敵인 상태", 즉 전쟁 상태에서 살아갑니다. 홉스는 이런 상황에서의 "인간의 삶은 외롭고, 가난하고, 비참하고, 잔인하고, 그리고 짧"다고 결론 내립니다.[21] 여기에서 당장 문제가 제기됩니다. 이토록 자기만 생각하는 존재가 그토록 비참한 조건에서 살아가는데 어떻게 사회가 성립할 수 있을까요? 성립하더라도 어떻게 유지될 수 있을까요? 이에 대한 홉스의 대답은 인간 본성에 대한 자신의 견해만큼이나 무미건조합니다. 더 큰 힘을 가할 때에만 사회가 성립한다, 사회의 존재 이유는 평화가 우리 모두에게 이익이 되기 때문이다, 평화를 이루려면 주권자를 세워 무제한적 권위를 부여해야 하며 평화를 깨뜨리는 자를 처벌할 권한을 주어야 한다—이것이 홉스의 대답입니다.

하지만 홉스가 말하듯 순전히 개인의 연합으로서 성립한 사회는 지금껏 없었습니다. 예나 지금이나 대부분의 사회는 자유로운 개인의 연합이라기보다는 유기적 공동체입니다. 퇴니에스의 구분을 현대에 적용하면, 아시아와 아프리카, 서남아시아, 라틴아메리카에는 유기적 공동체가 꽤 많이 남아 있습니다. 가족과 부족에 대한 충성을 개인의 목표보다 중요시하는 사회에 사는 인구가 70퍼센트나 된다는 조사 결과도 있습니다.[22]

이에 반해 서구 사회는—적어도 프로테스탄트 종교개혁 이후로는—공동체에서 벗어나 개인의 느슨한 연합을 향해 나아가고 있습니다. 홉스의 사회계약설을 계승한 존 로크는 인간 본성에 대해서는 홉스보다 낙관적 입장이어서 정부를 상대로 시민의 권리가 유지되는 제한적 정부 형태를 선호했습니다만 그 또한 사회가 개인의 느슨하고 자발적인 연합이라고 생각했습니다.

로크의 사회 개념은 미국독립혁명과 미국 헌법에 큰 영향을 미쳤습니다. 1830년대 미국에 이미 개인주의가 팽배했음을 발견한 토크빌은 미국 국민의 자립심과 독립심을 높이 평가하면서도 이것이 사람들을 "언제나 자기 자신에게만 매달리게 하며 마침내는 인간을 완전히 고독한 존재로 가둘 위험을 안고 있"다고 우려했습니다.[23] 북유럽의 신교 국가와 영국, 미국, 오스트레일리아, 뉴질랜드 등에서는 전통적인 공동체 개념이 무너지고 개인주의가 득세했지만, 20세기 후반 미국의 개인주의는 새로운 형태의 극단으로 치달았습니다. 사회과학자들은 사회가 개인주의와 집단주의 사이 어디

쯤 위치하는지 보여주는 척도를 개발했는데, 미국은 가장 개인주의적인 사회로 평가되었습니다.[24] 가장 개인주의적인 사회는 모두가 제 할 일만 하거나 제 잇속만 차리는 사회입니다. 미국의 많은 대도시에서는 퇴니에스가 말하는 공동체를 전혀 찾아볼 수 없습니다.

버클리 대학의 사회학과 교수이자 《미국인의 사고와 관습》 저자인 로버트 벨라는 미국이 오래전부터 개인주의 사회였지만 현대 들어서 그 어느 때보다 일방적인 개인주의 성향을 나타낸다고 말합니다.

과거 미국의 개인주의는 공동체의 가치를 존중했지만 오늘날의 개인주의는 개인의 이익을 극대화하라고 부추긴다. 그러면 제 잇속만 차리는 소비자 정치가 팽배하고 공공선의 추구는 설 자리가 없어진다.[25]

동유럽과 옛 소련의 공산주의 정권이 몰락하고 개혁가들이 자유시장을 앞다퉈 받아들이는 와중에 서구의 사회학자와 철학자는 정치와 윤리적 삶에서 공동체의 중요성을 강조하는 이론을 되살리고 있다니 우습지 않습니까? 카를 마르크스는 더 나은 형태의 사회에 대해서는 형편없는 전망을 내놓았지만 그의 자본주의 비판은 귀담아들을 만합니다. 《공산당 선언》은 사회가 개인의 자유로운 연합이라는 주장을 효과적으로 논파합니다. 마르크스와 공저자 프리드리히 엥겔스는 전통적 또는 봉건적 형태의 사회에 결코 호의적이지 않았지만, 화폐에 기반한 사회가 등장하면서 전통 사회가 파괴되는 광경에 분노와 공포를 느꼈습니다.

부르주아 계급은 자신들이 지배하는 곳에서 모든 봉건적·가부장적·목가적 관계들을 완전히 없애버렸다. 부르주아 계급은 상전의 지위를 타고난 이들에게 사람들을 묶어놓던 잡다한 색깔의 봉건적 끈들을 무자비하게 잡아 뜯어버렸고, 사람과 사람 사이에 벌거벗은 이해관계와 냉혹한 '현금 계산' 외에는 아무런 끈도 남겨놓지 않았다.

따라서 자본주의가 가차 없이 창조한 사회는 자유로운 개인의 사회이되 자유로운 사회는 아니었습니다. 아니, 고삐 풀린 사회였습니다.

부르주아적 생산관계와 교류관계, 부르주아적 소유관계, 그리고 그렇게 강력한 생산수단과 교류 수단을 마법으로 불러냈던 현대의 부르주아 사회는 주문을 외워 불러냈던 지하 세계의 위력을 더는 지배할 수 없게 된 마법사와 비슷하다.[26]

마르크스는 이 '지하 세계의 위력' 중 하나로 프롤레타리아, 즉 재산이 없는 위대한 노동자 계급을 꼽았습니다. 여느 상품과 마찬가지로, 부르주아는 프롤레타리아의 노동력이 필요할 때면 사들이고 불황이 닥치면 내다 버립니다. 마르크스는 자본주의 체제가 프롤레타리아를 창조함으로써 스스로 파멸의 씨앗을 만들어냈다고 굳게 믿었습니다.

하지만 이것은 터무니없는 착각이었습니다. 자본주의의 모순이 끊임없이 격화되지는 않았습니다. 자본주의는 대다수 노동자의 삶을 개선했으며 선진 자본주의 국가의 노동자 계급 상당수가 자본주의 편으로 돌아섰습니다. 이에 반해 마르크스의 이름으로 혁명에 성공한 사람들은 국민 대다수의 요구를 충족시키는 사회를 만들어낼 수 없었으며, 반대를 무력으로 짓누르지 않고서는 권력을 유지할 수 없었습니다. 따라서 자본주의는 살아남았고 결국 승리를 거둔 것으로 보입니다. 하지만 자본주의 사회가 통제 불가능한 힘을 만들어냈다는 마르크스의 지적에는 일리가 있습니다. 이것은 1980년대의 호황에 뒤이은 불황에서 다시 확인되었습니다. 경제에 대한 확신이 알 수 없는 이유로 약해졌고, 상품 가격이 떨어졌으며, 수많은 사람들이 일자리를 원했지만 자본주의 체제는 이들의 노동력과 기술을 써먹을 데가 없었습니다.

자유시장 사회가 전통적 관계를 단절하고 모든 유대 관계를 화폐 관계로 전락시키고 이기심의 고삐를 풀어 통제 불가능한 '램프의 요정'을 불러냈다는 마르크스의 지적은 옳았습니다. 램프의 요정이 만들어낸 사회에서는 경제가 정치를 지배합니다. 경제 문제가 선거를 좌우합니다. 우리가 환경을 파괴하는 개발을 멈추지 않는 이유는 타국에 뒤처질 수 없기 때문입니다. 가난한 사람들의 의료, 복지, 주거를 개선하자는 주장은 세금을 줄여 투자 의욕을 높이려는 욕망의 암초에 걸려 좌초됩니다. 물질적 번영에 대한 집착에서 벗어나는 것은 꿈도 못 꿀 일이 되어버렸습니다. 정치 지도자들은, 그랬다가는 선거에서 참패할 것이라 지레짐작합니다.

신자유주의 세계화를 주도하는 GATT(관세무역일반협정. 지금의 WTO) 체제는 경제의 지배력을 전 세계로 확대했습니다. GATT는 유럽공동체EC의 소농이 미국과 오스트레일리아의 기업농과 '공정하게' 경쟁해야 한다고 주장합니다. 이 경쟁은 소농을 몰락시키고 서유럽의 풍경을 영구적으로 바꿔버릴 것입니다. 살아 있는 동물이 특허의 대상이 될 수 있느냐를 놓고 유럽 특허청이 머뭇거리자 미국은 동물 특허를 인정하지 않는 것이 불법적 무역 제재요 미국 기업들이 정당한 발명 수익을 거두지 못하도록 하는 처사라고 주장했습니다. (미국의 목적은 '종양쥐onco-mouse'—연구 목적으로, 유전자를 조작하여 종양을 일으킨 가련한 동물—를 비롯한 미국 과학자들의 특허에서 얻을 수 있는 잠재적 이익을 보호하는 것입니다.[27] 하지만 GATT를 창립하여 윤리를 경제에 종속시킨 미국은 똑같은 수법에 자신이 당하고 맙니다. 미국은 해양 포유류 보호법을 내세워 멕시코산 참치의 수입을 금지했습니다. 멕시코 어선이 미국 어선에는 금지된 방식으로 조업하는 과정에서 돌고래가 해마다 5만 마리씩 폐사한다는 이유에서였습니다. 그러자 멕시코는 수입 금지 조치가 불공정 무역 장벽이라며 GATT에 제소하여 승소했습니다![28]

벌거벗은 이기심이 불러들인 램프의 요정은 공동체에 대한 소속감을 앗아가 버렸습니다. 다들 '일등이 되어야 한다'라는 사고방식에 물들었습니다. 우리는 타인을 이윤 추구의 대상으로 여기고 타인도 나를 그렇게 여길 거라 넘겨짚습니다. 상대방이 나를 기회만 있으면 이용하려 들 것이라 예상하여 내 앞가림이나 제대로 하자고 생각합니다. 이런 예상은 현실이 됩니다. 서로의 장기적 이익을 위해 자신의 단기적 이익을 희생하려 들지 않는 사람들과 협력할 이유는 없으니까요. 하지만 소속감도 가족의 유대감도 고용주에 대한 충성도 아닌 오로지 이기심이라는 약한 끈으로 묶인 고립된 개인의 연합이 좋은 사회일 리 만무합니다. 이런 사회는 시민 개인의 '생명, 자유, 행복 추구'(미국 독립선언문에서 규정한 '양도할 수 없는 권리'_옮긴이)라는 목표조차 달성할 수 없습니다. 가난한 사람뿐 아니라 부자의 '생명, 자유, 행복 추구'도 이루지 못할 것입니다. 로버트 벨라가 《미국인의 사고와 관습》에서 말합니다. "무력 공격을 걱정해야 하는 상황에서는 사적인 삶도 풍요로울 수 없다. 낯선 사람을 믿지 못하고 자기 집을 요새로 만들어야 하기 때문이다."[29] 윤리학에는 선순환과 악순환이 있습니다. 공동체의 형성도 마찬가지입니다. 덕을 행함으로써 덕 있는 사람이 된다는 아리스토텔레스의 말이 옳다면 우리는 사람들이 덕을 행하도록 유도할 수 있는 사회를 만들어야 합니다. 물질적 자기 이익을 추구하는 개인주의 풍토가 만연한 대도시에서는 상호 신뢰나 덕성의 싹이 자라서 열매 맺기는 고사하고 살아남기조차 버겁습니다. 이상하게 들릴지 모르겠지만, 현대 도시에 사는 익명의 구성원보다는 제1차 세계대전 중 참호에서 대치하던 병사들이 호혜적으로 행동할 가능성이 큽니다(여기에 대해서는 6장에서 살펴보겠습니다). 우리가 창조하는 사회는 서로를 적대시하는 개인의 집합체에 불과합니다. 홉스가 말하는 만인의 만인에 대한 투쟁이 언제 벌어질지 모릅니다. 주권자가 힘을 잃으면 전쟁이 발발할 것이며, 사람들은 홉스가 상상한 것보다 더 치명적인 무기로 무장할 것입니다. 자신이 아닌 무언가에 헌신하려는 마음을 되살리는 것이 힘든 일이긴 하지만 지금 시작하지 않으면 이런 우려가 현실이 될 것입니다.

1992년 4월에 앞 문단을 쓰면서 독자가 제 말을 과장으로 받아들이면 어떡하나 생각했습니다. 하지만 그달 말에 로스앤젤레스에서 일어난 폭동은 제 주장을 똑똑히 입증했습니다. 사건의 발단은 경찰들이 흑인 로드니 킹을 구타하는 동영상이 유포되고 가해 경찰들이 석방된 일이었습니다. 가해 경찰의 석방에 대한 분노는 정당한 것이었지만 폭동은 이내 걷잡을 수 없는 사태로 번졌습니다. 가장 중요한 이유는 폭동을 틈타 물건을 공짜로 차지할 수 있었기 때문입니다. 모두가 물건을 훔쳤습니다. 경찰이 모든 상점을 지킬 수는 없으니까요. 폭동이 일어날 당시에 로스앤젤레스에는 경찰 말고도 사설 경비 회사 3,500곳에 경비원 5만 명이 고용되어 있었지만 그래도 역부족이었습니다.[30] 아래는 당시 참상을 보도한 언론 기사입니다.

할리우드 가에 이르는 웨스턴 가 8킬로미터 전역에서 온갖 약탈이 벌어졌다. 약탈자들은 마치 출근이라도 하듯 차를 몰고 와서 도로에 주차한 뒤에 출입문과 트렁크 문을 열고 신발, 의류, 텔레비전, CD 플레이어, 술병 따위를 마구 던져 넣었다.

대형 쇼핑몰 주차장은 폐업 세일 현장을 방불케 했다. 약탈자들은 훔친 물건을 쇼핑 카트로 실어 날랐다. 침대와 소파를 위태롭게 실은 트럭들이 의기양양하게 지나갔다. 라시에나가에 있는 대형 할인점 페드코를 털려는 인파로 교통이 마비되었으며, 헬리콥터에 탄 텔레비전 방송국 기자가 택시를 타고 시어스 매장에 속속 도착하는 약탈자들을 화면에 담았다. …… 목요일 저녁 선셋 가에서는 휴대폰을 든 아이들이 경찰차와 소방차가 오는지 망을 보고 있었다.[31]

약탈을 소유욕과 짝지은 리처드 시컬의 탁견은 정확했습니다. "현대 미국의 위대한 지도 이념은 '쓰러질 때까지 쇼핑하라'(미국의 텔레비전 게임 쇼 제목_옮긴이)에서 '숨찰 때까지 훔쳐라'로 바뀌었다."[32] 하지만 런던 《옵서버》의 앤드루 스티븐은 더 중요한 맥락을 짚었습니다.

레이건과 부시 정부를 거치면서 힘없는 하층 계급이 부쩍 증가한 로스앤젤레스에서 이 모든 사태가 벌어진 것은 우연이 아니다. 세상에서 가장 요란한 소비 행위가 벌어지는 바로 옆, 제3세계를 연상시키는 빈민가. 이 부의 양극화.[33]

이기적 소유욕을 최고의 가치로 떠받드는 사회의 껍질을 한 꺼풀만 벗기면 홉스가 말한 만인의 만인에 대한 투쟁이 도사리고 있음을 이보다 더 똑똑히 보여준 사건이 있을까요?

흥청망청의
끝

03

—

장 자크 루소 대
애덤 스미스

—

데니스 러빈은 레블론 인수 거래를 성사시킨 뒤에 자축하는 뜻으로 페라리 테스타로사를 구입했습니다. 페라리를 모는 것은 물론 신나는 일이겠지만, 러빈이 12만 5,000달러(약 1억 4,000만 원)를 지출한 속내는 페라리가 성공의 상징이기 때문입니다. 러빈보다 더 부자인 도널드 트럼프는 3,000만 달러(약 340억 원)를 주고 산 요트를 스스로 '전리품'이라 부릅니다. 소득이 그에 못 미치는 사람들도 가랑이가 찢어져라 사들입니다. 자동차 업계가 가장 반기는 고객은 걸핏하면 차를 바꾸는 사람들입니다. 원하는 장소에 제시간에 안전하게 도착할 수만 있으면 충분한데도 멀쩡한 차를 갈아치웁니다. 1991년에 불황이 닥쳐 사람들의 자동차 보유 기간이 늘어나자 미국 자동차 업계는 수십억 달러의 적자를 냈습니다.

모든 분야가 이런 식입니다. 상류층 사람들은 지난 사교 모임에 입고 나간 옷을 또 입는 법이 없습니다. 일반인들도 2~3년 전에 유행한 옷을 다시 입으려 하지 않습니다. 번쩍거리는 컬러판 잡지를 펼치면 아프리카의 기근이나 열대 우림의 파괴를 전하는 기사 옆에 신형 자동차, 최신 유행 의류, 가구, 크루즈 여행 광고가 버젓이 실려 있습니다. 신문에서는 인도 사람들이 빚을 못 갚아서 신장을 팔아야 한다는 기사를 내보낸 뒤에 부록에서는 맛집을 소개하고 인테리어 방법을 알려줍니다. 이런 부록은 신문에 경제적으로 보탬이 됩니다. 독자에게 맞춤형 광고를 내보낼 수 있으니까요. 하지만 우리는 지금 멈추어 서서 이렇게 물어야 합니다. 우리는 모두 어디로 가고 있는 걸까요?

애덤 스미스가 1776년에 내놓은 걸작 《국부론》은 자유기업 경제가 나아가는 방향을 가리키는 나침반입니다. 애덤 스미스는 시장경제에서 부를 쌓으려면 경쟁자보다 효율적으로 고객의 욕구를 충족시키는 수밖에 없다고 주장합니다. 이 생각을 한마디로 정리한 유명한 문장이 있죠. "우리가 매일 식사를 마련할 수 있는 것은 푸줏간 주인과 양조장 주인, 그리고 빵집 주인의 자비심 때문이 아니라, 그들 자신의 이익을 위한 그들의 고려 때문이다." 이익을 얻으려면 기존 상품보다 더 싸거나 좋은 상품을 생산하려고 노력해야 합니다. 성공하면 돈을 벌겠지만 실패하면 사업을 접어야 합니다. 따라서 사익을 추구하는 무수한 개인의 욕망이 모이면, 마치 보이지 않는 손이 조종하는 듯 공익이 실현되며, 부를 추구하는 개인적 욕망의 집단적 결과는 부강한 나라이고 이는 부자뿐 아니라 "문명국의 가장 하찮은 국민"에게도 유익하다는 것이 애덤 스미스의 주장입니다. 애덤 스미스는 이를 문학적으로 표현했습니다.

유럽 왕의 생활용품이 근면하고 검소한 농민의 생활용품을 능가하는 정도는, 후자가 수만 명의 나체 야만인들의 생명과 자유의 절대적 지배자인 아프리카 왕의

생활용품을 능가하는 정도보다 크지 않다.[1]

이 말은 자유기업 체제에서 부를 추구할 때 생기는 불평등을 정당화하는 데 즐겨 쓰였습니다. 아무리 가난해도 불평하지 말라고 합니다. 산업화가 되지 않았다면 그만큼도 살지 못했을 것이라면서요. 아프리카 군주보다 잘 사는 것은 사실이니까요![2]

애덤 스미스는 《국부론》을 발표하기 20년 전에, 유럽 대륙의 지성계를 뒤흔든 작품을 하나 비판했습니다. 그것은 장 자크 루소의 《인간 불평등 기원론》이었습니다. 이 에세이에서 루소는 현대 문명을 '고귀한 미개인'의 삶과 비교하며 애덤 스미스가 훗날 옹호할 모든 것을 비난했습니다. 루소는 인간의 원래 상태를 상상하면서, 대지가 "기름진 자연 그대로 방치되고 도끼에 잘려본 적이 없는 엄청난 숲으로 뒤덮였"고 자연이 "모든 동물에게 먹이 창고와 은신처를 제공했"다고 말했습니다. 고귀한 미개인도 자연에서 모든 욕구를 충족합니다.

그는 떡갈나무 아래에서 배불리 먹고 시냇물을 찾아 목을 축이며, 자기에게 먹을거리를 제공해준 바로 그 나무 발치에서 잠자리를 발견한다. 이렇게 함으로써 그의 욕구는 충족될 수 있었다.[3]

루소는 우리가 이 같은 자연 상태에서 쫓겨난 것은 사유재산 제도 때문이라고 비판합니다. 필요한 것보다 더 많이 쌓아둘 수 있게 되면서 내가 가진 것을 남이 가진 것과 비교하고 내가 가진 것으로 남을 이기려는 욕망을

품게 되었다는 것입니다. 루소는 욕망의 확대가 불평등뿐 아니라 증오와 사
회 갈등, 노예제, 범죄, 전쟁, 사기를 비롯하여 현대 생활의 온갖 폐단을 낳
는다고 생각했습니다.

하지만 애덤 스미스는 소유물을 축적하려는 욕망을 전혀 다른 관점에서
바라보았습니다. 루소를 비판한 글과 《도덕감정론》(글래스고 대학의 강연을 책
으로 묶은 것)에서 애덤 스미스는 욕망의 확대와 소유 축적의 욕망을 변호하
며 옛사람들이 예술과 과학을 발전시킨 것은 축적하고 또 축적하려는 욕망
덕분이라고 말했습니다.

> 과학과 기술의 발명개량은 …… 지구의 전 표면을 완전히 변화시켰고, 자연 그
> 대로의 거친 삼림을 쾌적하고 비옥한 평원으로 바꾸었고, 사람의 발길이 닿지
> 않는 쓸모없는 대양大洋을 새로운 식량 자원으로 만들었다. …… 부자는 ……
> 보이지 않는 손에 이끌려서 토지가 모든 주민들에게 똑같이 나누어졌을 경우에
> 있을 수 있는 것과 같은 생활필수품의 분배를 하게 된다. 그리하여 무의식 중에,
> 부지불각 중에, 사회의 이익을 증진시키고 인류 번식의 수단을 제공하게 된다.

요즘 사람들은 숲과 자연 일반에 대한 루소와 애덤 스미스의 태도가 이
토록 다른 것에 놀랄 것입니다. 세상은 루소가 아니라 애덤 스미스의 말을
따랐으므로 숲이 계속 파괴되고 있는 현실은 놀랍지 않습니다. 하지만 지금
은 발걸음을 멈추고 이렇게 물을 때입니다. 우리는 왜 아직도 루소가 아니
라 애덤 스미스의 말을 따르는 걸까요? 애덤 스미스는 소유 축적의 욕망을
변호하기는 했어도 소유 축적이 행복을 가져다준다는 주장을 근거로 내세

우지는 않았습니다. 오히려 그러한 믿음이 '기만'이라고 생각했습니다. 우리가 집과 소유물을 불리려고 안간힘 쓰는 것에 대해 애덤 스미스는 이렇게 말합니다.

만약 우리가 이러한 모든 것들이 제공할 수 있는 진정한 만족을 고려한다면 …… 그 만족은 항상 극도로 하찮고 시시한 것으로 보일 것이다. 그러나 우리는 만족을 이처럼 추상적이고 철학적인 견지에서 보는 경우는 드물다.

그렇지만 애덤 스미스는 "부와 권세의 즐거움"을 고려할 때 이 즐거움이 "어떤 웅대하고 아름답고 고귀한 것으로서 우리의 상상 속에 깊은 인상을 주게 되며, 따라서 그것을 획득하기 위해 우리가 쏟기 쉬운 모든 노고와 노심초사는 그럴 만한 가치가 있는 것처럼 보이게 된"다고 말합니다. 애덤 스미스가 진짜 하고 싶은 말은, 부가 진짜 만족을 가져다준다는 상상이 기만이더라도 "인류의 근면성을 일깨워주고 계속해서 일을 하게 만든 것은 바로 이러한 기만"이기에 우리에게 이익이 된다는 것입니다.[4] 현대 경제학의 아버지이자 자유시장 사회의 위대한 옹호자 애덤 스미스가 '자유기업 사회가 헛된 욕망에서 탄생했음'을 실토한 것입니다. 설령 욕망을 충족할 수 있다 하더라도 진정한 만족을 얻을 수는 없습니다.

이 모든 경제적 발전은 "생육하고 번성하여 땅에 충만하라, 땅을 정복하라, 바다의 물고기와 하늘의 새와 땅에 움직이는 모든 생물을 다스리라"라는 성경 구절을 따른 것입니다.[5] 하지만 인간이 지금보다 더 번성하는 것이 바람직한지는 심히 의문스럽습니다. 남아 있는 숲마저도 '쾌적한 평원'으로 바꾸어야 한다고 생각하는 사람은 거의 없을 것입니다. 이제 우리는 애덤 스미스 경제학의 배경이 된 자연관에 이의를 제기해야 합니다.

우리 세대는 기름진 흙, 숲, 석유, 석탄, 철이나 보크사이트 같은 광물 등 지구의 축적된 자원을 물려받았습니다. 우리는 비교적 깨끗하고 안정적인 지구 환경에서 20세기를 맞았습니다. 이 토대 위에서 구축된 경제는 선진국의 중상류층을 위해 수많은 상품을 쏟아내며 생활수준을 전례 없이 높였습니다. 세계경제는 20세기 초에 우리 할아버지 세대가 1년 걸려서 생산한 양을 17일 만에 만들어냅니다.[6] 사람들은 이러한 성장에 한계가 없으리라고 생각하지만, 우리가 구축한 경제는 물려받은 자원을 써버리지 않고서는 유지될 수 없습니다. 20세기 중엽 이후로 전 세계의 1인당 에너지, 철강, 구리, 목재 사용량이 두 배로 늘었습니다. 육류 소비도 같은 기간에 두 배로 늘었으며 자가용 대수는 네 배가 되었습니다. 이들 품목이야 1950년에도 이미 대량으로 소비되고 있었지만, 플라스틱이나 알루미늄과 같은 새로운 소재는 소비 증가량이 훨씬 큽니다. 1940년부터 1976년까지 미국 한 나라가 소비한 광물의 양은 문명의 시작부터 1940년까지 전 세계가 소비한 양과 맞먹습니다.[7]

일전에 어떤 회사에서 가장 저조한 분야를 맡고 있는 관리자 이야기를 읽었습니다. 생산성은 바닥이었고 적자를 낼 것이 뻔해 보였지만, 회계 자료에 따르면 그 부서는 해마다 상당한 수익을 거두었습니다. 비결은 전임 자가 사업 확장을 대비하여 부동산을 잔뜩 매입한 것이었습니다. 교외 지역이 개발되면서 땅값이 치솟자 부서 관리자는 해마다 부동산을 떼어 팔면서 짭짤한 수익을 올렸습니다. 상사는 흑자의 비밀을 알았지만 아무 말도 하지 않았습니다. 그 부서 덕에 자기가 맡은 전체 부서의 수익이 커지는 착시 효과가 일어났으니까요. 국가 회계에서도 이 같은 꼼수가 벌어지고 있습니다. 제품을 생산하는 것이 아니라 자산을 내다 팔아 먹고사는 셈입니다. 나무를 베고 광물을 캐고 흙의 비옥도를 고갈시키는 속도가 빨라질수록 GNP 성장률이 커집니다. 우리는 자산이 그만큼 빨리 없어지고 있다는 사실을 모른 채 어리석게도 경제가 성장하는 줄 압니다. 우리가 생산하는 먹거리, 자동차에서 나오는 배기가스, 다 마찬가지입니다. 우리는 지구에서 원하는 것을 뽑아낸 뒤에 독성 화학물질을 쏟아내고 강을 오염시키고 바다에 기름띠를 두르고 수만 년간 목숨을 위협하는 핵폐기물을 땅에 묻습니다. 경제는 생태계의 일부이지만 이 때문에 생태계 전체가 극한을 향해 치닫고 있습니다.

경제 성장의 대가 중 많은 것이 익히 알려져 있습니다. 산업혁명 이후 잉글랜드 전역의 공장에서는 시커먼 연기를 뿜어내기 시작했고 웨스트미들랜즈의 푸르던 들판은 어찌나 파괴되고 매연과 먼지로 뒤덮였던지 지금까지도 '블랙컨트리Black Country'라 불립니다. 하지만 대기야말로 우리의 가장 소중한 유한 자원임을 깨달은 것은 최근 들어서입니다. 우리는 19세기를

'대기를 오염시키는 더러운 산업의 시대'라고 생각하지만, 1950년 이후 대기 중 이산화탄소 농도 증가량은 과거 200년의 증가량을 뛰어넘었습니다. 이러다 기후 안정성의 시대가 막을 내릴지도 모릅니다. 지구는 인류 역사상 가장 더워지고 있습니다.[8] 유럽과 미국에서는 대기오염의 또 다른 결과인 산성비가 원시림을 파괴합니다. 대기에 문제를 일으키는 세 번째 요인은 오존층을 파괴하는 가스입니다. 미국 환경보호국에서는 앞으로 50년 동안 피부암 사망자가 미국에서만 20만 명이 증가할 것이라 예측합니다.[9]

생존의 필수품인 식량은 소비주의와 무관해 보이지만 실은 그렇지 않습니다. 20세기 초에 미국의 토양은 세계에서 가장 기름지고 두터웠습니다. 그런데 미국식 농법 때문에 해마다 표토表土 수십억 톤이 유실됩니다. 이를테면 아이오와에서는 50년도 지나지 않아 표토 절반이 사라졌습니다. 건조지대에서는 지하수가 말라갑니다. 텍사스 서부에서 네브래스카까지의 목축 지대 밑을 흐르는 오갈랄라 대수층은 수백만 년 걸려 생성되었으며 재생불가능한 자원입니다. 마지막으로, 가장 중요한 문제는 미국식 농법이 에너지 집약적이라는 것입니다. 기계를 돌리고 화학 비료를 생산하려면 화석연료를 써야 하기 때문입니다. 예부터 농사란 흙의 양분과 태양의 에너지를 이용하여 인간의 가용 에너지 양을 늘리는 방법이었습니다. 이를테면 멕시코의 소농들이 재배하는 옥수수는 화석연료 에너지를 1칼로리만 써서 83칼로리의 에너지를 생산합니다. 미국의 축사에서 생산하는 소고기는 정반대입니다. 식량 에너지 1칼로리를 얻으려면 화석연료 에너지 33칼로리를 써야 하니까요. 우리가 발전시킨 농법은 태양 에너지를 포획하는 것이 아니라 지구에 보관된 에너지를 소비합니다.

이렇게 농사짓는 이유는 굶주림이나 영양실조 문제를 해결하기 위해서가 아닙니다. 가장 중요한 이유는 미각을 만족시키는 고기, 특히 소고기를 대량으로 공급하기 위해서입니다. 최근 들어 미국과 선진국에서 육류 소비가 줄기는 했지만 역사적으로 볼 때 여전히 그 어떤 문명보다 높은 수준입니다. 서구에서는 '풍요로운 삶' 하면 접시마다 스테이크 한 조각에 통닭 한 마리가 놓인 밥상을 떠올립니다. 이 욕구를 충족하기 위해 우리는 완전히 새로운 축산 방식을 개발했습니다. 돼지와 닭, 송아지는 평생 한 번도 햇볕을 쬐거나 들판을 돌아다니지 못하며, 풀을 먹어야 하는 소는 비좁은 축사에 갇혀 곡물 사료로 연명합니다. 동물은 인간처럼 감각을 느끼는 존재가 아니라 값싼 곡물을 값비싼 고기로 변환하는 기계로 취급받습니다.[10] 하지만 동물의 처우와 관련한 윤리 문제는 다른 책에서 언급했으므로 여기서는 에너지 집약적 축산의 비효율성을 살펴보겠습니다.

우리는 소, 돼지, 닭을 먹이려고 최고의 토양에서 곡물과 콩을 재배하지만, 동물의 식량 가치는 식물에 비해 극소량에 불과합니다. 이를테면 축사에서 소를 키울 때, 소고기 자체를 생산하는 데 들어가는 곡물의 양은 11퍼센트밖에 안 됩니다. 나머지는 에너지로 연소되고 배설물로 배출되고 식용이 아닌 부위에 흡수됩니다. 축사에서 식물성 단백질 790킬로그램 이상을 먹여 사육한 소의 단백질은 50킬로그램도 채 안 됩니다.[11] 선진국의 육식 습관은 땅과 자원에 대한 수요를 끊임없이 증가시키는 일종의 과시적 소비 Conspicuous consumption입니다. 부자 나라는 국민 1인당 해마다 1톤 가까운 곡물을 소비하지만, 인도의 소비량은 4분의 1톤에도 못 미칩니다. 그 이유는 부자 나라의 국민이 빵이나 파스타를 더 많이 먹기 때문이 아니라(그랬다가는 배가 터질 겁니다) 이들이 소비하는 스테이크 한 조각, 햄 한 덩어리, 닭다리 한 개 안에 엄청난 양의 곡물이 숨어 있기 때문입니다.

풍요로운 삶을 밥상의 고기반찬과 동일시한 결과, 이제는 가축의 수가 인간의 세 배에 이릅니다. 전 세계에서 사육하는 소 12억 8,000마리의 무게는 전체 인구의 무게보다 더 큽니다. 지난 30년간 중앙아메리카에서는 소를 먹기 위해 숲의 25퍼센트 이상을 벌목했습니다. 지금도 브라질에서는 소를 키우려고 불도저로 아마존 밀림을 갈아엎고 있지만, 그래봐야 몇 년밖에 못 먹입니다. 이렇게 사라진 40만 제곱킬로미터는 일본의 전체 면적을 능가합니다.[12] 땅이 황폐해지면 목장주는 다른 곳으로 가면 그만이지만 숲은 한 번 사라지면 그만입니다. 숲이 사라지면 엄청난 양의 이산화탄소가 대기 중에 방출되어 온실효과가 더 심해집니다.

축산이 온실효과를 일으키는 데는 또 다른 이유가 있습니다. 소가 방귀로 내뿜는 엄청난 양의 메탄은 가장 강력한 온실가스입니다. 대기 중에 배출되는 메탄의 20퍼센트가량은 전 세계의 소들에게서 나옵니다. 메탄은 태양열을 이산화탄소보다 스물다섯 배나 많이 간직합니다. 가축 사료용 작물을 재배하려고 사용하는 화학 비료에서는 또 다른 온실가스인 아산화질소가 배출됩니다. 화석연료를 대량으로 쓰는 것 또한 온실효과를 가중시킵니다. 동물과 육가공품을 먹을수록 지구가 뜨거워집니다. 이것이 국지적으로 어떤 영향을 미칠지 예측하기는 힘들지만 인구 밀집 지역은 가뭄에 시달리고 있으며 어떤 지역은 강우량이 많아졌습니다. 해수면은 19세기에 10~20센티미터 상승했으나, 극지방의 얼음이 녹으면서 더 상승하리라 예측됩니다. 기후 변화에 관한 정부 간 패널에서는 2070년까지 해수면이 44센

티미터 더 상승할 것으로 추산합니다.[13] 그렇게 되면 투발루, 바누아투, 마셜제도, 몰디브 같은 섬나라들이 사라질 것입니다. 몰디브 정부는 이미 섬네 곳에서 주민을 철수시켰습니다. 미국 해양대기청에서 작성한 마셜제도 보고서는 한 세대 안에 "많은 섬들이 살기에 안전하지 못한 곳이 될 것"이라고 결론 내렸습니다.[14] 이 문제만 해도 심각하지만, 나일 강 삼각주와 벵골 삼각주처럼 인구가 밀집한 저지대 삼각주는 인명 피해가 훨씬 클 것입니다. 방글라데시 전체 면적의 80퍼센트를 차지하는 벵골 삼각주는 이미 폭우와 홍수에 시달리고 있습니다. 부자들의 이기심 탓에 해수면이 상승하여 나일 강 삼각주와 벵골 삼각주가 사라지면 4,600만 명이 토지와 생명을 잃게 됩니다.[15] 인간뿐 아니라 생태계 전체와 그 속에서 살아가는 동식물도 사라질 것입니다. 생태계가 인공적 기후 변화의 속도를 따라잡지 못할 테니까요.

우리의 경제는 지속될 수 없습니다. 선진국만 보더라도 그렇지만 선진국만 걱정할 일이 아닙니다. 그린피스 영국 지부의 과학부장 제러미 레깃은 중국이 향후 40년 동안 석탄 사용량을 여섯 배 늘릴 계획이며 그럴 경우 중국이 배출하는 온실가스가 현재 미국 배출량의 세 배에 이를 것이라고 경고합니다. 이를 우려한 세계 각국은 1992년 리우데자네이루 정상 회담에서 기후변화협약을 체결했습니다. 하지만 기후변화협약은 각국의 온실가스 배출량을 2000년까지 1990년 수준으로 감축할 것을 권고했을 뿐 강제하지는 못했습니다. 기후 변화에 관한 정부 간 패널은 대기 중 이산화탄소 농도를 안정시키려면 온실가스 배출량을 60퍼센트 감축해야 한다고 주장합니다.[16]

게다가 온실가스 배출량을 유지하든 감축하든, 현재의 배출량을 기준으로 삼는 것에는 근본적인 윤리적 결함이 있습니다. 미국은 1인당 연간 탄소 배출량이 해마다 4~5톤에 이르지만 인도와 중국은 10분의 1가량밖에 안 됩니다. 중국의 야심찬 계획이 성공하더라도 중국인 1인당 이산화탄소 배출량이 선진국보다 낮은데 선진국들이 무슨 염치로 중국에 계획을 중단하라고 요구할 수 있겠습니까?

제3세계 경제 발전이 환경에 악영향을 미치리라는 서구의 우려가 새로운 형태의 식민주의라는 제3세계 경제학자들의 시각에도 일리가 있습니다. 뉴델리 과학환경연구소의 아닐 아가르왈이 잘라 말합니다.

오늘날 인도와 중국의 인구는 전 세계 인구의 3분의 1을 넘는다. 이렇게 묻고 싶다. 우리가 전 세계 자원의 3분의 1을 소비하는가? 전 세계 쓰레기와 오염 물질의 3분의 1을 대기와 해양에 쏟아붓는가? 서구가 전 세계 자원을 흥청망청 쓰는 상황에서 인도와 중국의 검약은 세상의 균형을 맞춘다는 찬사를 들어야 마땅하다.

아가르왈은 지구를 '매우 거대하지만 용량이 한정된 개수대'에 비유합니다. 이 개수대를 전 세계 사람들이 골고루 나눠 써야 합니다. 지구상의 모든 사람이 탄소 0.5톤을 개수대에 버릴 권리가 있다고 해봅시다. 이렇게 보면 미국은 정당한 몫의 여섯 배 이상을 쓰는 반면 인도와 중국은 할당량보다 덜 쓰고 있습니다. 개수대를 가장 욕심 사납게 쓰는 나라는 미국, 캐나다, 오스트레일리아, 독일, 옛 소련 등입니다.[17]

애덤 스미스는 전 세계의 부에서 가난한 사람들의 몫을 부자들이 빼앗는다는 사실을 반박했습니다. 앞서 인용한 문장의 앞부분을 읽어봅시다.

부자는 단지 큰 덩어리의 생산물 중에서 가장 값나가고 가장 기분 좋은 것을 선택할 뿐이다. 그들은 가난한 사람보다 별로 많이 소비하지도 못한다. 그리고 그들의 천성의 이기심과 탐욕에도 불구하고, 비록 그들이 자신만의 편의를 생각한다고 하더라도, 또한 그들이 수천 명의 노동자를 고용해서 추구하는 유일한 목적이 그들 자신의 허영심과 만족될 수 없는 욕망의 충족임에도 불구하고, 그들은 자신들의 모든 개량의 성과를 가난한 사람들과 나누어 가진다.[18]

애덤 스미스는 '토지가 모든 주민들에게 똑같이 나누어졌을 경우에 있을 수 있는 것과 같은 생활필수품의 분배'를 하는 주체를 '보이지 않는 손'이라 일컫습니다. 애덤 스미스의 시대에조차 그렇지 않았을 듯하지만, 현재로 눈을 돌려 부자의 범주에 모든 선진국을 포함하면 애덤 스미스의 주장이 더는 통하지 않음을 분명히 알 수 있습니다.

애덤 스미스는 대기가 오염 물질을 흡수하는 능력에 한계가 있으리라고는 꿈에도 생각지 못했습니다. 그러니 부자가 이기적이고 탐욕스러울 수 있다는 사실은 알았어도 지구 개수대에서 자기 몫의 여섯 배를 차지하리라고는 상상도 못했을 것입니다. 자신들의 모든 개량의 성과를 가난한 사람들과 나누어 가지기는커녕 부자들은 해안 저지대에 사는 가난한 사람 수천만 명을 물에 빠뜨려 죽이고 (기후변화로 인해 농토가 불모지로 바뀌면서) 수많은 사람들을 굶겨 죽이려 합니다. 부자 나라들이 기후변화협약을 지켜 온실가스 배출량을 1990년 수준으로 유지하더라도 결과는 같을지 모릅니다. 이러한 재앙을 천만다행으로 피하더라도, 부자 나라들이 배출량을 대폭 줄이지 않으면 가난한 나라들이 자기네만큼 발전할 기회를 빼앗는 셈입니다. 가난한 나라들이 부자 나라를 본받으면 전 세계 배출량이 급격히 증가하여 지구 개수대가 넘칠 테니까요.

행복의
조건

—

경제성장은 현대 세계의 신성한 상징이 되었습니다. 경제 규모가 계속 커지는 것이 바람직하다는 생각은 60년대 말과 70년대 초의 환경 운동을 통해 꾸준히 비판받았지만, 성장 이데올로기가 모든 문제의 해답이라고 믿은 정치인, 기업인, 노조원 등은 서둘러 비판을 눈감았습니다.[19] 아쉽게도 성장의 한계를 주장하던 사람들은 컴퓨터 모델링을 정교하게 해내지 못했습니다. 현재의 추세를 섣불리 미래에 대입한 것이 문제였습니다. 자원이 고갈되는 시점을 너무 이르게 예상했죠. 하지만 에너지와 자원 이용의 효율성이 개선되면서 자원 고갈 시점이 뒤로 미뤄진 겁니다. 지구 생태계에 가해지는 피해를 억제함으로써 돌이킬 수 없는 재앙이 모두에게 닥치는 시기를 늦춘 또 다른 핵심 요인은 인구 증가의 억제였습니다. 하지만 이조차도 충분치 않을 것입니다. 워싱턴 월드워치연구소의 샌드라 포스텔과 크리스토퍼 플래빈은 경제성장의 결과를 이렇게 경고합니다.

만약 최근 수십 년과 마찬가지의 양상으로 성장이 진행된다면 그 압력으로 인한 지구 체계의 붕괴는 단지 시간상의 문제일 뿐이다. …… 물질 소비, 즉 자동차와 에어컨의 수와 종이 사용량 등의 지속적인 증가는 전체적인 자원 사용(그리고 이에 상응하는 환경 피해)을 증가시킴으로써 결과적으로 효율의 성과를 압도할 것이다. …… 성장에서 지속 가능성으로서의 전환의 이러한 면은 그것이 사람들의 소비 패턴의 본질에 관련되기 때문에 이처럼 더욱 어렵다.[20]

월드워치연구소의 레스터 브라운 소장이 말합니다.

개인적 우선순위나 가치의 전환 없이는 지속적인 사회로 나아갈 수 없다. …… 유물주의는 자연의 한계를 고려할 때 지속 가능한 사회로의 전환 과정에서 생존할 수 없다.[21]

브라질의 연구에 따르면 화석연료를 효율적으로 이용하고 재생 가능한 자원의 이용률을 높임으로써 '검소하지만 편안한 주택, 냉장고, 대중교통, 자가용의 제한적 이용' 등을 세계 모든 사람에게 제공할 수 있을 수는 있겠지만 더 낭비적인 생활 방식, 이를테면 오늘날의 미국식 생활 방식을 모두에게 제공할 수는 없다고 합니다. 앨런 더닝은 "결국 수십억 명의 인류를 부양할 수 있는 지구의 능력은 우리가 소비와 만족을 일치시키는 작업을 계속할 것인지의 여부에 달려 있다"라고 말합니다.[22]

하지만 사람들은 소비 수준이 계속 높아져야 좋은 삶이라고 생각합니다. 하버드 대학의 저명 경제학자 J. K. 갤브레이스가 1958년에 《풍요한 사회》를 내놓았을 때 책 제목이 바로 미국을 가리킨다는 데 아무도 토를 달지 않았습니다. 미국 사회가 과거 누구도 꿈꾸지 못한 풍요에 도달했다는 데 아무도 이의를 제기하지 않은 것입니다. 하지만 그 뒤로 미국은 물질적 관점에서 25년 전보다 훨씬 더 풍요로워졌습니다. 80년대 초에 미국의 1인당 에어컨 수는 다섯 배, 빨래 건조기는 네 배, 식기 세척기는 일곱 배로 늘었습니다.[23] 1960년에는 컬러텔레비전 있는 집이 전체 가구의 1퍼센트에 불과했지만 1987년에는 93퍼센트가 되었습니다. 전자레인지와 VTR은 70~80년대에 미국 가정에 소개되었는데 10년도 지나지 않아 전체 가정의 3분의 2에 보급되었습니다.[24] 물질적 부가 이토록 급증했지만 사람들은 풍요도 행복도 느끼지 못했습니다. 시카고 대학 전국여론조사센터에서는 오래전부터 미국인들이 얼마나 행복을 느끼는지 조사했는데 '매우 행복하다'라는 응답의 비율은 1950년대 이래 줄곧 3분의 1을 오르내렸습니다.[25] 물질적 풍요는 커졌는데 왜 행복은 커지지 않았을까요? 근본적 이유는 사회가 여전히 풍요로워지기는 했지만 그 속도가 부쩍 줄었기 때문입니다.

경제적 풍요를 판단할 때 …… 우리는 달라진 상황에 적응하여 이를 기준으로 삼는다. 많은 미국인들은 컬러텔레비전 여러 대, 자동차 두 대 이상, 침실이 식구수보다 많은 집을 가지고 있어도 …… 이것이 '기준점'이라 생각한다. 당연하게 생각하는 것이다. 이 수준보다 높아지지 않으면 변화를 체감하지 못한다. 물질적 안락에서 누리는 즐거움도 있겠지만, 상품의 축적 말고 다른 것에서 삶의 즐거움과 환희를 찾지 않으면 쳇바퀴 돌리는 신세를 벗어날 수 없다. 우리는 이 쳇바퀴가 건강을 해치고 수명을 단축시킨다는 사실을 점차 깨닫고 있다.[26]

인간 심리를 탐구한 현대 심리학자들은 이러한 특징이 보편적임을 밝혀
냈습니다.

꾸준히 유지되는 상태에 적응(또는 습관화)하는 현상은 모든 영역에서 관찰되는
생물의 기본 속성이다. …… 어떤 상태가 유지되고 자극이 자주 반복되면 자극
에 대한 반응 수준이 낮아진다. …… 적응은 주관적 경험에 두 가지 일반적 영향
을 미친다. 첫째, 반복되는 자극에 노출되면 중립적인 주관적 상태, 즉 제로 상태
가 되기 쉽다. …… 둘째, 경험의 주요 결정 요인은 과거 상태와 현재 상태가 얼
마나 대조적인가이다.[27]

적응은 심리적 차원뿐 아니라 매우 단순한 생리적 차원에서도 작용합니
다. 붉은 조명이 비추는 공연장 무대를 한참 쳐다본 사람에게는 붉은색과
초록색을 같은 비율로 배합한 색깔이 초록색으로 보이지만, 붉은 조명에 적
응하지 않은 사람에게는 까맣게 보입니다. 마찬가지로, 복권 당첨의 행복감
은 시간이 지나면 당첨되지 않았을 때와 같아집니다. 단, 적응에도 한계가
있습니다. 사고를 당해 두 다리가 마비된 사람은 시간이 아무리 오래 지나
도 멀쩡한 사람만큼 행복하지 않습니다.[28] 하지만 일반적으로는 아무리 편
안하고 사치스럽고 즐거운 자극도 금세 시들해집니다.

다시 말해서, 기본 욕구가 일단 충족되면 물질적으로 아무리 풍요로워도
만족감이 그리 오래가지 않습니다. 1992년에 《타임》지 머리기사 〈왜 우울
한가? Why the Gloom?〉는 행복과 적응의 관계를 밝혀냈습니다. 미국인의 실질
소득은 1959년부터 1973년까지 해마다 2.7퍼센트 증가하다 1973년부터

1991년까지는 0.3퍼센트 증가하는 데에 그쳤습니다. 그래도 여전히 증가한 것은 사실입니다. 80년대의 차입 투자와 과소비가 한풀 꺾이기는 했지만 소득 수준이 70년대 초 이전으로 돌아간 적은 한 번도 없었으니까요. 그런데도 미국 사람들에게 생활수준이 과거와 같으냐고 물으면 3분의 2는 아니라고 잘라 말합니다. 《타임》지는 저명한 경제학자 앨런 사이나이를 인용했습니다. "1973년을 정점으로 미국인의 생활수준은 하락하기 시작했다. 그런데, 심리적으로는 하락했다고 느끼는데 통계 수치를 보면 전혀 그렇지 않다. 미국 경제학자들이 성장 지상주의에 빠져 성장률 하락을 진짜 하락으로 착각하지 않았다면 말이다."[29]

성공을 판단하는 기준은 생활수준이 얼마나 높아졌는가만이 아닙니다. 이웃, 친구, 동료의 생활수준보다 높은가 낮은가도 중요합니다. 따라서 사회 전체가 풍요로워진다고 해서 평균적 행복이 커지지는 않습니다. 나의 물질적 부가 늘어나는 만큼 내 이웃의 부도 늘어나니까요. 사람들이 자신의 부를 지난해와 비교하든 이웃과 비교하든, 물질적 풍요만을 추구한다고 해서 행복해질 수 없다는 것은 분명합니다. 나이지리아와 독일, 필리핀과 일본의 경제력 차이가 행복의 차이로 이어지지 않는 것은 이 때문인지도 모릅니다. 펜실베이니아 대학의 R. A. 이스털린은 세계 각국을 대상으로 부와 행복의 연관성을 비교 연구했습니다. 그가 내린 결론은 부와 행복이 거의 무관하다는 것입니다. "경제가 성장한다고 해서 사회가 궁극적 풍요의 상태에 이르지는 않는다. 경제가 성장하는 만큼 욕구도 끝없이 성장하기 때문이다."[30]

전 세계가 서구 사회를 본받아 물질적 풍요를 계속 추구하면, 설령 경제

성장을 이루더라도 행복은 이루지 못한 채 오히려 환경 재앙만 일으킬 위험이 있습니다. 그렇다고 제가 경제성장에 반대하는 것은 아닙니다. 환경적으로 지속 가능한 성장을 추구하면 됩니다. 게다가 환경 친화적 방식은 화석 연료를 많이 쓰거나 오염을 일으키는 방식보다 노동 집약적입니다. 월드워치연구소에서 전기를 매년 1,000기가와트시씩 생산하는 데 필요한 인력을 추산했는데 핵발전소는 100명, 석탄 화력발전소는 116명, 태양열발전소는 248명, 풍력발전소는 542명이었습니다.[31] 물론 이것은 핵 발전과 화력발전이 환경 친화적 대안들보다 전기 생산비가 저렴한 이유 중 하나이기도 합니다. 하지만 이는 지구 생태계가 치러야 하는 비용을 계산하지 않았기 때문입니다. 목재나 보크사이트 같은 천연자원을 이용하는 산업과 재생지나 알루미늄 캔을 이용하는 산업을 비교해도 마찬가지입니다. 천연자원을 이용하면 생산비를 절감할 수 있을지 모르나 재생 불가능한 자원을 써버리게 되고, 재활용 자원을 이용하면 노동 집약적이어서 비용이 많이 들지 모르나 지속적 생산이 가능합니다.

지속 가능한 경제로 전환하면 일부 산업에서 실업이 발생하겠지만 전체적으로 보면 일자리가 오히려 증가할 것입니다. 하지만 물질적 조건만 보자면 경제가 어려워질 수도 있다고 가정해야 합니다. 재생 불가능한 자원을 소비하면 쉽고 빠르게 부를 축적할 수 있고, 폐기물을 지구 개수대에 쏟아부으면 생태적으로 지속 가능한 방식보다 비용이 싸게 먹힙니다. 이런 방법에서 손을 떼겠다면 경제적 손실을 감수해야 합니다. 하지만 재생 불가능한 자원을 소비하거나 환경을 오염시키는 제품은 갈수록 비싸져서 점점 사기 힘들어질 것입니다. 에너지와 토양, 물을 흥청망청 써서 생산하는 제품, 이를테면 자동차, 가전제품, 에어컨은 물론이고, 난방, 운송, 심지어 공장식으로 생산한 소고기, 돼지고기, 닭고기 같은 식품 등의 가격이 올라갈 것입니다.

우리가 자기 이익에 대해 편협한 시각을 고집한다면, 특히 제2차 세계대전 이후 소비주의가 발달하면서 형성된 통념에 머문다면 물질적 풍요의 감소를 그저 퇴행으로 여길 것입니다. 물질적 풍요의 감소가 불가피하고 지금의 경제가 지속 불가능함을 깨닫더라도 이것을 필요악으로 여겨, 세상 전체에는 이롭지만 자신의 삶에는 해롭다고 생각할 것입니다. 하지만 자기 이익을 폭넓게 바라보면 지구 환경을 위해서뿐 아니라 우리 자신을 위해서도 변화를 환영할 것입니다. 꽉 막힌 도로에서 에어컨을 틀어놓은 자가용에 앉아 있는 것보다는 걷거나 자전거를 타거나 대중교통을 이용하는 쪽이 자원을 덜 소비하지만, 자원을 덜 쓴다고 해서 걷거나 자전거를 타거나 대중교통을 이용하는 사람의 전반적 만족도가 줄어들까요? GNP 규모는 결코 국민의 행복 수준을 나타내지 못합니다.

자기 이익에 대한 통념을 바꿔야 하는 이유는 이것만이 아닙니다. 더 근본적인 이유가 있습니다. 서구 사회는 수세기 동안 물질적 풍요라는 성배에서 만족을 추구했습니다. 이 추구는 흥미진진한 과정이었고 그 과정에서 귀중한 것들을 많이 발견하기도 했지만, 우리가 이치에 맞는 목표를 추구했다면 오래전에 목표를 달성하고도 남았을 것입니다. 안타깝게도 우리는 다른 목표가 있을 수 있음을 망각했습니다. 남보다 부자가 되는 것, 전보다 부자가 되는 것 말고 어떤 삶의 목표가 있을까요? 물질적으로 눈부신 성공을 거둔 사람들 중에서 상당수는 성공을 거둔 뒤에 자신이 무얼 위해 그토록 땀을 흘렸나 하고 허탈감을 느낍니다. 애덤 스미스라면 전혀 놀라지 않았을 것입니다. 물질적 부에서 행복을 찾는 것은 기만에 빠진 까닭이니까요. 진정한 이익의 관점에서 본다면 좋은 삶에 대한 통념을 바꿔야 할 이유가 분명합니다. 게다가 이 통념을 바꿔야 할 이유는 한두 가지가 아닙니다. 이 통념이 형성되고 고착되던 시기에는 아무도 물질적 부나 소비에 한계가 있을 것이라고 상상하지 못했습니다. 무한한 성장이 가능하다는 생각이 오류로 판명 나면서 좋은 삶에 대한 통념도 무너졌습니다. 이제는 무엇을 목표로 삼아야 할까요? 당면한 생태적 위기로 인해 경제의 변화가 불가피해지면서 수세기 만에 우리는 이 물음을 성찰할 기회를, 잘사는 것이 과연 무엇인지 곰곰이 생각할 절호의 기회를 맞았습니다.

어쩌다
이렇게 살게
되었을까

04

—
못된 본성
—

80년대 미국에서는 단기간에 벌 수 있는 돈의 양으로 보나 돈벌이를 버젓이 추구한다는 점으로 보나 돈벌이에 대한 사고방식이 역사적으로 새로운 국면에 접어들었습니다. 이런 사회가 무에서 덜컥 생겨난 것은 아닙니다. 수세기에 걸쳐 단단한 토대가 쌓인 결과입니다. 80년대에 무엇이 잘못되었는지 깨닫고 좋은 삶에 대한 교훈을 얻으려면 이 토대를 눈여겨봐야 합니다. 미국인의 삶에 스며든 사고방식은 이제 적든 크든 모든 선진국에 영향을 미치고 있으며 이른바 '개발도상국'에도 추파를 던집니다.

자본주의 정신의 기원을 밝힌 책 중에서 최고의 찬사를 받았고 지금도 높이 평가받는 것은 1904년에 출간된 막스 베버의 《프로테스탄티즘의 윤리와 자본주의 정신》입니다. 독일의 사회학자 베버는 종교적, 윤리적, 경제적 삶을 논하는 동서고금의 수많은 문헌을 읽은 뒤에 자본주의 정신의 독특한 점을 발견했습니다. 베버는 자본주의 정신이 유달리 탐욕스러운 것은 아니라며 이렇게 말했습니다. "중국의 관료, 고대 로마의 귀족, 근대 농민은 소유욕에 관한 한 아무런 차이도 없다."[1] 자본주의의 독특한 점은 소유 자체를 윤리적 삶의 방식으로 여긴다는 것입니다. 근대 이전에는 돈과 소유의 가치를 논할 때 '이것으로 무엇을 할 수 있는가'를 따졌습니다. 최소한의 돈과 소유는 의식주를 해결할 수 있는 수준을 뜻했으며 넉넉한 돈과 소유는 드넓은 영지, 하인, 향락, 여행, 거기다 애인을 만들고 정치권력을 쥐는 능력을 뜻했습니다. 하지만 자본주의 시대가 되자 돈은 무엇을 살 수 있느냐가 아니라 그 자체로 가치를 부여받았습니다. 소득이 높아지면 사물의 자연적 질서가 뒤집힙니다. 무엇을 살 수 있느냐로 돈의 가치를 판단하는 게 아니라 얼마짜리인가로 물건의 가치를 판단합니다. 오스트레일리아의 부호 앨런 본드는 반 고흐의 〈붓꽃Iris〉이 50만 달러짜리였다면 그토록 관심을 보이지 않았을 것입니다. 본드는 100배 가까운 금액을 지불하여 〈붓꽃〉을 세상에서 가장 비싼 그림으로 만들었습니다. 성공의 절정기를 달리는, 하지만 미술에 문외한인 그가 바란 것은 그저 세상에서 가장 비싼 그림을 소유하는 것이었으니까요. (파산한 뒤에는 눈높이가 낮아졌겠지만요.) 베버는 자본주의적 인간이 "막대한 양의 돈과 재화를 짊어지고 무덤 속으로 들어갈 생각만 하는 것을 자신이 평생 하는 노동의 목적으로 삼는"다고 말했습니다. 살기 위해 버는 것이 아니라 벌기 위해 산다는 것입니다. 아이번 보스키의 티셔츠에는 "죽을 때 가장 많이 가진 자가 승자다"라는 문구가 박혀 있었습니다. 베버가 말하는 사고방식을 한마디로 표현한 것이죠. 베버가 말하길, 자본주의 이전 사회에서는 소유 자체를 목표로 삼는 삶을 무가치하고 하찮은 것으로, "도착적인 충동, 즉 금전욕의 산물"로 여겼다고 합니다.[2]

자본주의가 발전하면서 우리의 가치와 목표에, 인생의 성공을 바라보는 관점에 대체 어떤 변화가 일어난 걸까요? 돈벌이와 소유에 대한 사고방식이 자본주의 때문에 어떻게 달라졌는지 알려면 서구 사상의 뿌리를 살펴보아야 합니다.

아리스토텔레스의
돈벌이 기술

—

서구적 사유의 기원을 찾으려면 고대 그리스와 유대교·기독교의 역사를 거슬러 올라가야 합니다. 그리스에서는 좋은 삶의 본질에 대해 열띤 철학 논쟁이 벌어졌으나, 이름난 철학자 중 누구도 재물을 얻는 것을 성공으로 여기지 않았습니다. 플라톤이《국가》에서 제시한 이상적 공동체는 세 계급 으로 이루어졌으며 가장 낮은 계급인 농민과 수공업자만이 이익을 추구하 고 재물을 축적할 수 있었습니다. 통치자와 수호자는 집조차 소유할 수 없 어 공동생활을 해야 했습니다. 돈 때문에 부패하면 현명하고 공정하게 통치 할 수 없다는 이유에서였습니다. 하지만 이 유토피아적 구상은 아테네의 현 실을 도외시한 것이었습니다. 이에 반해 아리스토텔레스의 철학은 당시의 삶에 잘 들어맞았으며 오늘날에도 잘 들어맞습니다. 플라톤의 이상주의적 공동소유제에서는 해야 할 일을 공평하게 나누지 않을 것이고 열심히 일하 는 사람들은 "적게 일하고 많이 받는 자들을 원망하"리라는 것이 아리스토 텔레스의 주장이었습니다.[3] 아리스토텔레스는 또한 소유의 즐거움을 인정 했으며 소유가 정당하다고 생각했습니다. 그 이유는 "각자가 자기 자신을 사랑하는 것은 공연한 짓이 아니라 자연스러운 것이기 때문이다. 이기利己는 비난받아 마땅하다. 그러나 이기가 비난받는 것은 그것이 단순한 자애自愛가 아니라 지나친 자애이기 때문"입니다.[4]

아리스토텔레스는 정당한 자기애와 이기심을 구분했을 뿐 아니라 "자연적 획득 기술"과 돈에 대한 지나친 욕망도 구분했습니다. 자연적 획득 기술은 "가사 관리", 즉 집안의 살림을 꾸리는 일입니다. 아리스토텔레스는 여기에 한계를 두지 않지만, 씀씀이가 어느 정도 되어야 적당한지를 우리가 알 수 있다고 생각했습니다. 물론 돈 버는 것은 집안 살림에 필요한 것을 마련한다는 목적을 이루기 위한 수단일 수 있지만, 이 탓에 목적 자체의 성격에 영향을 받을 수밖에 없습니다.

아리스토텔레스는 정당한 돈벌이와 그렇지 못한 돈벌이를 비교합니다.

어떤 사람들은 증식이 가사 관리의 기능이라고 믿고는 가지고 있는 화폐를 그대로 간직하거나 무한히 증식해야 한다는 생각에 집착한다. …… 이들은 모든 기술을 재산 획득 기술로 전환하는데, 재산 획득이 목적이고 모든 것은 목적에 이바지해야 한다고 믿기 때문이다.[5]

아리스토텔레스는 수단을 목적으로 착각하는 사람들이 있다고 말합니다. 돈이 곧 부富라고 생각한다는 것입니다. 이런 생각이 틀렸음을 보여주려고 아리스토텔레스는 미다스 왕 우화를 들려줍니다. 탐욕스러운 미다스 왕은 만지는 것마다 금으로 변하게 해달라는 소원을 빌었는데 입에 넣은 음식마저 금으로 변하는 바람에 굶어 죽고 말았습니다. 아리스토텔레스가 묻

습니다. 아무리 금은보화가 넘쳐도 굶주려 죽으면 어찌 부유하다 말할 수
있겠는가?

아리스토텔레스는 필요를 충족하려고 재물을 취하는 것이 자연의 이치
를 따르는 행위이므로 수렵과 채집으로 돈 버는 것은 언제나 자연의 이치를
따르는 것이지만, 돈 자체를 취하는 것은 자연의 이치를 따르지 않는 잘못
된 행위라고 말합니다. 아리스토텔레스는, 사업으로서 또는 돈벌이 수단으
로서의 거래는 "자연스러운 것이 아니"며 "남의 희생을 바탕으로 이루어지
기 때문"에 "비난받아 마땅하"다고 생각했습니다. 이렇게 말할 수도 있습니
다. 작물을 재배하고 가축을 사육하는 것은 자연으로부터 이득을 취하는 것
이며 인간에게 허락된 재물의 창고를 채우는 것이지만, 물건을 사서 더 비
싸게 되파는 것은 물건의 가치를 전혀 늘리지 않는다, 라고 말입니다. 산 가
격과 판 가격의 차이만큼 남에게서 이득을 취하는 것이니까요.

아리스토텔레스는 거래 중에서 가장 혐오스러운 것은 돈을 빌려주고 이
자를 받는 것이라고 덧붙였는데, 그 이유는 이렇습니다.

> 화폐의 본래 기능인 교역 과정이 아니라, 화폐 자체에서 이득을 취하기 때문이
> 다. 왜냐하면 화폐는 교역에 쓰라고 만들어진 것이지 이자를 낳으라고 만들어진
> 것이 아니기 때문이다. …… 그래서 모든 종류의 재산 획득 기술 가운데 고리대
> 금이 가장 자연에 배치된다.[6]

이를 일컬어 아리스토텔레스의 '화폐불임설貨幣不姙設'이라 합니다. 동식
물이 번식하는 것은 자연의 이치에 따른 것이며 우리가 이를 활용하는 것

또한 자연의 이치에 따른 것이지만, 돈은 자식을 낳을 수 없기에 돈을 번식
시켜 돈을 불리는 것은 자연의 이치를 거스르는 짓이라는 것입니다.

장사꾼이 신을
기쁘게 할 수 있을까?

—

이제 서구 사상의 또 다른 주요 원천인 유대교와 기독교를 살펴봅시다. 고대 헤브라이 경전은 빚에 이자를 물리는 행위를 비난하지만 소수인 이스라엘 민족은 여러 민족들 사이에서 살아남아야 하기에 적당히 타협도 합니다. 이것을 '부족적 윤리'라 합니다. 이를테면 신명기에서는 이렇게 말합니다.

네가 형제에게 꾸어주거든 이자를 받지 말지니 곧 돈의 이자, 식물의 이자, 이자를 낼 만한 모든 것의 이자를 받지 말 것이라. 타국인에게 네가 꾸어주면 이자를 받아도 되거니와 네 형제에게 꾸어주거든 이자를 받지 말라.[7]

하지만 후대에 등장한 기독교는 보편 윤리를 내세웠습니다. 예수가 원수를 사랑하라고 말한 것을 모르는 사람은 없지만 이자를 받지 말라고 말한 것은 금시초문일 것입니다.

오직 너희는 원수를 사랑하고 선대하며 아무것도 바라지 말고 꾸어주라. 그리하

면 너희 상이 클 것이요 또 지극히 높으신 이의 아들이 되리니 …….[8]

누구에게도 이자를 물리지 말라는 이 명령은 돈 버는 행위 자체에 대한 예수의 태도와 일맥상통합니다. 예루살렘 성전에 들어간 예수는 돈 바꾸는 사람뿐 아니라 매매하는 모든 사람들을 내쫓습니다. 그러면서 이렇게 말합니다. "내 집은 기도하는 집이라 일컬음을 받으리라 하였거늘 너희는 강도의 소굴을 만드는도다."[9] 예수는 물건을 사고팔아 이득을 취하는 것을 도둑질로 여겼을까요?

영생을 얻는 방법을 묻는 부자에게 예수가 해준 대답은 세속적 부를 대하는 그의 태도를 잘 보여줍니다. 부자는 어려서부터 계명을 다 지켰다고 말하나 예수는 아직도 충분치 않다고 말합니다. "네게 아직도 한 가지 부족한 것이 있으니 가서 네게 있는 것을 다 팔아 가난한 자들에게 나눠주라. 그리하면 하늘에서 네게 보화가 있으리라." 어리둥절한 제자들에게 예수가 말합니다. "얘들아, 하나님의 나라에 들어가기가 얼마나 어려운지 낙타가 바늘귀로 나가는 것이 부자가 하나님의 나라에 들어가는 것보다 쉬우니라."[10]

초기의 기독교 공동체는 이 같은 가르침을 따라 모든 소유를 공유했습니다. 교부들의 가르침도 이와 일맥상통합니다. 가난한 자에게 자선을 베푸는 것이 자비가 아니라 정의인 이유는 땅이 모든 사람에게 속하며 누구도 필요한 것 이상 가질 권리가 없기 때문입니다.[11] 환전상(성서에 따르면 세리_옮긴이)이었던 제자 마태는 예수가 승천한 뒤에 옛 직업으로 돌아가지 않았으나 베드로는 다시 어부가 되었습니다. 이에 대해 그레고리우스는 하수구 청소처럼 육체를 더럽히는 천한 직업이 있듯 영혼을 더럽히는 직업도 있다며 환전이 그중 하나라고 말합니다.[12]

놀랄 일도 아닌 것이, 기독교는 돈 버는 것을 좋게 보지 않았으니까요. 5세기에 교황 레오 1세는 나르본의 주교에게 보낸 편지에서 "물건을 사고 팔면서 죄를 짓지 않기는 힘들다"라고 말했습니다. 이 말은 인용되고 또 인용되다가 결국 교회법에 포함됩니다. 즐겨 인용되는 격언 '장사꾼은 신을 기쁘게 할 수 없다'도 교회법이 되었습니다. 12세기 초에 오툉의 호노리우스가 쓴 신학 논증을 보면 제자가 스승에게 어떤 직업이 구원받을 수 있는지 묻습니다. 장사꾼이 구원받을 수 있느냐, 라고 묻자 스승은 구원받기 어렵다며 그들이 얻는 것은 죄다 속임수와 거짓말과 이기적 탐욕으로 말미암은 것이라고 말합니다. 반면에 땅을 경작하여 먹고사는 사람은 구원받을 가능성이 훨씬 크다며 이들이 단순한 삶을 살고 이마에 땀을 흘려 주±의 백성을 먹여 살리기 때문이라고 말합니다.[13]

기독교를 믿는 유럽에서 상업이 발달하면서 고리대금업은 걸핏하면 손가락질받았습니다. 가톨릭교회의 고리대금 논쟁을 주제로 쓴 논문에서 존 누넌은 현대인의 시각에서 이렇게 말합니다.

> 고리대금의 정의가 '빌려주는 행위에 대한 이익'이었으리라고, 서구 사회의 모든 부문에서 고리대금을 악행으로 여겼으리라고, 유럽의 모든 상인과 지주가 비난받았으리라고는 상상조차 되지 않는다.[14]

하지만 실제로 그랬습니다. 적어도 500년 동안은요. 1139년에 열린 제

2차 라테란공의회에서는 고리대금, 즉 이자가 얼마이든 빌려준 돈에 이자를 물리는 행위를 '수치스러운 짓'이라며 비난했습니다. 40년 뒤에 열린 제5차 라테란공의회에서는 고리대금업자를 파문하고 이들의 기독교식 매장을 금지하고 헌금과 헌물을 받아주지 않기로 결의했습니다. 이즈음에는 고리대금의 정의가 더 넓어져, 외상으로 사는 사람에게 더 비싼 값을 물리는 것까지 고리대금으로 취급받았습니다. 1311년에 열린 비엔공의회에서는 고리대금을 허락하거나 보호한 사람까지 죄다 파문한다고 선언했습니다. 고리대금업자를 보호한 제후도 예외가 아니었습니다(제후들은 전쟁 자금이 필요할 때면 기꺼이 이자를 물고 돈을 빌렸으며 이를 위해 대부업자를 지켜주었습니다). 고리대금업을 금지한 조치는 반反유대주의라는 불에 기름을 부었습니다. 기독교인은 대부업자가 될 수 없었기에 유대인이 대부업을 도맡았는데, 고리대금에 대한 증오는 '그리스도의 살인자'라고 멸시받던 유대인에 대한 편견을 더욱 부채질했습니다.

고리대금을 비난하는 근거 중에 어떤 것은 요즘 시각에서는 엉뚱하게 보입니다. 중세 신학자 초밤의 토머스는 고리대금이 비난받아 마땅한 이유를 이렇게 말합니다. "고리대금업자는 일하지 않고, 심지어 자면서도 돈을 버는데 이는 '얼굴에 땀을 흘려야 먹을 것을 먹으리라'라는 신의 가르침을 거스르는 것이다." 게다가 고리대금업자가 파는 것은 자신에게 속한 재물이 아니라 신에게 속한 '시간'이라고 토머스는 덧붙입니다. 그래서 고리대금업자는 도둑놈 취급을 받았으며 실제로 고리대금은 일종의 도둑질이나 강도질로 치부되었습니다. 흔하고 수치스러운 직업인 매춘에 비유되기도 했습니다. 하지만 토머스는 고리대금을 매춘에 비유하는 것조차 부당하다고 생각했습니다. 매춘이 '수치스러운 짓'이기는 하지만 적어도 창녀는 일해서 돈을 버니까 말입니다. 더 황당한 비난도 있었습니다. 농부는 일요일에 소 떼를 쉬게 하지만 고리대금업자는 자신의 소 떼인 돈에 휴식을 허락하지 않는다는 논리입니다.

고리대금업자가 비참한 최후를 맞는다는 이야기는 설교의 단골 소재였습니다.[15] 고리대금업자는 무덤에 묻힌 뒤에도 편히 쉬지 못합니다. 시에나의 베르나르두스는 '심판 날'을 맞은 고리대금업자의 운명을 이렇게 묘사합니다.

> 천국의 모든 성인과 천사가 그를 가리키며 외친다. "지옥으로, 지옥으로, 지옥으로!" 궁창(하늘)도 자신의 별들과 함께 소리친다. "화형대로, 화형대로, 화형대로!" 행성들도 아우성친다. "흑암으로, 흑암으로, 흑암으로!"[16]

사람들은 고리대금을 탐욕과 연관 지었습니다. 기독교 시대의 첫 천 년 동안 뭇 악덕의 으뜸은 귀족의 악덕인 교만이었지만, 상업이 발달하면서 악덕의 기준이 바뀌어 부르주아의 악덕인 탐욕이 교만의 옆자리를 차지했습니다. 1043년 페트루스 다미아니는 탐욕이 만악의 뿌리라고 잘라 말하며, 그리스도의 삶을 본받고자 하는 수도자들에게 "그리스도와 돈은 어울리지 않는다"라고 충고했습니다. 솔즈베리의 존은 탐욕보다 나쁜 악덕은 없다고 말했으며 베르나르두스는 탐욕스러운 자를 지옥에 비유했습니다.

조각가와 화가는 당대의 통념을 반영하여 탐욕을 의인화하고 탐욕이 처벌받는 장면을 즐겨 그렸습니다. 탐욕은 입을 헤벌리고 돈주머니를 움켜쥔 채 잔뜩 웅크린 난쟁이나 목에 건 돈주머니의 무게로 등이 굽고 뒤룩뒤룩 살찐 괴물로 묘사되었습니다. 파르마 근처의 한 교회에는 탐욕이 벌 받는 장면이 새겨져 있습니다. 탐욕은 목에 돈주머니를 걸고 등에 돈궤를 짊어졌는데 악마가 돈궤를 짓누릅니다. 또 다른 악마는 집게로 이빨을 뽑습니다. 무아사크 수도원 현관에는 누가복음에 나오는 부자와 나사로 이야기가 그려져 있습니다. 부자가 호화로운 잔치를 벌이고 있는데 병든 거지 나사로가 대문 밖에 버려져 있습니다. 부자의 개가 헌데를 핥습니다. 나사로는 죽은 뒤에 아브라함의 품에 안기지만 부자는 악마의 손에 고통을 당합니다.[17]

고리대금과 탐욕뿐 아니라 돈 자체도 말 그대로 악취를 풍겼습니다. 브르타뉴의 한 성직자는 헌금에서 동전을 훔치다 고발당했는데 두 번째 죄목은 십자가에 똥을 발랐다는 것이었습니다. 돈과 똥을 상징적으로 연관 짓지 않고서는 나올 수 없는 죄목이었습니다. 실제로 13세기 말 무렵에는 성서 여백에 사람과 원숭이가 돈을 똥처럼 누는 그림을 그려 넣기도 했습니다.[18]

유대교와 기독교는 13세기에 새로운 개념을 받아들이는데, 중세 스콜라 철학자들이 아리스토텔레스를 재발견한 것이 계기가 되었습니다. 수세기 동안 유럽에 알려진 아리스토텔레스의 저작은 논리학에 대한 것뿐이었으나, 아랍 학자들이 보전한 《윤리학》과 《정치학》이 전해지자 스콜라 철학자들은 이 책을 읽고 토론하고 윤리와 사회의 제반 문제를 다루는 논문에 인용하기에 이릅니다. 토마스 아퀴나스는 아리스토텔레스의 사상을 기독교의 가르침에 접목하는 데 평생을 바쳤습니다(아퀴나스는 아리스토텔레스를 일컬어 '철학자'라고 불렀습니다. 다른 철학자는 논할 가치도 없다는 거죠). 경제학 분야는 접목하기가 수월했습니다. 스콜라 철학자들은 아리스토텔레스가 빚에 이자를 물리는 행위를 비난한 것이 고리대금을 바라보는 기독교의 시각과 일맥 상통한다는 사실을 발견했습니다. 아퀴나스도 자연의 이치에 따르는 합리 적이고 정당한 취득만을 인정한 아리스토텔레스의 생각을 선뜻 받아들였 습니다. 흔히들 아퀴나스를 지독히 보수적인 교회의 지배적 질서를 떠받치 는 튼튼한 기둥으로 여기지만 여기서만큼은 전혀 다른 면모를 볼 수 있습니 다. 아퀴나스는 '의식주를 충족하는 데 필요한 것'이 있고 '남는 것'이 있다고 주장합니다. 자선의 의무를 논하는 글에서 아퀴나스는 소유에 대한 자신의 개념을 이렇게 설명합니다.

> 주는 사람의 관점에서 보자면, 누가복음 11장 41절 "그 안에 있는 것으로 구제하 라"에서 보듯 남는 것은 베풀어야 한다고 보아야 한다. …… 한 사람이 모든 이 의 필요를 채워줄 수는 없기에, 도움이 필요한 모든 사람을 구제할 의무는 없으 며 다만 우리가 구제하지 않으면 구제받을 수 없는 사람만 구제하면 된다. 이런 경우는 "굶어 죽어가는 이에게 먹을 것을 주라. 굶어 죽게 내버려두는 것은 살인 하는 것과 같다"라는 암브로시우스의 말을 따라야 한다.[19]

이것만 해도 급진적 교리이지만 이것이 다가 아닙니다. 아퀴나스는 "생 활고를 이유로 재물을 훔치는 것이 정당한가?"라고 묻고는 자연법적 소유 개념에서 혁명적 주장을 끌어냅니다.

> 자연법에 따르면, 남아도는 재물은 가난한 이를 구제하는 데 써야 마땅하다. "그 대가 쌓아둔 빵은 배고픈 이의 것이요, 옷장에 걸어둔 외투는 벌거벗은 이의 것

이요, 땅속에 숨겨둔 돈은 궁핍한 이에게 자유를 돌려줄 몸값이다"라는 암브로시우스의 말은 《교황 교령집》에도 실려 있다.

하지만 도움이 필요한 사람이 많기 때문에, 한 가지 수단으로 모든 이를 구제할 수 없으며 각 사람은 자기 소유를 건사할 책임이 있다. 그래야 도움이 필요한 사람을 구제할 수 있을 테니 말이다. 하지만 명백하고도 긴급한 도움이 필요하여 어떤 수단을 써서라도 당면한 필요를 해결해야 함이 분명하다면(이를테면 어떤 사람이 위험에 처했는데 다른 해결책이 없다면) 남의 소유를 버젓이 또는 몰래 취하여 자신의 필요를 충족하는 것은 정당하며, 엄밀히 말해서 훔치는 것도 빼앗는 것도 아니다. …… 이처럼 절박한 상황에서는 도움이 필요한 이웃을 구제하려고 남의 재물을 몰래 취해도 무방하다.[20]

달리 말하자면, 소유권에는 한계가 있습니다. 사유재산제도에는 목적이 있으며, 어떤 사람이 그 목적에 부합하지 않을 정도로 많은 재산을 소유한다면, 남는 재산은 충분히 가지지 못한 사람에게 돌아가야 할 잉여입니다.[21] 남들이 궁핍에 시달리는데 잉여를 쌓아두는 것은 결코 정당화될 수 없습니다. 굶주려 죽게 생긴 사람이나 이 사람을 도우려는 사람은 재산이 남아도는 사람의 소유를 취할 권리가 있습니다. 기독교에서 말하는 '이웃'은 멀고 가까운 것에 구애되지 않기 때문에, 이 세상 어디에든 굶주리는 사람이 있으면 부자의 재물을 취하여 이들을 도와도 괜찮습니다. 이것은 훔치는 것도 빼앗는 것도 아닙니다. 자연법에 따르면 이 재물은 이미 넉넉히 가진 사람이 아니라 필요한 사람의 소유이기 때문입니다.

고대 그리스에서 초기 기독교 시대를 거쳐 중세 말에 이르기까지, 즉 서구 문명사의 4분의 3이 넘는 기간 동안, 돈을 버는 것은 수치스러운 일이었으며 돈을 이용하여 돈을 버는 짓은 특히 혹독한 비난을 받았습니다. 하지만 돈을 이용하여 돈을 버는 짓은 자본주의—즉, 적어도 지난 두 세기 동안 서구 사회를 지배했으며 이제 어디에서도 적수를 찾을 수 없는 경제 형태—의 기본 조건입니다. 자본주의가 성장하여 최종 승리를 거두면서 돈과 소유에 대해 전혀 다른 사고방식이 등장합니다.

—

루터의 소명,
칼뱅의 은총

—

중세 유럽에서 상업에 종사하는 계급의 영향력이 커지면서 돈벌이를 바라보는 기독교의 전통적 시각이 흔들리기 시작했습니다. 하지만 결정적 한 방을 날린 것은 프로테스탄티즘의 등장이었습니다. 마르틴 루터는 부패하고 사욕을 앞세우는 성직자들이야말로 신도와 신의 관계를 가로막는 장벽이라고 생각했습니다. 루터는 기독교 공동체를 (교황으로부터 최하층 신부와 수녀에 이르는) 성직자와 평신도의 두 계급으로 나누는 것에 반대했습니다. 가톨릭에서는, 성직자는 '소명'을 받은 존재이지만 나머지 사람들은 아담의 원죄 때문에 노동의 의무를 진다는 주장을 차별의 근거로 삼았는데 이에 대해 루터는 종교 지도자뿐 아니라 상인과 농민을 비롯한 모든 사람이 '소명'을 받았으며 소명을 이루는 것이야말로 종교인의 의무라고 반박했습니다. 따라서 장사가 본질적으로 부끄러운 일이며 장사꾼은 구원받기 힘들다는 낡은 통념을 완전히 무너뜨려야 했습니다. 이 통념을 무너뜨리는 것은 구교에 대한 신교의 저항에도 톡톡히 이바지했습니다. 군건한 교회 권력과 맞서려면 떠오르는 중간 계급의 지지를 얻어야 했는데 당시 중간 계급은 부와 경제력을 소유하고도 교회로부터 존중받지 못했기 때문입니다.

종교개혁 지도자 중에서도 장 칼뱅은 상업 계급을 대하는 전통 종교의 태도를 가장 철저하게 바꾼 인물입니다. 칼뱅 신학에서 독특한 (또한 못마땅한) 점은 선행이나 도덕적으로 흠 없는 삶이 아니라 신의 은총—미국 교인들이 즐겨 부르는 찬송가 〈나 같은 죄인 살리신 amazing grace〉의 '놀라운 은혜 divine grace'—로만 구원을 얻을 수 있다는 '예정설'입니다. 지옥이 진짜 있다고 생각하는 사람은 자신이 은총을 받았느냐 받지 못했느냐로 늘 노심초사했습니다. 이런 배경에서 칼뱅은 세속적 성공이 은총의 징표라며 부에 대해 남다른 주장을 폅니다. 칼뱅주의자들은 과거 기독교의 관점을 뒤집었습니다. 부는 구원받을 가능성을 낮추기는커녕 구원의 징표이며 재산이 많을수록 징표도 더욱 확실하다는 것입니다.

칼뱅주의자들은 돈으로 돈을 버는 것이 자연법을 거스르는 행위라고 생각하지도 않았습니다. 칼뱅은 수많은 성인, 교황, 스콜라 철학자의 저작을 모조리 무시했으며, 돈은 교환의 수단일 뿐이고 돈을 이용하여 돈을 버는 것이 자연의 이치에 어긋난다는 아리스토텔레스의 논리를 조롱했습니다. 돈궤에 넣어둔 돈이 불임이라는 것은 삼척동자라도 안다고 칼뱅은 말합니다. 하지만 돈을 빌리는 사람은 가만히 모셔두려고 빌리는 것이 아닙니다. 이를테면 그 돈으로 논밭을 사면 돈이 돈을 낳는 셈입니다. 상인은 돈을 빌려 창고를 채우니 돈은 여느 상품 못지않은 이익을, 그것도 정당하게 가져다줄 수 있습니다. 물론 칼뱅의 이 말은 백번 옳습니다. 봉건 경제의 쇠퇴, 도시의 발달, 상인과 수공업자의 자유로운 거래 등의 요인 때문에 경제는 더 복잡해졌으며 돈은 (일종의 자본으로서) 생계를 유지하는 데 꼭 필요한 수단이 되었습니다. 따라서 화폐의 자본화를 감안하여 고리대금을 금지하는 교리를 고치자는 주장은 지극히 정당했습니다.

칼뱅이 스콜라 철학자들의 결의론(일상적인 상황에서 옳고 그름을 구별하기 위해 만든 규약 체계_옮긴이)을 코웃음 치며 내팽개친 것에도 일리가 있습니다. 이미 스콜라 철학자들은 고리대금을 금지하는 규정에 수많은 예외를 달아둔 터였습니다. 이렇듯 교묘한 상업적 꼼수는 현대의 절세 기법에 비길 만합니다. 고리대금 금지법의 예외 조항 덕분에 은행가는 대부 행위를 다른 행위로 둔갑시켜 이익을 거둘 수 있었습니다. 칼뱅은 이것이 속임수이며 신을 속일 수는 없다고 꼬집었습니다. 고리대금이 본질적으로 악하다는 주장에 대해서는 어떻게 생각했을까요? 칼뱅은 황금률을 내세워, 고리대금은 이웃에게 피해를 줄 때만 죄가 된다고 말했습니다. 그렇다면 고리대금은 어느 때 이웃에게 피해를 주는 걸까요? 이에 대해 칼뱅은 목사가 상업의 시시콜콜한 세부 사항을 다 알 거라 기대하지 말라고 설교했습니다. 각자의 양심에 맡기라는 것입니다.[22] 이윤 추구와 관련하여 칼뱅은 상업의 본질과 양심의 힘에 대해 구체적 원칙을 바탕으로 삼지 않고 다소 순진하게 생각한 듯합니다. 어쩌면 자신의 주장을 상업 종사자들이 지지해주기를 바랐는지도 모르겠습니다. 사실, 이자를 물리는 행위를 '각자의 양심에 맡기'라는 것은 아무렇게나 해도 괜찮다는 말과 같습니다.

지상의 소명에 대한 루터의 개념과 세속적 부에 대한 칼뱅의 견해는 신교 국가들에 급속히 전파되었는데 그중에서도 엘리자베스 1세와 그 이후의 영국에서 전파 속도가 가장 빨랐습니다. 16세기 후반과 17세기 초반에 많은 영국 성직자들은 "지상의 소명에 부단히 힘써 신에게 봉사하라"라고 주장했습니다.[23] 이러한 지적종교적 격동기에 영국을 떠나 신세계에 당도한 순례자 선조(종교 박해를 피해 메이플라워 호를 타고 미국에 간 최초의 정착민_옮긴이)와 청교도 정착민을 따라 프로테스탄티즘, 특히 칼뱅주의가 그곳에 뿌리내리게 됩니다.

프랑스의 문화 평론가 앙드레 시그프리드는 세속적 부에 대한 가톨릭과 칼뱅주의의 사고방식이 전혀 다르다는 사실을 발견했으며 부를 대하는 태도에 칼뱅주의가 영향을 미쳤음을 간파했습니다.

칼뱅은 …… 고대 이후 최초로 종교와 일상생활을 통합했다. 그의 신조에 따르면 신자가 일상의 과업을 훌륭히 해낼수록 신의 영광을 드높이는 것이었기 때문이다. 가톨릭교회는 언제나 부자들과 손잡았지만 한 번도 부를 신앙심의 상징으로 내세우지 않았으며 가난한 사람이 영혼의 고결함을 간직할 수 있고 신에게 더 가까이 갈 수 있다고 믿었다. 이에 반해 부를 영예로 여기는 청교도는 이윤을 챙길 때마다 그것이 신의 뜻이라며 거들먹거린다. 그는 자신의 재산이 신에게 인정받은 징표라고 여기며, 결국 자신의 행동이 의무감에서 비롯했는지 이기심에서 비롯했는지 구분하지 못한다. 사실 구분하고 싶어 하지도 않는다. 일신의 영달에 이로운 것이면 무엇이든 의무로 둔갑시키는 데 익숙해졌으니 말이다. 다소 의도적인 이러한 심리적 침투의 결과로, 청교도를 위선자라고 말하기조차 힘들다.[24]

새로운 공동체를 구축해야 했던 미국의 청교도는 노동이 신의 소명이고 부가 은총의 징표라는 논리를 열광적으로 받아들였습니다. 뉴잉글랜드에서 가장 영향력이 큰 목사 코튼 매더는 "남을 위해 좋은 일을 하고 자신을 위해 좋은 것을 얻어 신에게 영광을 돌리십시오"라고 설교했습니다.[25] 펜실베이니아를 세운 퀘이커파 지도자 윌리엄 펜은 신자가 '빛 안에서' 살고 있음을 보여주는 징표가 바로 부라고 가르쳤습니다.[26] 물론 매더와 펜은 세속적 소명이 삶의 한 측면에 불과하며 신을 기쁘게 하려면 신실한 영적 삶으로 균형을 맞추어야 한다고 생각했습니다. 하지만 미국 사회에 더 오랜 자국을 남긴 것은 세속적 소명 논리였습니다. 여기에는 벤저민 프랭클린 탓도 있습니다.

프랭클린은 서명할 때 '인쇄업자 벤저민 프랭클린'이라고 즐겨 썼지만 오늘날에는 저술가, 철학자, 과학자, 혁명가, 정치가, 제헌회의 의원으로 기억됩니다. 하지만 18세기의 동시대인들에게 프랭클린은 자수성가한 사람이자 개천에서 용 난 인물로, 또한 ('변변찮은 리처드'라는 이름의 평범한 농사꾼이 썼다고 알려진) 농사력의 발행인으로 통했습니다.[27] 자서전을 읽어보면 프랭클린은 농사력의 흥미와 쓰임새를 높이려고 "몇몇 특별한 날들 사이에 있는 빈칸에 교훈이 될 만한 글귀들을 써넣었"다고 합니다. 농사력은 해마다 베스트셀러가 되어 젊은 프랭클린에게 부와 명예를 안겨주었습니다. 1757년에 프랭클린은 농사력 출간 25주년을 기념하여 이제껏 실었던 격언을 엮어서 '에이브러햄 신부'(프랭클린의 필명)의 설교로 꾸며 《부자가 되는 길》이라는 책을 펴냈습니다. 농사력이 불타나게 팔렸다면 이 책은 폭발적으로 팔려나가 18세기가 지나기 전에 7개 국어로 145회 이상 재출간되었습니다. 시간이 지나도 인기는 시들지 않았습니다. 19세기에 너새니얼 호손은 이제는 고인이 된 프랭클린을 '미국 모든 가정의 조언자이자 든든한 벗'이라고 불렀습니다. 19세기 끝 무렵에 어떤 학자가 계산한바 《부자가 되는 길》은 미국에서 가장 많이 인쇄되고 번역된 책이었다고 합니다.[28]

《부자가 되는 길》에 실린 격언을 몇 개만 살펴봅시다.

> 게으름뱅이가 잘 때 고랑을 깊이 파라.
> 밥상이 푸짐하면 유언장이 빈약하다.
> 바보는 잔치를 벌이고 현명한 사람은 가서 먹는다.
> 가질 수 있으면 가지고, 한번 가지면 놓지 말라. 이것은 돌을 금으로 바꾸는 마법이다.

근면, 절약, 부의 축적과 간수의 중요성을 대하는 프랭클린의 태도는 《젊은 상인에게 보내는 편지》에도 잘 나타나 있습니다. 막스 베버는 이 책이 그야말로 순수한 자본주의 정신을 보여준다며 길게 인용합니다. 아래는 베버가 인용한 글의 일부이지만 느낌을 살리기에는 충분할 겁니다.

시간은 돈이다. 이 말을 잊지 말게. 하루에 10실링을 벌 수 있는 사람이 아침에만 일하고 오후에는 일하지 않았다고 하세나. 그리고 기분 전환을 위해 휴식을 취하며 6펜스를 썼다고 하세. 그럴 경우에 이 사람은 '고작 6펜스를 썼다'라고 생각하기 쉽네. ……

부자가 되는 길은, 먼저 그것을 간절히 바라는 일부터 시작된다네. 시장에 가는 것처럼 아주 간단한 일이지. 무엇보다도 두 개의 단어, 즉 근면과 절약에 모든 게 달려 있다네. 이 말을 절대 잊지 말게. …… 모든 것을 정직하게 얻기 위해 부지런히 노력하고, 절약하고 또 절약하는 사람은 반드시 부자가 될걸세.

베버는 프랭클린 같은 태도가 고대에나 중세에 "가장 추잡한 탐욕"으로 취급받았으리라 생각했습니다.[29] 베버는 더 많이 차지하는 것을 삶의 목표로 삼아야 한다고 주장했다며 프랭클린을 비난합니다. 베버가 인용한 구절이 정확히 그런 뜻이기는 하지만, 에이브러햄 신부도 변변찮은 리처드도 아닌 프랭클린에게 화살을 돌리는 것은 부당합니다. 사실 프랭클린은 필라델피아 최초의 대학과 병원, 미국 철학회를 설립했거나 설립에 관여했고 여러 공공 사업을 벌였으니까요.[30] 프랭클린은 마흔둘의 나이에 사업에서 은퇴하면서, 그동안 벌어들인 "적잖은 재산"이면 "철학을 연구하고 여흥을 즐기며 여생을 보내"기에 충분하다고 생각했습니다. 따라서 프랭클린은 결코 부를 쌓는 것 자체에 집착하지 않았습니다. (프랭클린은 보스키, 트럼프, 밀컨 같은 1980년대 부자들보다 훨씬 현명했습니다. 이들은 '충분한' 것 이상의 재산을 벌어들이고도, 더 버는 것 말고는 할 일을 찾지 못했습니다.) 프랭클린은 이론에서나 실천에서나 당대의 사상과 정치에 적극적으로 관여했습니다. 하지만 이 교훈은 그 시대 사람들에게 전해지지 못했습니다. 돈벌이에 대한 현대 미국의 사고방식이 형성되는 과정에서 프랭클린이 중요한 이유는 청교도적 소명 개념의 세속적 형태에 힘을 실어주었기 때문입니다. 프랭클린은 근면 성실을 권하면서 이렇게 하면 신에게 영광을 돌리고 신의 뜻을 따를 수 있다고 말한 것이 아니라 이렇게 하면 부자가 될 수 있다고 말했습니다.

종교적 관점에서 보든 세속적 관점에서 보든 19세기 미국은 부의 추구를 삶의 목표로 내세우는 것이 정당하다고 생각했습니다. 피터 베이다는 《변변찮은 리처드의 유산》이라는 (적절한 제목의) 책에서, 미국이 일찌감치 부에 집착하게 된 것은 유럽의 경직된 계급 구조에서 벗어난 결과라고 말했습니다. "만인이 평등하게 창조되었고 만인이 노력하는 만큼 출세할 수 있다는 생각을 접하자 이 신생 국가의 국민은 모두 가슴이 뛰었다. 미국은 어떤 나라보다 (적어도 백인 남성에게는) 성공을 가로막는 걸림돌이 적었으며 기회 균등이라는 이상의 실현에 근접했다."[31]

프랭클린이 부의 추구를 세속적 목표로 정당화했다면 애덤 스미스는 (앞 장에서 보았듯) 이를 경제적으로 정당화했습니다. 미국 종교 지도자들은 누구 못지않게 돈의 윤리를 지지했습니다. 1836년에 토머스 P. 헌트 목사는 《부의 서: 부자가 되는 것이 만인의 의무임을 성경으로 입증하다》라는 책을 출간했습니다. 1854년에 《헌트 상인 잡지》에서 어떤 필자는 사업에 종사하지 않는 것이야말로 원죄라고 주장했습니다. "하나님이 아담을 창조하여 에덴동산에 살게 한 것은 사업을 하라고 그런 것이었다. 아담이 자신의 창조 목적을 충실히 수행했다면 인류에게 더 유익했을 것이다." 보스턴의 유니테리언파 목사 토머스 파커는 사업가를 성인의 반열에 놓았습니다. "사업가는 도덕의 교육자요, 세상일에 몸담은 그리스도의 교회입니다. …… 은행과 교회에, 시장과 거래소에 사업가를 위해 성전을 지으십시오. …… 성인 중의 으뜸은 거래의 성인입니다." 19세기 미국 초등학생의 절반 이상이 읽었을 맥거피의 교과서는 "돈벌이는 신이 허락한 도덕적 의무라고 가르쳤"습니다.[32]

20세기 들머리에 존 D. 록펠러 2세는 아버지에게서 엄청난 규모의 사업을 물려받았는데, 이를 정당화하기 위해 현대 과학 시대에는 규모의 경제가 필요하다고 주장했습니다.

> 대기업이 성장하는 것은 적자생존의 결과일 뿐이다. …… 아메리칸뷰티(장미 품종)가 자태와 향기를 뿜어내어 보는 사람을 즐겁게 하려면 어린 곁눈을 따버려야 한다. 기업이 사악해서가 아니다. 자연의 법, 신의 법을 따르는 것일 뿐이다.[33]

이런 생각의 배경에는 영국의 철학자이자 사회과학자 허버트 스펜서가 주창한 철학관인 사회진화론이 자리 잡고 있습니다. 다윈은 진화 과정에서 도덕적 방향을 보려는 시도를 단호히 배격했지만, 스펜서는 진화론을 모델로 삼아 사회 윤리 개념을 발전시켰습니다. 스펜서는 살아남기 위한 투쟁이야말로 사회 발전의 원동력이기에 국가 개입을 최소한으로 줄여야 한다고 주장했습니다. 커다란 부는 커다란 위험 또는 커다란 고통을 감수하는 대가이며 이러한 대가가 없다면 사회가 굴러가지 않으리라는 것입니다.

스펜서의 철학은 유독 미국에서 인기를 끌었습니다. 그의 추종자 F. A. P. 바너드는 스펜서를 "우리 시대의 가장 심오한 사상가이자 역사를 통틀어 가장 원대하고 영향력 있는 지성인"으로 치켜세웠습니다.[34] 철학자로서 스펜서의 역량을 보건대 그런 터무니없는 찬사는 그의 진화론 개념과 미국의 분위기가 맞아떨어졌다는 것 말고는 설명할 길이 없습니다. 당시 미국 대법원은 "정당한 법 절차를 거치지 않고 생명이나 자유, 소유를 빼앗"지 못하도록 금지한 헌법 수정안 제14조를 이용하여 국가의 산업 규제 시도를 좌절시켰습니다. 스펜서는 국가가 자유기업과 시장의 역학 관계, 진화론적 생존 투쟁에 개입하는 것에 반대하는 철학적 근거를 내놓았습니다. 이런 상황에서 사람들이 스펜서를 어찌나 들먹였던지 위대한 대법관이자 스펜서의 추종자인 홈스 판사조차 판결문에서 "헌법 수정안 제14조는 허버트 스펜서의 《사회 정역학》를 법제화한 것이 아니다"라고 명토 박을 정도였습니다.[35]

스펜서를 열광적으로 지지한 사람 중에는 미국에서 가장 훌륭한 기업인으로 손꼽히는 앤드루 카네기가 있습니다. 카네기는 가난한 스코틀랜드 이민자의 아들로 태어나 카네기 철강 회사를 설립하고 세계 제일의 부자가 된 인물입니다. 카네기는 자신이 번 돈을 생전에 공익을 위해 기부하는 것을 의무로 여겼으며 기부하지 않고 죽은 부자들에게 매우 누진적인 상속세를 물려야 한다고 주장했습니다. 그러면서도 《성공한 CEO에서 위대한 인간으로: 카네기 자서전》에서는 스펜서의 제자를 자처했으며 스펜서에게 영감을 받아 〈부의 복음 Gospel of Wealth〉이라는 에세이를 썼습니다. 이 에세이에서 카네기는 자유 경쟁을 찬미했습니다. "이 법칙이 개인에게는 이따금 가혹할 수도 있지만 인류에게는 최선이다. 모든 분야에서 적자생존을 보장하기 때문이다." 카네기는 애덤 스미스와 마찬가지로 부자가 있으면 가난한 사람에게도 이롭다고 주장했습니다(중간 단계를 더 끼워넣기는 했지만요).

> 지금의 가난한 사람은 예전의 부자가 누리지 못한 것을 누린다. …… 지금의 노동자는 몇 세대 전의 농부보다 더 안락하게 산다. 농부는 예전의 지주보다 더 큰 사치를 누리며 의식주도 더 풍족히다. 지주는 예전의 왕이 가질 수 있었던 것보다 더 희귀한 책과 그림, 더 예술적인 가구를 들여놓았다. …… 따라서 우리는 산업과 상업이 소수의 손에 집중되는 것을 받아들이고 환영해야 한다. …… 부는 축적되어야 한다. …… 개인주의, 사유재산제도, 부의 축적 원칙, 경쟁 원칙은 인간의 경험이 이룬 최고의 결과이며 …… 인류가 이제껏 달성한 업적 중에서 가장 훌륭하고 귀하다.[36]

미국을 오랫동안 관찰한 사람들은 돈벌이를 중시하는 것이 미국 문화의 두드러진 특징임을 알아차렸습니다. 알렉시 드 토크빌은 1835년에 출간된 《미국의 민주주의》에서 "이 나라 사람들처럼 돈을 사랑하는 사람들도 없"다며 "부에 대한 집착은 주된 동기로서건 아니면 부차적인 동기로서건 아메리카인의 모든 행동의 근저에 깔려 있"다고 분명히 말합니다.[37] 미국 문화를 주제로 1855년에 출간된 책에서 독일의 저술가 페르디난트 퀴른베르거는 벤저민 프랭클린의 유명한 교훈들이 "소에게서는 지방분을 짜내고 사람에게서는 돈을 짜내"는 철학이라고 조롱했습니다.[38] 1864년에 토머스 니컬스는 이렇게 썼습니다. "이토록 돈을 탐하는 곳은 어디에도 없다. 이토록 돈을 떠받드는 곳은 어디에도 없다. …… 미국이 실제로 하고 있는 일은 돈벌이 자체를 위해 돈을 버는 것이다. 이곳에서 돈은 수단이 아니라 목적이다."[39] 20세기 초에 미국을 두루 여행한 프랑스인 앙드레 시그프리드는 미국을 "사람보다는 물건을 생산하도록 구성되었으며 산출을 신처럼 떠받드는 물질만능 사회"로 규정하고 이렇게 덧붙였습니다. "미국에 비하면 유럽의 영혼은 아직 물질의 추구에 완전히 물들지 않았다."[40] 훗날 영국의 정치사회학자 해럴드 래스키는 이렇게 잘라 말했습니다. "미국에서 기업인이 누리는 권력과 명성은 유례를 찾을 수 없다. …… 미국의 거물 기업인은 자본주의 시대 이전 유럽의 영주나 군인이나 사제에 버금가는 귀족적 지위를 차지하고 있다."[41]

영국의 역사가 R. H. 토니는 미국으로 대표되는 사회 유형에 이런 이름을 붙였습니다.

그러한 사회는 '획득사회acquisitive society'라 부를 수 있을 것이다. 모든 성향과 관심사가 부의 획득을 증진하는 데 있기 때문이다. 현대 세계를 모조리 손아귀에 넣은 것을 보면 이런 사고방식에 상당한 매력이 있음이 틀림없다. …… 성공의 비결은 분명하다. 그것은 실력으로든 운으로든 자연이나 사회로부터 부여받은 힘을 사용하되 힘의 행사를 제한하는 원칙을 불문에 부치는 것이다. …… 부의 획득에 무제한의 자유를 부여함으로써 가장 강력한 인간 본성이 마음껏 활개 치도록 내버려두는 것이다.

20세기 초가 되자 미국은 획득사회의 면모를 뚜렷이 갖추었습니다. 자유시장이 이토록 확실한 승리를 거둔 곳은 세계 어디에도 없었습니다. 사회주의나 좌파가 이토록 유명무실한 곳은 어디에도 없었습니다. 유럽에서는, 심지어 오스트레일리아 같은 앵글로·색슨 국가에서도 좌파 정당이 정권을 잡거나 적어도 보수 여당을 견제할 만큼 세력을 키웠지만 미국에서는 '사회주의자socialist'라는 단어가 욕으로 쓰였으며 사회주의를 진지하게 추구하는 것은 정치적 자살 행위였습니다. 프리드리히 엥겔스가 1887년에 미국의 노동운동을 조사했더니 진정한 사회주의 정당은 단 하나밖에 없었습니다. 그것도 독일 이민자들이 설립한 사회주의 노동자당이었습니다. 하지만 미국인의 삶에는 거의 파고들지 못했습니다. 당원 수와 영향력을 늘리려면 "무엇보다도 영어를 배워야 한"다고 엥겔스가 조언할 정도였으니까요.[42]

—

소비 사회

—

부를 중시하는 종교적세속적 논리는 좋은 삶의 현대적 관념을 떠받치는 토대가 되었습니다. 이 관념이 미국에서 지금의 형태를 갖춘 것은 1950년대입니다. 제2차 세계대전을 치르면서 미국 산업의 생산 능력이 나치와 일본 제국주의를 압도할 만큼 팽창한 탓에 전쟁이 끝나자 공급 과잉으로 인한 불황이 닥쳤는데 이를 해결하는 방법은 소비재 생산을 늘리는 것이었습니다. 하지만 사람들이 사주지 않으면 소비재를 생산해봐야 소용이 없습니다. 그러니 이들 상품이 진짜로 필요하다고 사람들이 착각하게 만들어야 했습니다. 밴스 패커드는 《숨은 설득자》에서 이 상황을 이렇게 묘사했습니다.

50년대 중반이 되자 미국 제조업자들은 엄청난 생산량을 달성했으며 자동화 덕분에 생산량을 더 늘릴 수 있었다. 1940년 이래 국민총생산은 400퍼센트 넘게 치솟았으며 1인당 생산량은 약 25년마다 두 배로 늘었다.

미국 국민이 달성한 풍요롭고 충만한 삶의 한 가지 측면은 모두가 훨씬 높은 생활수준을 누릴 수 있다는 밝은 면이었다. 미국이 만방에 선전한 것은 이 측면이었다. 하지만 또 다른 측면이 있었다. 원하든 원치 않든 경제를 살리기 위해 소비하고 또 소비해야 한다는 어두운 면이었다.[43]

패커드의 책에서 진짜 논란을 일으킨 부분은 한창 발전하던 광고업계에서 소비자의 구매 행위를 유도하는 숨은 동기를 연구하려고 심리학자를 고용하기 시작했다는 내용입니다. 구매 동기를 알아내면 이에 따라 제품의 이미지를 만들어냅니다. 그리하여 광고는 지위(신분 상승) 욕구, 남보다 뒤처지는 것에 대한 두려움, 몸 냄새 걱정 따위를 공략하기 시작했습니다.

50년대 미국 자동차 산업을 살펴봅시다. 해마다 전해보다 커진 신모델이 등장했습니다. 50년대를 거쳐 60년대에 이르기까지 미국산 자동차는 쓸데없이 크고 위험하고 연료를 물 쓰듯 하고 공기를 오염시키고 걸핏하면 고장 나고 조작이 불편했는데도 없어서 못 팔 정도였습니다. 교묘한 광고들은 2~3년 넘은 차를 모는 것이 부끄러운 일이라는 생각을 사람들에게 주입했습니다. 올해의 신차는 더 길다고, 더 낮다고, 테일핀이 달렸다고 선전했습니다. 신차를 구매하는 것은 더 나은 이동 수단이 아니라 지위를 사들이는 행위였습니다.

그러다 랠프 네이더라는 혈기 왕성한 젊은 변호사가 제너럴모터스의 코베어 차량이 커브를 돌다 전복되는 문제점을 꼬치꼬치 파고든 뒤에야 안전 문제가 부각됩니다. (제너럴모터스가 네이더의 약점을 잡으려고 미인계를 쓰는 자충수를 두지 않았다면, 이 계략이 들통 나서 회사 이미지를 실추하지 않았다면 네이더는 성공하지 못했을지도 모릅니다.) 연비 문제가 떠오른 것은 산유국들이 대미 석유 공급을 중단한 1973년 들어서였습니다. 미국 제조업체들이 품질에 신경 쓰기 시작한 것은 더 튼튼하고 편리한 일본제 자동차가 인기를 얻기 시작한 뒤였습니다. 물론 지위 때문에 차를 사는 것은 여전했습니다. 다만 여러 요인이 복합적으로 작용하게 되었을 뿐이죠.

60년대에 민권 운동과 베트남전쟁 반대 운동, 반문화 운동을 겪으면서 미국 젊은이들은 자신이 살아가는 사회가 어떤 사회인지 의문을 품기 시작했습니다. 곧이어, 미국 사회가 준비해둔 미래의 삶에 대해서도 물음을 던지기 시작했습니다. 이들은 근본적으로 새로운 대답을 찾고자 했습니다. 예일 대학 법학과 교수 찰스 라이히는 60년대를 마무리하는 시점에 《의식혁명》이라는 책을 썼습니다. 책은 예언으로 시작합니다.

지금 혁명이 다가오고 있다. …… 이 혁명은 성공을 위해 폭력이 필요하지 않을 것이며, 폭력에 의해 이 혁명이 성공적으로 저지되는 일도 없을 것이다. 이 혁명은 지금 놀라운 속도로 퍼지고 있으며, 그 결과로 아메리카의 법률, 제도, 사회구조는 변화하고 있다. …… 이 혁명은 새 세대에 의한 혁명이다. 새 세대의 항의와 반역, 새 세대의 문화, 의복, 음악, 마약, 사고방식, 자유분방한 생활 형태는 변덕이 아니며, 이견異見이나 거절의 일시적인 형식도 아니다. 또한 어떠한 의미에서도 불합리한 것은 아니다. 그들의 이상으로부터 교내 데모, 목걸이, 판탈롱, 우드스톡 페스티벌에 이르기까지 지금 나타나고 있는 모든 패턴은 의미 있는 것이며, 정연한 철학의 일부다. 그것은 필연적이며, 동시에 불가피한 것이고, 언젠가는 젊은이만이 아니라 아메리카의 모든 사람들을 휩쓸게 될 것이다.[44]

라이히는 나팔바지(판탈롱)가 어째서 일관된 철학의 일부인지 설명하지 않았습니다. 예언자로서 성공을 거두지도 못했습니다. 라이히가 책을 쓴 시점은 60년대 반문화의 절정기였습니다. 이 책은 몇 달 동안 선풍적인 인기를 끌었으며 백만 부 넘게 팔렸습니다. 세간의 화제였죠. 하지만 현실의 벽은 두터웠습니다. 《의식혁명》이 책방 책꽂이에 꽂히기 시작할 즈음, 앨터몬트 록 페스티벌에서는 우드스톡의 평화와 사랑을 무색케 하는 난장판이 벌어져 네 명이 목숨을 잃었습니다. 1972년 대통령 선거에서 리처드 닉슨이 평화주의자 후보 조지 맥거번을 상대로 압도적 승리를 거두자 《의식혁명》의 예언은 고약한 농담쯤으로 보이기 시작했습니다. 세상을 바꿀 수 없다는 환멸에 빠진 급진파들은 자신을 먼저 바꿔야겠다고 생각했습니다.

그것은 어떤 면에서 논리적 수순이었습니다. 호평을 받은 페터 바이스의 희곡 《마라/사드》(나중에 영화로도 제작되었습니다)는 사드 후작의 입을 빌어 그 논리를 설파했습니다. 사드는 프랑스혁명 지도자 장폴 마라가 무엇을 잘못했는지 지적합니다.

마라,
이 내면의 감옥은
돌로 된 지하 감옥보다 더 혹독한 거야.
그리고 내면의 감옥이 열리지 않는 한

자네의 혁명은

매수된 동료들의 의해

쉽게 진압되는

감옥 안의 폭동에 지나지 않아. [45]

그리하여 혁명가들은 내면을 돌아보기 시작했습니다. 캘리포니아 대학 버클리 캠퍼스에서 표현의 자유 운동이 시작된 뒤로 줄곧 이 운동에 몸담은 마이클 로스먼은 1972년에 이렇게 썼습니다.

> 향후 5년을 예측하자면, 의식意識 관련 산업은 이 나라에서 가장 빨리 번성하는 성장 산업이 될 것이다. 돌연변이 꽃의 만화경이 거리마다 펼쳐질 것이다. 수많은 사람들이 우리가 시작한 통합의 과제를 저버리고 손쉬운 명상의 길을 택할 것이다. [46]

몇 달 뒤에 벌어진 극적인 전향은 로스먼의 말이 과장이 아님을 입증했습니다. 레니 데이비스는 전설적인 반전운동 지도자이자 조직가였습니다. 데이비스는 1968년 민주당 전당대회에서 반전 시위를 주도하여 재판에 회부된 시카고 8인 중 한 명이었습니다. 1973년에 데이비스는 15세의 힌두교 성자인 '완전한 스승Perfect Master' 마하라지에게서 '큰 지식Knowledge'을 얻었다고 선언했습니다. 미소 짓는 마하라지의 통통한 얼굴 사진이 동네방네 내걸렸으며 신자들은 영원한 기쁨을 누리는 것처럼 보였습니다. 전향 두 달 뒤에 데이비스는 버클리 캠퍼스 폴리볼룸 연회장에서 강연을 하게 됩니다. 이

연회장은 지난 10년간 캠퍼스 내 표현의 자유, 베트남전쟁, 급진적 정치 운동 등의 중요한 주제를 놓고 수많은 토론이 벌어진 곳이었습니다. 데이비스는 완전한 스승이 올해는 미국, 그다음에는 중국(마오쩌둥은 이미 마하라지에게 큰 지식을 받았다고 합니다), 그리고 3년 안에 전 세계를 완전하게 할 것이라고 말했습니다.[47] 로스먼의 설명에 따르면 데이비스의 전향은 켄트 주립대학에서 학생 시위대가 사살당한 충격으로 반전운동이 와해된 뼈아픈 현실에서 도피하려는 몸부림이었습니다.

> 켄트 주립대학 사건이 일어나자 반전운동의 구심점이 - 이런 것이 있었다면 - 와해되었고 정치적 변화 추구에 방향을 제시하던 느슨한 공통의 신화가 무너졌다. …… 요가, 집단 감수성 훈련, 농촌 생활, 다이어네틱스(심리 요법의 일종_옮긴이), 자유학교, 맥거번, 예수를 비롯한 온갖 광신적 이데올로기가 정치적 표현의 에너지를 빨아들여 지친 운동가들을 위로하고 청년들을 행복의 만병통치약으로 꾀어 복잡해져만 가는 사회 현실에 등 돌리게 했다.[48]

'이피 Yippie'라는 괴짜 급진 단체의 지도자를 지낸 제리 루빈은 아예 극단으로 치달았습니다.

> 1971년부터 1975년까지 5년 동안 EST, 게슈탈트 요법, 생물에너지학, 롤핑, 마사지, 조깅, 건강식, 태극권, 에살렌, 최면, 현대 무용, 명상, 실바 마인드컨트롤, 아리카, 침, 섹스 요법, 라이히 요법, 모어하우스('새로운 의식'을 가르치는 잡학 과정)를 직접 경험했다.[49]

반문화 운동은 '인간 잠재력 개발 운동'으로 바뀌었습니다. 더 나은 사회를 꿈꾸던 수많은 사람들의 물결은 더 나은 자신을 꿈꾸는, 모래알 같은 개인으로 뿔뿔이 흩어졌습니다.

결국 루빈조차 이 상황에 신물이 났습니다. 80년대 초에 루빈은 월 스트리트에 일자리를 얻었습니다. 예전에 루빈의 실천에 동참하지 못했던 사람들은 깨소금 맛이었겠죠. 20년 넘도록 이어진 한 주기가 끝난 듯했습니다. 신문에는 '자유의 열차에서 욕심의 열차로'라는 제목의 기사가 실렸고 어떤 작가는 '자퀴즈에서 자쿠지로'라는 표현을 썼습니다('자퀴즈 Jaccuse'는 에밀 졸라의 드레퓌스 사건 평론 〈나는 고발한다〉, '자쿠지 Jacuzzi'는 거품 목욕탕 상표에 빗댄 것_옮긴이).[50] 루빈은 하고많은 곳 중에서 월 스트리트를 선택함으로써 자신이 시류에 민감하다는 것을 다시금 입증했습니다. 이후 월 스트리트는 80년대의 상징이 되죠. 탐욕이 떳떳해지다 못해 선善으로 둔갑하는 시대 말입니다.

—
레이건 정부,
부자 되세요
—

키티 켈리는 로널드 레이건의 취임식 축하 행사를 이렇게 묘사합니다.

로널드 레이건의 부유층 지지자들이 무리를 이룬 모습은 …… 레이건 시대가 어
떻게 흘러갈지 똑똑히 보여주었다. 기다란 리무진, 바스락거리는 모피 코트, 화
려한 드레스, 쇠똥만 한 보석 등에서 밝고 찬란하고 새롭고 소란스러운 부富를
목격한다. 축하 행사는 나흘간 계속되었으며 취임 축하연이 103건 열렸다.[51]

파티가 끝난 뒤에 식기가 도착했습니다. 레이건 부부가 백악관에 입성할
때 이미 백악관에는 식기가 1만 점이나 있었지만 낸시 레이건은 200세트
를 새로 주문했습니다. 일곱 가지 스타일의 접시에 핑거볼(음식을 먹은 뒤에 입
과 손을 씻는 그릇_옮긴이), 램킨(오븐용 용기_옮긴이)을 갖추었으며 접시마다 한가
운데에 24K 황금 문양을 박았습니다. 백악관에서 20만 9,508달러어치 식
기를 사들였다는 소식이 눈길을 끈 것은 공교롭게도 같은 날 레이건이 연방
지원금을 받는 학교의 점심 급식 비용을 절감하겠다며 케첩을 채소에 포함

한다고 발표했기 때문입니다.[52]

평소에는 부자를 적대시하지 않는 《타임》지마저 레이건 정부를 "'부자 되세요' 정부"라고 불렀으며 레이건이 돈을 성공의 잣대로 내세운다고 보도했습니다. 레이건이 부자들을 곁에 두고 싶어 한 것은 이 때문입니다. 백만장자 사업가 저스틴 다트도 레이건의 비선 조직에 속해 있었습니다. 엄밀히 말하자면, 80년대를 대표하는 '탐욕은 좋은 것이다' 논리의 저작권은 아이번 보스키가 아니라 다트 것입니다. 다트는 1982년에 《로스앤젤레스타임스》와의 인터뷰에서 이렇게 말했습니다. "탐욕은 인간의 모든 행동과 연관되어 있습니다. 탐욕이 뭐가 잘못되었다는 것인지 모르겠습니다."[53]

80년대는 기독교가 물질적 부를 경멸하는 종교에서 떠받드는 종교로 탈바꿈하는 오랜 여정의 끝자락이기도 했습니다. 사이언톨로지 교회를 창립한 L. 론 허버드는 미국에서 백만장자가 되는 가장 빠른 방법은 신흥 종교를 만드는 것이라고 말한 바 있습니다.[54] 하지만 낡은 종교도 손보면 쓸 만합니다. 버지니아 린치버그에 있는 토머스 로드 침례교회 목사이자 친親레이건 종교 단체 '도덕적 다수파Moral Majority' 회장 제리 폴웰은 자본주의의 기독교적 토대를 주제로 한 소책자에서 돈이 은총의 징표라는 칼뱅의 논리를 반복했습니다. 폴웰이 연봉 10만 달러를 받으면서도 해마다 십여 차례 강연에 매번 5,000달러씩 벌어들인 것은 이 때문일 겁니다.[55] 하지만 경쟁자들에 비하면 폴웰은 양반이었습니다. 1987년에 《타임》지는 80년대 미국에서 가장 잘나가는 텔레비전 설교자들의 수입 현황을 조사했습니다.[56] 루이지애나의 목사 지미 스워거트는 가족 열일곱 명에게 월급을 주면서 교회를 마치 가족 기업처럼 운영했습니다. 스워거트 부부는 교회에서 200만 달러를 빌려 호화 주택을 세 채나 짓고 링컨 타운카(고급 세단_옮긴이)를 몰았습니다. 캘리포니아 가든그로브에 2,000만 달러짜리 '수정水晶 교회'를 짓고 〈능력의 시간Hour of Power〉이라는 텔레비전 설교 방송을 매주 내보내던 로버트 슐러는 86,000달러에다 별도로 43,500달러 면세 주택 수당을 받았습니다. 가족 여덟 명은 로버트 슐러 선교재단에서 월급을 받았습니다. 역시 텔레비전 설교로 인기를 끈 오럴 로버츠는 290만 달러짜리 주택 두 채에 살았으며 50만 달러가 넘는 주택 한 채를 소유했습니다. 하지만 돈이 은총의 징표라면 짐 베이커야말로 (비서와 불륜을 저질러 몰락하기 전에는) 누구보다 큰 축복을 받았습니다. 미국 국세청에 따르면 베이커는 1983년에 63만 8,122달러(약 8억 3,700만 원)를 벌었으며 호화 주택을 여섯 채 소유했고 수도꼭지에까지 금을 입혔습니다.

더 놀라운 사실은 이 목사들이 부를 과시할수록 더 많은 미국인이 이들에게 몰려들었다는 것입니다. 이는 부와 부유한 유명인을 향한 미국인의 선망이 갈 데까지 갔다는 것을 똑똑히 보여줍니다. 부유한 종교 지도자를 긍정적으로 여기는 태도가 기독교에 국한된 것은 아닙니다. 오쇼 라즈니쉬는 동양 전통을 내세운 종교 지도자도 80년대 미국에 쉽게 적응할 수 있음을 보여주었습니다(라즈니쉬는 인도 출신의 영적 지도자로, 그를 따르는 사람들은 오렌지색 옷을 입어서 '오렌지 피플'로 통했습니다). 라즈니쉬는 아이들이 장난감 자동차를 수집하듯 롤스로이스를 수집했습니다. 1983년에는 스물한 대가 있었는데, 1985년에 라즈니쉬가 추방당한 뒤에 채무 변제를 위해 재산을 매각하려고 보니 무려 구십세 대로 늘어 있었습니다.[57]

사회 곳곳에서 부의 추구를 찬미하는 합창이 울려 퍼졌습니다. 마돈나는 자신이 〈머티어리얼 걸^{material girl}〉(속물 처녀)이라고 노래했으며 신디 로퍼는 〈머니 체인지즈 에브리씽Money Changes Everything〉(돈이면 안 되는 게 없어)이라는 노래로 인기를 끌었습니다. 두 노래에 풍자의 의도가 있었는지는 모르지만, 노래에 맞추어 춤춘 많은 사람들은 노랫말을 있는 그대로 받아들였습니다. 심지어 뉴욕 메트로폴리탄미술관조차 돈벌이에 눈을 떴는지 기업들에 미술이 돈이 된다는 편지를 보냈습니다.

고객들이 귀사의 이름을 들었을 때 빈센트 반 고흐나 …… 카날레토, 프가고나르, 렘브란트, 고야를 떠올리도록 하는 것은 창조적이고 효율적인 마케팅 방법입니다.[58]

미술관이 말하는 마케팅 방법은 '대관'이었습니다. 3만 달러만 내면 중앙홀에서 파티를 열 수 있었습니다. 심지어 덴두르 신전 앞 출입 제한 구역도 내준다더군요(덴두르 신전은 아스완 댐을 건설하면서 수몰될 위기에 처한 아부심벨 유적을 미국 국민이 구해준 보답으로 이집트 정부가 미국에 기증한 것입니다). 이곳에서 파티가 얼마나 자주 열렸던지 한 가십 칼럼니스트는 메트로폴리탄미술관을 '클럽 메트'(세계 최대의 휴양촌 '클럽 메드'에 빗댄 표현_옮긴이)라고 불렀습니다. 금융가 솔 스타인버그의 딸 로라 스타인버그와 CBS 사장 로런스 티시의 아들 조너선 티시의 결혼식이 열렸을 때는 프랑스산 장미 5만 송이와 금박을 입힌 목련 잎, 손으로 칠한 댄스 플로어, 3미터 높이의 웨딩 케이크가 미술관을 장식했습니다. 피로연에는 300만 달러가 들었다고 합니다.[59]

복지 예산을 삭감하는 와중에 벌어진 이런 소비 행태에 윤리적 거부감을 느끼는 사람들도 있었지만, 독자들에게 호평을 받은 조지 길더의 《부와 빈곤》은 로널드 레이건의 부유층 지지자들에게 대응 논리를 제공했습니다. 길더는 부를 찬미하며 복지가 빈곤층에게 해롭다고 주장합니다. "빈곤층이 성공하려면 무엇보다 빈곤으로 박차를 가해야 한다."[60] 길더는 머리말에서 데이비드 록펠러와 페기 록펠러의 배려와 신뢰에 감사를 표하더니 본문에서는 부자들을 이 사회의 '최대 은인'으로 칭송하며 은혜에 보답합니다. 길더를 비롯한 '레이거노믹스' 지지자들은 보잘것없는 농부의 삶이 아프리카 왕보다 낫다는 애덤 스미스의 주장을 변주하여 80년대 갑부들이 벌어들인 부가 사회 전체에 이익을 가져다줄 것이며 빈곤층에게까지 혜택이 돌아갈 것이라고 역설했습니다. 레이건이 물러나고 80년대가 저문 뒤에야 이 주장은 치밀한 경제 통계로 조목조목 논파됩니다. 매사추세츠 공과대학 경제학 교수 폴 크루그먼이 미 의회 예산처 발표 자료를 토대로 계산했더니 1977년부터 1989년까지 미국 모든 가정의 세후 평균 소득 증가분의 60퍼센트는 상위 1퍼센트 부유층(4인 가족 기준으로 연평균 소득이 31만 달러 이상) 몫이었습니다. 게다가 상위 20퍼센트가 34퍼센트를 차지했으니 나머지 80퍼센트는 고작 6퍼센트를 나눠 가진 셈입니다. 어떤 사람들은 크루그먼의 계산에 이의를 제기했습니다. 레이건 시절에 세율이 낮아졌다며 부자들이 세금을 예전보다 정직하게 신고한 탓이라고 말하는 사람도 있었습니다. 물론 그럴 수도 있지만 그 영향은 미미해 보입니다. 통계 수치를 보면 기업 총수 연봉이—이것은 과세 당국이 정확하게 파악하고 있죠—그 기간에 엄청나게 치솟았으니까요. 심지어 비판자들조차 1980년대에 미국의 상위 1퍼센트의 소득 증가율이 다른 나라들보다 높았으며 80년대 말에는 상위 250만 명의 소득이 하위 1억 명과 맞먹는다는 사실을 부인하지 못했습니다. 80년대 초와는 분위기가 한결 달라진 것이죠.[61]

80년대는 탐욕이 악취를 벗고 만인을 이롭게 하는 공공의 덕으로 거듭나는 시대인가 싶었으나, 결국 본모습이 드러나고야 말았습니다. 90년대 초가 되자 아이번 보스키나 마이클 밀컨 같은 월 스트리트 거물들은 감옥신세가 되었습니다. 도널드 트럼프는 파산을 면하기 위해 자산을 매각하고 채권자들과 협상해야 했습니다. 앨런 본드는 파산했으며 〈붓꽃〉은 이미 오래전에 팔아치웠습니다. 부가 부자들 중에서도 소수에 집중되었다는 사실이 드러났습니다. 탐욕은 순식간에 매력을 잃었습니다. 하지만 부와 소유를 좋은 삶과 동일시하는 가르침이 수세기 동안 지속된 탓에 아리스토텔레스와 종교개혁 이전 기독교의 이상은 흔적마저 사라졌습니다. 이제 좋은 삶의 대안적 이상을 어디에서 찾을 수 있을까요?

이기적
유전자

05

이기심의
생물학적 근거

영어에 '부당하게 얻은 횡재'를 일컫는 말로 '트럭에서 떨어졌어 it fell off the back of a truck'가 있는데 몇 년 전에 미국에서 실제로 이런 일이 일어났습니다. 가난한 남자가 현금 수송 트럭에서 떨어진 돈자루를 발견한 겁니다. 남자는 돈을 수송 업체에 돌려주었습니다. 업체는 잃어버린 사실도 모르고 있었죠. 언론에서는 남자를 영웅으로 치켜세웠습니다. 하지만 그는 당신은 바보라고, 다음에는 제 앞가림이나 하라고 충고하는 편지와 전화를 수없이 받아야 했습니다.[1]

이 이야기에서 보듯, 삶의 유일한 목표는 일등이 되는 것이며 돈을 더 많이 벌어야 일등이 될 수 있다는 사고방식이 극에 달했습니다. 이런 사고방식을 받아들이는 것은 어떻게 살아야 하는가에 대한 궁극적 선택을 외면하는 것입니다. 이 사회에 선택권을 넘기는 것이죠. 그러면 진지하게 고려할 만한 삶의 방식을 고를 선택지가 줄어듭니다.

앞의 이야기에서 또 한 가지 알 수 있는 것은 사람들이 돈을 더 벌 수 있거나 자신이 원하는 것을 얻을 수 있을 때면 왜 자신이 옳다고 생각하는 일을 하기 꺼리는가입니다. 사람들은 뻔히 알면서도 잘못을 저지릅니다. 터무니없게 들리겠지만 옳은 일을 하지 않으려 드는 이유는, 그랬다가는 주위 사람들에게 손가락질 받을까 봐서입니다. 물론 이들이 우려하는 것은 도덕적인 손가락질이 아니라 멍청하다는 손가락질입니다. 이런 반응 뒤에는 윤리가 일종의 기만이라는 사고방식이 자리 잡고 있습니다. 모두가—한 발 양보해서 '거의' 모두가—자신을 먼저 생각하니까, 윤리와 희생을 설교하는 사람들도 다를 바 없으니까, 자기도 똑같이 행동하지 않으면 바보라는 것입니다.

저는 《사회생물학과 윤리》에서 '윤리적으로 행동하는 사람은 아무도 없다'라는 명제를 논박한 적이 있습니다. 그 책에서 저는 차 한 잔, 비스킷 한 조각 말고는 아무런 보상도 없이 생판 낯선 사람에게 기꺼이 자신의 피를 나눠주는 헌혈자들이야말로 인간 본성을 냉소적 비판자들의 경멸에서 구해낸다고 주장했습니다. 그런데 미시간 대학 진화생물학 교수이자 도덕 분야에서 손꼽히는 생물학자인 리처드 알렉산더가 이 단순 명쾌한 논증을 신랄하게 비판했습니다. 사람들이 남을 도우려고 헌혈한다는 '상식'적 전제 때문에 제 판단이 흐려졌다는 겁니다. 알렉산더는 상식에 호소하는 것이 "굳게 확립된 생물학적 사실과 이론"을 감안하지 않고 "사람들이 자신의 행동 근거라고 생각하는 것이 실제 근거와 다를 수 있음"을 무시한다고 독자들에게 준엄하게 설파했습니다.[2]

우리의 생물학적 본성에는 우리가 이기적일 수밖에 없는 무언가가 들어 있을까요? '생물학적 원죄'라 부를 만한? 이름난 생물학자들이 말하길 이미 확립된 생물학적 사실을 보건대 순수한 이타주의는 불가능하다는데 이 말이 옳을까요? 확립된 생물학 이론은 '이기적이지 않은 삶을 살 수 있다'라는 상식적 믿음을 어느 정도로 위협하는 걸까요? 5장과 6장에서는 우리의 생물학적 본성이 궁극적 선택에 실제로 가하는—또는 가하지 않는—제약을 살펴볼 것입니다.

이기심이 불가피하다는 생각을 사람들에게 심어주는 생물학적 핵심 논리는 아래와 같습니다.

현대인은 오래고 부단한 진화적 투쟁의 산물이다. 이 투쟁에서 어떤 사람들은 배를 채우고 살아남아 자손을 남겼고 어떤 사람들은 그러지 못했다. 성공한 사람은 자신의 유전자를 다음 세대에 전하지만, 실패한 사람의 유전자는 인구 집단에서 사라진다. 자신의 이익을 최우선으로 추구하는 이기주의자는, 자신의 승리 가능성을 극대화하지 않고 남이 승리하도록 돕는 이타주의자보다 승리할 가능성이 크다. 이기심 같은 형질은 (적어도 부분적으로는) 유전자에 의해 결정되므로, 이에 따라 이기주의자는 증가하고 이타주의자는 감소할 것이다. 결국 이타주의자는 한 명도 남지 않을 것이다(인류는 이미 장구한 진화 과정을 거쳤다).

위 구절은 여러 책과 언론 보도, 일상 대화, 신문의 독자 투고 등을 요약한 것입니다. 리처드 알렉산더 같은 학계의 지지자들도 맞장구칩니다. 사회생물학(인간과 동물의 사회적 행동에서 생물학적 근거를 찾는 학문)의 창시자 에드워드 O. 윌슨도 순수한 이타주의의 가능성을 부정했습니다. 캘커타 길거리에서 병들고 죽어가는 사람들을 위해 평생을 바친 테레사 수녀에 대해 윌슨은 테레사 수녀가 기독교인이므로 천국에서 상을 받으리라 믿었을 것이라고 반박했습니다.[3] 또 다른 사회생물학자 피에르 판덴베르허는 "우리는 자신과 친족만 돌보도록 프로그래밍되어 있다"라고 단언했습니다.[4] 생물학을 공부한 미국인 교수 개릿 하딘은 한 발 더 나아가 사회제도와 공공 정책을 수립할 때 "'타인에게 타인의 이익에 반하는 행동을 요구하지 말라'라는 철칙을 철저히 따라"야 한다고 주장했습니다.[5]

물론 인간이 인간 아닌 동물에서 진화한 것은 사실입니다. 우리는 영장류입니다. 인간의 유전자는 침팬지와 98.6퍼센트 동일합니다. 유전학적으로 볼 때 침팬지와 오랑우탄보다 인간과 침팬지가 더 가까운 사이입니다. 인간과 침팬지는 공통 조상으로부터 자연선택—때로는 '적자생존'이라고 부르기도 하죠—과정에 따라 진화했습니다. 하지만 '적자생존'이라는 말에서 '약육강식의 자연'이라는 이미지가 떠오른다면 이 이미지는 잊어버리십시오. 진화론에서 '적자'란 생존하고 번식하여 후손을 낳기에 가장 적합한 개체를 일컫습니다. 인간은 여느 영장류와 마찬가지로 사회적 포유류입니다. 사회적 포유류는 무리 지어 살며 새끼를 돌봅니다. (항상 그런 것은 아니지만) 그 덕에 후손을 남길 수 있는 것입니다.

사회적 포유류에게는 이기적이지 않은 행동이 쉽게 관찰됩니다. 가장 유명한 예는 돌고래가 부상당한 동료를 구해주는 장면입니다(이런 식으로 사람을 구해주어서 유명해졌죠). 돌고래는 숨 쉬려면 물 위로 올라와야 합니다. 돌고래가 심하게 다쳐 혼자 힘으로 수면까지 헤엄쳐 올라오지 못할 경우 동료들이 상처 입은 녀석을 에워싸 밀어 올립니다. 몇 시간 내내 그럴 때도 있습니다. 사회적 동물은 좋은 것을 함께 나눕니다. 늑대와 들개는 사냥에 참여하지 않은 무리와 고기를 함께 먹습니다. 침팬지는 어떤 나무의 열매가 익었는지 동료에게 알려줍니다. 집단 전체가 좋은 나무에 올라가 있을 때는 다른 침팬지들을 불러 모으려고 1킬로미터 떨어진 곳까지 들리도록 고함을 지릅니다. 사회적 동물은 위험이 닥쳤을 때 서로에게 경고합니다. 검은꾀꼬리와 지빠귀는 매가 나타나면 무리가 도망칠 수 있도록 자신이 매의 표적이 될 위험을 무릅쓰고 경고 신호를 보냅니다. 더 놀라운 사례는 아프리카 들개의 먹잇감인 소형 영양 톰슨가젤입니다. 톰슨가젤은 들개 무리를 보면 뻣정다리를 하고 우스꽝스러운 몸짓으로 뛰어다닙니다. 나머지 톰슨가젤은 이 경고 신호를 보는 즉시 달아납니다. 뻣정다리로 뛰면 속도가 느리기 때문에, 이 톰슨가젤은 목숨을 걸고 위험을 경고하는 것입니다.[6]

동물은 같은 종과 싸울 때 나름의 규칙이 있는 것처럼 보이는데, 이 규칙은 중세 기사들이 결투할 때 지키는 법도를 닮았습니다. 늑대 두 마리가 싸우다가 한 마리가 이기면 진 녀석은 부드러운 목 부위를 상대방의 송곳니 앞에 갖다 대어 복종의 몸짓을 취합니다. 이긴 녀석은 적의 경정맥을 물어뜯을 기회를 살리지 않고 상징적 승리에 만족하여 돌아섭니다.[7] 순전히 이기적인 관점에서 보면 이런 고귀한 행동은 바보짓입니다. 적을 살려두면 후환이 될 수 있으니까요. 그러나 승리한 늑대의 이익보다 더 넓은 관점에서 이 해답을 찾을 수 있지 않을까요?

간단히 말해서 자기 먹거리와 안전, 성욕만을 추구하며 상대방을 죽여야 내가 살 수 있는 생사의 투쟁이 벌어지는 곳을 자연으로 생각해서는 안 됩니다. 생물학과 진화론은 그렇게 이야기하지 않습니다. 생존하고 유전자를 퍼뜨리려면 앞에서 묘사한 것보다 훨씬 복잡한 과정을 겪어야 합니다. 다시 말해서 살아간다는 것, 우리 유전자를 퍼뜨린다는 것은 단순히 먹고 교미하는 것을 의미하지 않습니다. 이 장에서는 우리가 편협한 이기심에 사로잡혀 생각하고 행동하도록 생물학적으로 결정되어 있지 않음을 보여주는 세 가지 이유를 제시할 것입니다. 더 복잡한 네 번째 이유는 7장에서 따로 다루고 추측에 가까운 다섯 번째 이유는 마지막 장에서 언급할 것입니다.

자녀
돌보기

—

건축가이자 저술가 디미티 리드는 멜버른에 사는데 제가 사는 곳과도 멀지 않습니다. 디미티에게는 아들 조시가 있습니다. 조시는 열아홉 살 때 중병에 걸렸습니다. 진단 결과 신부전으로 판명되었습니다. 조시는 투석을 받았지만 3년 동안 병세가 점차 악화되었습니다. 조시는 신장 이식 대기자 명단에 이름을 올렸습니다. 하지만 조시만큼 또는 더 위독한 환자가 많았습니다. 대학을 졸업한 조시는 건강 문제 때문에 자기가 바라던 일자리를 놓쳤습니다. 디미티는 어디에선가 부모가 자녀에게 신장을 기증할 수 있다는 글을 읽었습니다. 조시의 담당 의사에게 가능성을 타진했더니 의사는 신장이 하나만 있어도 건강하게 살 수 있지만 남은 신장에 문제가 생기면 죽을 수도 있다고 말했습니다. 디미티는 이렇게 대답했습니다. "저희 가족은 낙천적이랍니다." 지금으로부터 3년 전 일입니다. 이제 디미티와 조시는 건강한 신장을 하나씩 가지고 살고 있습니다.[8]

레누카 나타라잔은 인도 마드라스 근처 빌리바캄 마을에 삽니다. 레누카도 디미티 리드처럼 자식을 위해 신장을 떼어냈습니다. 그런데 레누카의 아이는 신장병이 없었습니다. 레누카와 남편은 직업이 없고 빚에 시달렸으며, 지참금이 없으면 딸이 결혼하지 못할까 봐 걱정이 이만저만이 아니었습니다. 그러다 레누카의 남편이 신문에서 신장을 약 1,500달러에 산다는 광고를 보았습니다. 인도 농촌에서는 8년치 임금에 맞먹는 금액입니다. 레누카는 신장을 팔아 빚을 갚고 지참금을 마련했습니다. 하지만 수술은 순조롭지 못했습니다. 레누카는 수술 후 통증 때문에 신장 판 돈 일부를 치료비로 써야 했습니다.[9]

앞의 두 이야기가 벌어진 장소는 문화적으로나 경제적으로나 지리적으로나 멀리 떨어져 있지만 어머니가 자식을 위해 희생을 무릅쓴 것은 다르지 않습니다. 진화생물학자에게는 이런 이야기가 전혀 놀랍지 않을 것입니다. 유전자를 후세에 전하려면 씨만 뿌리고 자식이 알아서 살아남도록 내버려 두어서는 안 됩니다. 자식을 낳는 것은 첫걸음일 뿐입니다. 유전자가 살아남으려면 자식이 오래 살아서 자식을 보아야 하고 그 자식이 또 자식을 보아야 합니다. 따라서 우리가 나 아닌 집단(자녀)을 돌보아야 한다는 것은 분명한 사실입니다. 물론 부모라고 해서 모두가 자식을 위해 대수술을 감수하고 신장을 떼어 주지는 않지만, 그렇게 하는 사람이 있다는 사실에서 자식을 돌보는 행위가 비이기적 행위, 즉 타인을 위한 행위로 이어질 수 있음을 알 수 있습니다.

우리는 부모가 자신의 이익보다 자식의 이익을 중시하는 것을 당연하게 여깁니다. 그러니 디미티와 레누카처럼 극단적인 상황이나, 반대로 부모가 자녀를 버리거나 방치하는 경우가 아니면 좀처럼 주목하지 않습니다. 부모가 자식을 사랑하는 것은 인간의 원초적 본성이기에, 우리는 자식을 방치하거나 자식에게 무관심한 부모를 보면 '어떻게 부모가 저럴 수 있지?'라며 전혀 공감하지 못합니다. 그 부모에게 모성애(또는 부성애)가 없는 이유에 대해 납득할 만한 설명을 찾을 때까지 만족하지 못합니다. 그 이유는 종종 '아동기 박탈' 같은 용어로 설명되어 부모와 자녀에게 가족이 얼마나 중요한가 하는 통념을 부추깁니다. 우리는 자식을 방치하거나 버리는 어머니보다는 자식을 먹이려고 몸을 파는 어머니를 흔쾌히 용서합니다(청교도 시대에조차 그랬습니다).

20세기 초에 에드워드 웨스터마크는 여러 사회의 윤리 체계에 대한 정보를 있는 대로 모아서 《도덕 개념의 기원과 발전》이라는 두 권짜리 두툼한 책을 펴냈습니다. 웨스터마크는 어머니가 자식을 돌보는 것이 너무나 명백한 사실로 여겨지기에 인류학에서 군이 언급하는 일이 드물다고 지적합니다. 그렇다면 아버지가 자식을 돌보는 것은 어떨까요? 웨스터마크는 결혼한 남자가 가족을 부양하고 보호해야 하는 의무가 여자의 자녀 양육 의무만큼 폭넓게 인정된다면서도 아버지의 의무가 어머니의 의무처럼 당연한 것으로 여겨지지는 않는다고 말합니다. 진화론에서는 아버지보다 어머니가 자녀를 위해 희생하려는 성향이 큰 이유를 이렇게 설명합니다. 첫째, 어머니는 자기가 돌보는 자식이 (유전자를 물려받은) 친자임을 확신할 수 있지만 아버지는 그렇지 않습니다. 둘째, 쌍둥이나 인간 복제를 제외하면 여성이 낳을 수 있는 자녀 수는 약 13세부터 45세까지 9개월에 한 명씩이 최대입니다(쌍둥이를 감안해도 고작 몇 명 더 낳을 수 있을 뿐입니다). 이에 반해 남성이 가질 수 있는 자녀 수는 물리적 한계가 없습니다. 따라서 남성은 씨를 널리 뿌리고 자녀를 돌보지 않을수록 후손을 많이 남길 수 있습니다. 물론 어머니는 혼자서 또는 남편 아닌 남자의 도움으로 자녀를 키울 수도 있습니다. (그렇다고 해서 남성이 자식을 많이 가지려고 의식적으로 이 전략을 쓴다는 말은 아닙니다. 다만 남성의 이런 행동 성향이 미래 세대에 전달될 수 있다는 것입니다.)

반면 자식을 돌보지 않고 방치한 여성은 후손에게 자신의 행동 성향을 물려줄 가능성이 훨씬 작습니다. 남자만큼 많은 자녀를 가질 수도 없을뿐더러 자녀 대부분이 죽을 것입니다. 최근까지도 젖먹이는 엄마 젖을 먹지 않으면 살아남을 수 없었으니까요. 생물학적으로, 여성이 임신하여 자녀를 가지려면 남성이 자녀를 가지는 것보다 더 많은 시간과 에너지를 투자해야 합니다.

그럼에도 아버지들이 자녀를 돌본다는 사실은 부인할 수 없습니다. 비교인류학자 데이비드 길모어는 '남성다움'으로 간주되는 보편적 특징을 찾으려고 다양한 사회를 조사했습니다. 길모어는 자녀를 낳고 가족을 부양하고 보호하는 것이 보편적으로 남성의 존경받는 특징임을 알아냈습니다.[10] 그렇다면 어머니가 자녀를 돌보는 것뿐 아니라 아버지가 돌보는 것에 대해서도 논할 수 있을 것입니다.

부모가 자신의 이익보다 자녀의 이익을 먼저 고려하는 것은 인간이 이기적이라는 일반론의 두드러진 반례입니다. 우는 아기에게 원하는 것을 해주는 부모는 20~30년 뒤에 아이가 자라서 자신의 노후를 책임질 것을 미리 예상하지 않습니다. 아기에 대한 사랑에, 아기가 우는 가슴 아픈 장면에 공감하여—자신의 아기가 울고 있다면 더 그럴 테죠—직접 반응하는 것입니다. 자녀가 원하는 것을 해주려면 부모는 자신에게 필요한 것을 포기해야 합니다. 자녀가 잘 먹고 잘 입고 훌륭한 교육을 받는 모습을 보려고 부모는 휴일도 반납하고 새 차도 단념합니다. "언제나 너에게 가장 좋은 것을 해주고 싶었단다"라는 부모의 말은 대체로 진심입니다. 많은 나라에서, 사려 깊은 사람들은 자기가 죽은 뒤에 가족이 생활고를 겪지 않도록 생명보험에 가입합니다. 그런데 보험료를 내다 보면 지금 쓸 수 있는 돈이 줄어듭니다. 이 사람들은 자신에 대해서는 '사려 깊지' 못한 셈입니다. 생명보험에 가입하는 것은 우리가 (적어도 가족이라는) 타인을 돌본다고 가정하지 않으면 설명할 수 없습니다.

부모 노릇을 제대로 하려면 자녀에게 무엇이 필요한지 알아야 하고 자녀에게 필요한 것을 주려는 마음을 품어야 합니다. 밖에서 밥을 배 터지게 먹고 집에 들어왔다고 해봅시다. 음식 생각만 해도 구역질이 올라옵니다. 하지만 아이가 배고프다고 보채면 장을 보고 밥상을 차리지 않겠습니까? 이것은 이기주의를 넘어서는 첫걸음입니다. 19세기 영국의 철학자 존 스튜어트 밀은 가족을 "동정심과 친절한 마음, 그리고 자기를 기꺼이 포기할 수 있는 마음을 길러주는 학교"로 묘사했습니다.[11] 밀의 전체 주장은 이렇게 단순하지 않지만, 가족에게서 동정심과 친절한 마음, 그리고 자기를 기꺼이 포기할 수 있는 마음의 중요성은 생물학에서 말하는 그대로입니다. 하지만 생물학자들은 어떤 행동이 '번식 적합성', 즉 자손을 남길 가능성을 낮추는 경우에만 이를 이타적 또는 비이기적 행동으로 분류합니다. 그러니 부모와 자식 사이에 일어나는 일이 이기주의를 넘어서는 단계임을 전혀 깨닫지 못하는 것입니다.

친족
돌보기
—

아래 명제는 쉽게 납득할 수 있습니다.

(가) 진화는 우리 유전자를 다음 세대에 전달하는 문제다.

(나) 우리 유전자를 전달하는 한 가지 방법은 자녀를 낳아서 자녀가 생존하도록
최선을 다하는 것이다.

우리 유전자가 다음 세대에 살아남을 가능성을 높이는 행동이 또 있는지
는 확실치 않지만, 이런 경우를 생각해볼 수 있습니다.

(다) 유전자의 상당 부분을 공유하는 형제, 자매, 조카 등의 친족이 생존하도록 최
선을 다함으로써 다음 세대에 존재하는 우리 유전자 수를 늘릴 수 있다.

사람들이 (다)를 깨닫지 못하는 한 가지 이유는 우리의 친족이 자기 유전
자를 전달할 때 살아남는 유전자가 우리를 닮은 유전자이지 '우리' 유전자가

아니기 때문입니다. 하지만 자신의 정자나 난자를 통해 전달되는 유전자도 우리 자신의 유전자와 유사한 유전자 집합 중 하나에 불과합니다. 유전자는 명령을 새긴 석판이라기보다는 소프트웨어 프로그램 같은 명령어에 가깝습니다. 이렇게 생각하면 유전자가 내 몸을 통과하든 (비슷한 유전자를 가진) 다른 사람의 몸을 통과하든 내 유전자의 생존에는 별 차이가 없음을 알 수 있습니다.

물론 유전자를 전달하는 것은 소프트웨어를 컴퓨터에 복사하는 것과 다릅니다. 컴퓨터는 정확히 똑같은 사본을 만들어내지만 유성생식은 두 유전자를 섞어 새로운 유전자를 만들고 옛 유전자는 버립니다. 똑같은 사람이 하나도 없는 것은 이런 까닭입니다. 1964년에 세상을 뜬 영국의 저명 생물학자 J. B. S. 홀데인은 이 개념을 멋지게 표현했습니다. 술잔을 기울이며 가벼운 대화를 나누던 중에 누군가 홀데인에게 물었습니다. 진화생물학자로서 형제를 위해 목숨을 던질 수 있느냐고 말이죠. 홀데인은 재빨리 암산을 하더니 형제나 자매 두 명 또는 조카 네 명 또는 사촌 여덟 명을 위해서라면 목숨을 던질 수 있다고 대답했습니다.

이 기발한 계산의 근거는 우리와 친족의 촌수, 더 구체적으로 말하자면 우리가 친족과 유전자를 몇 퍼센트 공유하는가입니다. 형제들은 평균적으로 제 유전자의 50퍼센트를 가지고 있습니다. 저와 마찬가지로 아버지의 유전자가 반, 어머니의 유전자가 반 들어 있으니까요. (이것은 평균적 수치입니다. 유전은 제비뽑기와 같아서 형제의 유전자가 전부 같을 수도 있고 전부 다를 수도 있습니다. 하지만 매우 많은 유전자가 서로 연관되어 있기에 그렇게 극단적인 경우가 생길 가능성은 희박합니다.) 이런 식으로 조카

와는 25퍼센트를, 사촌과는 12.5퍼센트를 공유합니다. 홀데인의 재치 있는 대답은 이 비율을 근거로 한 것입니다. 제 목숨을 버리고 사촌 여덟 명의 목숨을 구하면 자신의 유전자가 조금도 유실되지 않는 셈이니까요. 따라서 친족의 목숨을 구하면 (유전적으로 얼마나 가까운가에 따라) 나를 닮은 유전자의 생존 가능성을 높일 수 있습니다.

여기에서 우리는 자기 자식에 국한하지 않고 이타주의를 확장할 유전적 근거를 찾을 수 있습니다. 적자생존의 진화 투쟁에서 자신과 가까운 친족의 목숨을 구할 가능성을 높이는 유전자(또는 유전자 집단)가 있고 그렇게 할 기회가 있다면 나의 유전자형(내 몸에 들어 있는 전체 유전자 집합)은 그런 유전자가 없을 때보다 생존에 더 '적합'합니다. 따라서 친족을 돕는 유전적 성향은 후손에게 퍼질 수 있습니다. 물론 (홀데인도 알고 있었겠지만) 우리는 자기 유전자를 퍼뜨리는 데 연연하지 않습니다. 우리가 홀데인의 계산에 박장대소할 수 있는 건 이런 까닭입니다. 하지만 우리가 가까운 친족을 보호하고 도우려 한다는 것은 엄연한 사실입니다. 우리가 하는 행동의 생물학적 의미를 의식하고 이에 따라 행동하지 않는다고 해서 행동의 이유를 생물학적으로 설명할 수 없는 것은 아닙니다. 상대방에게 성욕을 느끼는 것은 사랑을 느끼거나 성적으로 끌리기 때문이지 상대방과 자녀를 낳고 싶어서가 아니듯, 친족을 돕는 것은 그들을 사랑하고 염려하기 때문이지 자기 유전자를 퍼뜨리고 싶어서가 아닐 것입니다. 하지만 두 경우 다 우리의 행동을 유발한 감정이 퍼진 이유는, 이렇게 행동하도록 이끄는 유전자가 그러지 않는 유전자보다 다음 세대에 사본을 남길 가능성이 크기 때문입니다.

인간의 윤리 체계는 친족의 생물학을 기막히게 모방합니다. 헨리 시지윅의 《윤리학의 방법》에서는 빅토리아시대 영국에서 선행의 의무를 대체로 어떻게 받아들였는지 알 수 있습니다. 시지윅이 말합니다.

> 우리가 선행을 베풀어야 하는 의무는 우선 부모, 배우자, 자녀에게, 다음으로 나머지 친척에게, 또한 자신을 도와준 사람에게, 친분이 있어 친구라 불리는 사람에게, 이웃과 동포에게 적용된다.

선행의 의무가 친족에게 가장 우선적으로 적용되는 것은 시지윅의 시대만 그런 것이 아닙니다. 웨스터마크는 《도덕 개념의 기원과 발전》에서 모든 사회(또는 사실상 모든 사회)에서 받아들이는 의무를 설명했는데 시지윅의 선행 의무 목록과 거의 흡사합니다. 웨스터마크는 부모에 대한 의무를 자식과 아내에 대한 의무와 나란히 놓고 형제자매를 도울 의무를 그다음에 놓습니다. 더 먼 친척을 도울 의무도 (사회에 따라 다르긴 하지만) 강조됩니다. 현대 인류학계는 윤리적, 사회적, 정치적 삶에서 친족 여부가 절대적으로 중요하다는 데 동의합니다. 저명 인류학자 마셜 살린스는 사회를 바라보는 사회생물학적 관점에 동의하지 않는데도 이렇게 말했습니다. "친족성은 인류학자들이 연구한 여러 민족의 지배적 구조로, 가정생활뿐 아니라 일반적인 경제적, 정치적, 제의적 행위에서도 우세한 규칙이다."

형태는 저마다 다르지만, 가족은 우리 삶에서 떼려야 뗄 수 없는 일부입니다. 가족이 채워주는 친밀감은 다른 방법으로는 충족이 불가능한 욕구입니다. 가족과 친족은 생존을 위한 든든한 울타리가 되기도 합니다. 시애틀 워싱턴 대학의 인류학자 도널드 그레이슨은 19세기의 미국 서부 개척사의 가장 유명한 비극에서 살아남은 사람들을 연구했습니다. 바로 비운의 '도너 개척단' 사건입니다. 1847년에 조지 도너와 제이컵 도너는 유타 주와 네바다 주를 횡단하여 캘리포니아에 가려고 87명의 개척단을 이끌고 출발했습니다. 산악 지대를 통과하는 거의 알려지지 않은 루트였습니다. 그런데 준비하는 과정에서 사소한 문제로 출발이 늦어진 데다 시에라네바다 산맥 한가운데에서 10월의 폭설을 만나 옴짝달싹 못하는 신세가 되었습니다. 산속에서 겨울을 나는 동안 식량이 바닥나자 사람들은 짐을 끌던 소와 노새를 잡아먹었으며 애완동물에 이어 급기야 죽은 동료까지 먹었습니다. (이들 중 일부는 살해당한 것으로 추정됩니다.) 4월이 되어 눈이 녹고 구조대가 도착했을 때 생존자는 47명이었습니다. 그레이슨은 생존자들이 친척뻘이라는 사실을 발견했습니다. 여자들은 모두 친척이었는데 그중 70퍼센트가 살아남았습니다. 남자는 생존율이 43퍼센트에 불과했습니다. 남자 중에서 살아남은 사람은 개척단 안에 친척이 평균 4.6명 있던 반면에 죽은 사람의 친척은 2.1명 있었습니다. 친척이 하나도 없는 15명 중에서는 두 명만이 살아남았습니다. 이 같은 극단적 상황에서 친족에 속한 사람들은 식량과 물을 공유하고 약한 구성원을 돌보았습니다. 이들은 서로 위로하고 용기도 북돋워주었는데, 그레이슨은 이 사람들이 그 덕에 삶의 의지를 놓지 않았으리라 추측합니다.[12]

인간 사회는 낯선 사람에 대한 윤리적 의무보다 자녀에 대한 의무를 앞에 놓지만, 철학자와 사회 개혁가 중에 어떤 사람들은 가족을 우선시하는 것이 과연 윤리적으로 타당한지 의문을 던집니다. 이들은 가족이야말로 물려받은 특권을 특정인에게 전해주는 수단이자 온갖 보수적 사상의 보루라고 생각합니다. 가족은 평등 사회 건설의 걸림돌로 전락합니다. 플라톤은 일찍이 가족 제도를 비판했습니다. 《국가》에서는 공동체를 다스리는 수호자들이 제각각 가족을 이루지 말고 처자식을 공유하자고 제안했습니다. 이렇게 함으로써 수호자들은 "자신의 것에 대한 한 가지 신념으로 동일한 것을 목표로 삼"고 공공선을 위해 협력하리라는 것이었습니다.[13]

하지만 플라톤의 제안은 실현되지 못했습니다. 반면에 유대교에서는 '키부츠'라는 사회주의적 생활 공동체를 만들어 가족제도의 대안을 실행에 옮겼습니다. 초기에 키부츠 운동을 이끈 사람들은 배우자와 자녀에게 애착을 깊이 느끼면 키부츠에 충성을 바치는 데 방해가 될까 봐 아이들을 부모와 떨어진 숙소에서 집단으로 키웠습니다. 아이들은 자기들끼리 함께 먹고 놀았습니다. 부모가 자기 자녀에게 남달리 애정을 표시하거나 더 많은 시간을 보내는 것은 허락되지 않았습니다. 아이들에게는 '아빠'나 '엄마' 대신 부모 이름을 직접 부르도록 했습니다. 이러한 공동체적 생활 방식은 한동안 자발적 사회주의의 모델로 여겨졌으며 지금도 어느 정도는 그렇습니다. 하지만 가족 문제만 놓고 보자면 키부츠는 가족의 유대가 얼마나 질긴가를 재확인했을 뿐입니다. 키부츠는 자녀와 시간을 더 많이 보내게 해달라는 부모의 요구를 받아들일 수밖에 없었습니다. 현대 이스라엘의 키부츠에서는 아이들이 이따금 부모 숙소에서 먹고 자는 것이 허용되며 호칭도 '엄마', '아빠'로 돌아갔습니다.[14]

'억눌러도 되살아나는 가족'이라는 '테마'는 19세기 미국의 이상주의적 종교 공동체, 1917년 러시아혁명, 60~70년대 대안 운동에서 생겨난 히피 공동체와 '계획 공동체'(일정한 신념을 바탕으로 형성된 공동체_옮긴이) 등에서 여러 차례 되풀이되어 나타났습니다. 가족이 결코 사라지지 않는다고 해서 가족 제도가 윤리적으로 바람직하다고 단정할 수는 없지만 가족의 힘을 고려하지 않는 사회 개혁이 과연 현명한지 의문을 품기에는 충분합니다. 게다가 부모가 자기 자식을 편애하는 탓에 부와 교육 기회의 불평등이 근절되지 않는다는 문제가 있기는 하지만, 부모가 자식을 돌볼 의무는 윤리적으로 단단한 토대 위에 서 있습니다. 부모가 자식을 돌보지 않으면 누가 돌보겠습니까? 현대 국가에는 아이를 돌보는 직업이 있지만 돈 받고 돌보는 것과 부모가 사랑으로 돌보는 것은 엄연히 다릅니다. 더 나은 대안이 없다면 부모가 자녀의 행복을 책임지도록 하는 편이 훨씬 낫습니다.

따라서 부모의 양육 문제만 놓고 보자면 윤리학과 생물학이 일맥상통합니다. 하지만 여기에는 단서가 있습니다. 욕망이 다 그렇듯, 자녀가 잘되기를 바라는 부모의 바람이 지나치면 문제가 될 수 있습니다. 텍사스의 소도시에 사는 완다 홀러웨이는 열세 살 난 딸 섀나가 7학년 축구 치어리더 팀에 뽑히기를 바랐습니다. 하지만 앰버 히스라는 여자아이에게 패했습니다. 이듬해에 섀나와 앰버는 치어리더 자리를 놓고 다시 맞붙었습니다. 그러자 완다 홀러웨이는 기어코 딸을 치어리더로 만들겠다고 마음먹었습니다. 그래서 전과 기록이 있는 남자를 만나, 얼마를 주면 앰버 히스와 그 아이의 엄마를 죽여줄 수 있느냐고 물었습니다. 다행히 그 남자는 양심이 있는 사람이었습니다. 그는 경찰에 신고했고 아무도 살해되지 않았으며 완다 홀러웨이는 15년 형을 선고받았습니다. 살인 음모를 전해 들은 경찰은 인터뷰에서 흥미로운 논평을 내놓았습니다. 이토록 하찮은 동기에서 살인을 청부한 것은 형사 생활 17년만에 처음 보았다면서 이렇게 덧붙입니다. "10년 뒤에 돌아보면 아이가 치어리더가 되었든 안 되었든 무슨 차이가 있겠습니까? 로드 장학금이라면 모를까." 자기 딸이 로드 장학금을 받을 수 있다면 살인을 청부해도 괜찮다는 말일까요?[15]

부모 자식이 아니라 다른 친족 간의 의무는 어떨까요? 이를테면 자식이 부모에게 또는 형제간이나 사촌 간에는 어떤 의무를 질까요? 장성한 자녀가 부모를 모실 의무는 특별한 경우인 듯합니다. 이것은 진화론과 맞아떨어지지 않습니다. 성인 자녀의 부모는 자식을 더 낳을 시기가 지났을 테니 말입니다. 부모를 모시는 관습이 보편적이지 않은 것은 이 때문일 것입니다. 따로 살면 더 그렇습니다. 부모를 모시는 이유는 한편으로는 친족의 의무를 다하기 위해서이고 또 한편으로는 키워준 은혜에 감사하기 때문인 듯합니다. 6장에서 설명하겠지만, 부모에게 감사하는 마음을 심으려는 논리는 하도 듣다 보니 으레 그래야 하는 것으로 생각될 정도입니다. 이에 반해 형제와 먼 친척을 도울 의무는 부모가 자식을 돌볼 의무가 약한 형태로 나타난 것인 듯합니다. 이러한 의무는 부모 자식 관계와 비슷한 자연스러운 애착 관계에서 비롯하며, 폭넓은 사회적 관점에서 볼 때 힘든 시기를 이겨낼 수 있는 일종의 보험 역할을 합니다. 어려울 때는 비인간적 관료제보다 친족의 유대가 더 힘이 되니까요.

—

집단
돌보기

—

진화론에서 인기 있는 주장 중 하나는 진화가 종種의 유익에 필요한 특징을 선호한다는 것입니다. 이렇게 생각하면 모든 사람이 이기적이지는 않은 이유를 간단하게 설명할 수 있기 때문에, 독자들은 이렇게 간단한 걸 제가 왜 그렇게 힘들여 설명했는지 의아할 것입니다. 이 설명이 왜 틀렸는지 아는 것은 매우 중요합니다.

도덕의 진화와 관련하여 이 설명의 오류는 도덕성 자체와는 무관합니다. 어떤 것이 종의 유익을 위해 진화했다고 설명하려는 시도는 오류가 있을 수밖에 없습니다. 예를 들어보겠습니다. 《은하수를 여행하는 히치하이커를 위한 안내서》를 쓴 더글러스 애덤스는 멸종 위기 동물을 주제로 한 BBC 시리즈를 촬영하기 위해 동물학자 마크 카워딘과 함께 뉴질랜드로 날아갔습니다. 땅에 사는 희귀종 앵무새 '카카포'를 찾기 위해서였습니다. 카카포는 그동안 천적이 없었지만, 어민족제비와 고양이 같은 외래종이 활개 치는 바람에 본토에서는 멸종한 듯합니다. 뉴질랜드 자연보호국은 작은 섬 두 곳에 서식지를 만들었으며 그곳에서 카카포가 번식하기를 기대했습니다. 하지만 자연보호국의 돈 머튼은 애덤스와 카워딘에게 이렇게 말했습니다.

이 녀석들을 번식시키는 건 여간 힘들지 않아요. 번식 속도가 무척 느렸던 이유는 개체 수를 조절하는 천적이 없었기 때문이에요. 동물의 개체 수가 너무 급격하게 증가하면 서식지가 감당할 수 있는 한계를 넘어서기 때문에 다시 급격하게 줄어들고, 다시 늘었다가 줄어들기를 반복하죠. 개체 수가 크게 요동치면 재난에 버금가는 상황이 벌어지지 않더라도 멸종 위기에 처할 수 있어요. 그러니까 카카포의 독특한 짝짓기 습성은 다른 행동들처럼 생존을 위한 메커니즘이었던 거예요.[16]

머튼은 카카포의 낮은 번식률에 대해 '이타주의적' 설명을 제시했습니다. 물론 카카포 한 마리 한 마리가 종의 유익을 위해 일부러 그런다고 생각하지는 않았을 테지만, 천적이 없을 때는 느리게 번식하는 것이 종 전체에 유익하게 작용했다는 논리로 느린 번식 속도를 설명하려 한 것은 분명합니다. 언뜻 그럴듯하게 들리지만, 느린 번식 속도라는 형질이 개체군에서 어떻게 살아남는지 생각해보면 이것이 말이 안 된다는 것을 금방 알 수 있습니다. 매우 느리게 번식하는 카카포 개체군에서 돌연변이가 일어나 조금 빨리 번식하는 카카포가 태어났고 이 형질이 후손에게 유전된다고 가정해봅시다. 이 카카포의 후손은 전체 개체군에서 비율이 커질까요, 작아질까요? 빠른 번식이 개별 카카포에게 손해가 되지 않는다면 이 녀석들은 틀림없이 개체 수가 많아질 것이고 느리게 번식하는 녀석들을 대체할 것입니다. 그러면 머튼 말마따나 개체 수가 서식지의 수용 능력을 초과하여 다시 급감합니다. 그다음에는 어떤 일이 벌어질까요? 느리게 번식하는 카카포만 살아남을까요? 어떤 경우에 그럴 수 있을까요? 그런 선택 메커니즘이 없다면 빠르게 번식하는 개체가 우세해지는 앞의 주기가 반복될 것입니다. 느린 번식이 진화하여 이 주기를 중단시킬 것이라고는 생각하기 힘듭니다. 느리게 번식하는 카카포는 빠르게 번식하는 녀석들보다 언제나 불리하니까요. 진화생물학자 J. 메이너드 스미스는 '진화적으로 안정된 전략'이라는 개념을 도입했는데, 이는 개체군의 대다수 구성원이 이 유전적 행동 방식을 채택하면 다른 유전적 행동 방식이 넘보지 못한다는 뜻입니다. 달리 말하자면, 진화의 압력은 진화적으로 안정된 전략을 따르지 않는 개체에게 벌을 줍니다. 머튼이 말하는 상황에서 느린 번식은 결코 진화적으로 안정된 전략이 아닙니다. 느리게 번식하는 녀석들은 빠르게 번식하는 녀석들로 대체될 테니까요. 장기적으로 보면 개체군은 성장과 쇠퇴를 거듭하다 결국 언젠가 멸종할 운명인지도 모릅니다. 하지만 일어나게 되어 있는 일은 일어나게 마련입니다. 어떤 진화 메커니즘도, 어떤 숨겨진 멸종 위기종 지킴이도 멸종을 막을 수는 없습니다.[17]

안타깝게도, 모든 인류의 유익을 위해 자신의 이익이나 친족의 이익을 희생하려는 유전적 성향을 타고난 사람은 많지 않은 듯합니다. 예외가 많다고는 하지만 "개인의 성질 및 우리 자신에 대한 봉사나 관계 따위와 무관한 인류애 자체와 같은 정념이 인간 정신에 전혀 없"다는 데이비드 흄의 말은 진실에 가까운 듯합니다.[18] 다시 말해서 대부분의 사람은 길거리에서 마주치는 낯선 사람들에게 선행을 베풀려는 마음을 품지 않습니다. 그 이유는 단위—모든 생물 종—가 너무 크기 때문인지도 모릅니다. 종의 등장과 소멸은 매우 느린 과정이기 때문에 종들 간의 선택은 진화에서 중요한 역할을 하지 못합니다. 이에 반해 종 안에서의 선택, 즉 소규모의 고립된 번식 집단 간의 선택은 훨씬 자주 일어납니다. 이들 소규모 집단은 서로 경쟁을 벌이며 생성–소멸 주기가 종보다 짧습니다. 개체나 유전자 수준에서 길항하는 —즉, 집단의 성향과 반대되는—선택압pressure of selection이 작용하지만, 효과가 크지 않습니다. 상황에 따라서는 진화 과정이 집단에 이로운 특징들을 선택할 수 있을지도 모릅니다.

주위를 둘러보면 집단에 대한 애정이나 헌신의 "정념이 인간 정신에" 있음을 쉽게 알 수 있습니다. 집단에 대한 애정을 (덜 파괴적인 형태로) 관찰하려면 축구 경기장에 가보십시오. 여느 나라와 마찬가지로 오스트레일리아 사람들도 축구를 무척 좋아합니다. 아이들은 대부분 응원하는 축구팀이 하나씩 있습니다. 저도 예외가 아니어서 나이를 먹고 (어쩌면) 더 똑똑해졌는데도 아직 이 집착에서 벗어나지 못했습니다. 제가 어릴 적부터 응원하던 호손 축구팀이 경기에서 이기든 지든 세상이 달라지지 않는다는 것은 잘 알고 있습니다. 심지어, 호손이 10년 동안 승승장구했으니 밑바닥에서 헤어나지 못한 팀들에게 져도 괜찮다고 생각합니다. 승리에 물린 호손 팬들의 실망보다 하위 팀 팬들의 기쁨이 더 클 테니까요. 하지만 호손을 응원하는 군중 속에서 결승전을 관전하다 보면 이런 너그러운 마음은 싹 사라집니다.

시드니 멜런은 《사랑의 진화》에서 우리가 특정한 방식으로 뭉칠 때 경험하는 연대와 집단애愛의 특별한 감정을 언급하며 크리스마스 캐럴을 예로 듭니다. 이것에 대해서는 저도 잘 압니다. 저는 철저한 비종교인이고 기독교 가정에서 자라지도 않았지만, 애들 학교에서 '성탄 축하의 밤'이 열려(오스트레일리아에서는 주립 학교에서도 성탄 축하의 밤이 열립니다) 다른 학부모들과 한목소리로 노래하다 보면 강렬한 정서적 반응을 느낍니다. 그럴 때면 공동체의 일원이 되는 것이 얼마나 중요한지 체감합니다. 교가를 부르거나 심지어 국가를 부를 때도 같은 효과를 거둘 수 있습니다. 멜런은 감정을 집단과 공유하면 감정이 강화되고 증폭되는 것으로 볼 때, 이 경험이 인간 본성의 유전적 요소를 촉발한다고 생각합니다. 이 요소는 사회적 영장류로서 진화하는 과정에서 발전했을 테죠.[19]

부모의 사랑도 극단으로 치달으면 (드문 경우이기는 하지만) 위험할 수 있는데, 집단에 대한 충성심은 훨씬 치명적이고 광범위한 피해를 입힐 수 있습니다. 고삐 풀린 애국심과 민족주의는 인류 역사상 최악의 범죄들을 낳았습니다. 히틀러 같은 독재자들은 이러한 심리적 허점을 교묘하게 악용하여 외부인에 대한 증오를 부추김으로써 개인을 집단에 단단히 붙들어 맸습니다. '이런 수법이 정말 효과가 있겠어?'라고 생각하신다면 1934년에 뉘른베르크에서 열린 나치당 전당대회를 찍은 레니 리펜슈탈의 기록 영화를 보시기 바랍니다. 이 전당대회가 제2차 세계대전의 유혈참극을 일으켰고 유럽 대부분을 파괴했으며 아우슈비츠의 비극을 낳은 시초임을 알면서도 강력한 상징물, 화려한 광경, 자극적인 음악, 열정적으로 행진하는 나치당원들에게서 나타나는 일체감과 목적의식에 빠져들지 않을 수 없을 것입니다. 히틀러가 주무르는 감정이 어찌나 강력한지 우리가 보고 있는 것의 실체를 잠시나마 잊어버릴 지경입니다. 우리와 달리 과거에서 교훈을 얻지 못한 채 직접 이 장면을 목격한 사람들이 '독일 민족'을 위해 자신의 목숨을 기꺼이 버리고 수많은 타인의 목숨을 앗아간 것은 놀랄 일이 아닙니다.

민족과 집단에 대한 충성심이 유전과 얼마나 연관되는가는 그저 추측만 할 수 있을 뿐입니다. 민족이 같더라도 문화적 조건이 다르면 민족주의 성향이 전혀 달라지듯이—하나의 민족이 30개로 갈라진 유럽 나라들을 비교해보십시오—문화적 압력은 이러한 감정이 표출되는 데에, 또한 이러한 감정을 느끼는 정도에 큰 영향을 미칩니다. 대다수 진화생물학자들은 서로 관계를 맺고 있지 않은 개체로 이루어진 대규모 집단 간의 경쟁이 유전적 진화에서 중요한 역할을 하리라고 생각하지 않습니다. 하지만 문화적 진화에서라면 다릅니다. 진화 개념을 확장하여 '문화적 진화'까지 포괄한다는 것은 특정한 신체 기관의 진화와 이를 일으킨 유전자뿐 아니라 문화적 변이, 즉 생활양식의 진화까지 고려한다는 뜻입니다. 사회마다 생활양식이 다르듯 하나의 진화 과정에서 어떤 생활양식은 살아남아 퍼지고 어떤 생활양식은 사라질 것입니다.

문화적 진화는 유전적 진화와 중요한 차이점이 두 가지 있습니다. 첫째, 문화적 변화는 집단 안에서 매우 빨리 퍼집니다. 따라서 문화적 변화는 한 세대가 지나기 전에 집단 전체의 행동에 영향을 미칠 수 있으며 그 기간 안에 자신의 생존 가능성을 높일 수 있습니다. 이에 반해 유전적 변화가 집단에 퍼지려면 여러 세대를 거쳐야 하며, 집단 전체의 행동에 영향을 미칠 수 있게 되기도 전에 개체와 함께 소멸될 가능성이 있습니다. 이 개체는 집단의 다른 구성원보다 경쟁에서 불리할 테니까요.

둘째, 유전적 변화는 무작위적이고 (따라서) 무차별적인 반면에 문화적 변화는 (언제나 그런 것은 아니지만) 의식적이고 지향적입니다. 따라서 집단에 헌신하는 개인의 불이익을 완화하거나 심지어 뒤집을 수 있습니다. 나라를 위해 참전하는 병사는 죽음을 무릅써야 하지만—이것은 어떤 관점에서 보아도 심각한 불이익입니다—전사를 우대하는 문화에서는 위험을 무릅쓰고 살아남은 병사가 영웅 대접을 받고 특별한 혜택을 누립니다. 집단을 위해 죽음을 불사하기를 거부하는 사람은 겁쟁이로 손가락질받습니다. 제1차 세계대전 당시, 영국군이 여전히 자원입대에 의존하고 있을 때 여자들은 런던 길거리에 서 있다가 군대 갈 나이가 되었는데도 군복을 안 입은 남자를 만나면 (겁쟁이를 뜻하는) 흰 깃털을 건네주었습니다. 따라서 자원입대는 번식에 뚜렷한 이점이 있었습니다. 더 확실한 보상도 있었습니다. 샤이엔족이나 아라파호족 같은 대평원 인디언이 전쟁을 벌일 때면 일부 전사들은 싸우다 죽겠다고 엄숙하게 맹세합니다. 이렇게 맹세한 전사는 여자들과의 관계를 규제하는 (매우 엄격한) 규칙의 적용을 받지 않습니다. 이 자살특공대는 전투가 시작될 때까지 (여자만 동의한다면) 아무리 많은 여자와 자도 괜찮았습니다.[20] 이 짧은 시기에, 천수를 누렸을 때 못지않게 많은 자녀를 얻을 수 있었죠. 영국군과 인디언의 사례 모두, 영웅적인 전사의 유전자가 미래 세대에 전달되는 방향으로 관습이 형성되었습니다.

문화적 진화는 다른 방식으로 작용하기도 합니다. 앞에서 에드워드 O. 윌슨은 테레사 수녀의 헌신이 겉보기에는 이타적인 듯하지만 그녀가 독실한 신자로서 천국에서 상을 받으리라 기대했을 것이라고 지적했습니다. 남을 위로하고 돌보는 것 자체가 보상일 수 있다는 생각을 윌슨이 왜 하지 않았는지는 모르겠습니다. 테레사 수녀의 진심이 어떻든, 문화적 진화가 영혼에 대한 그리고 내세의 상과 벌에 대한 믿음을 선호하는 방향으로 진행된다면 이는 바로 이러한 믿음이 현세에서 이타주의를 증진하기 때문입니다. (그렇지 않다면 그토록 터무니없는 믿음이 이토록 널리 퍼졌을 리 만무하니까요.) 진화의 관점에서 보면 믿음이 퍼지는 것은 믿음이 참이냐 거짓이냐와 상관없습니다. 중요한 것은 믿음이 믿는 사람에게 도움이 되느냐 손해가 되느냐입니다. '믿는 사람'이라고 하면 대체로 개인을 일컫지만, 앞에서 보았듯 문화적 진화에서는 집단이 중요한 단위가 됩니다. 일반적으로, 잘못된 것을 믿으면 불이익을 당합니다. 절벽에서 뛰어내려도 살 수 있다거나 맨손으로 사자를 죽일 수 있다고 믿는 사람은 후손을 거의 남기지 못하고 사회에도 그다지 이바지하지 못할 것입니다. 하지만 집단 구성원 대부분이 집단의 생존을 위해 싸우다 죽으면 영원한 행복의 나라에 갈 수 있다고 믿을 경우 그 집단은 병사들에게 그만한 자기희생의 동기를 주지 못하는 집단과 싸웠을 때 이길 가능성이 큽니다. 역설적으로 들리겠지만, 이 잘못된 믿음을 간직한 병사는 그렇게 믿지 않는 사회의 병사들보다 전쟁에서 죽을 확률이 더 낮을지도 모릅니다. 죽음을 두려워하지 않는 병사로 구성된 군대는 승리할 가능성이 크고, 승리한 군대는 패한 군대보다 전사자 수가 적을 것이기 때문입니다.[21]

제가 전쟁에서 죽음을 각오하는 것과 같은 영웅적 희생에 초점을 맞춘 것은 이것이 집단에 대한 헌신을 극적으로 보여주는 사례이기 때문입니다. 쓰레기를 길바닥에 버리지 않는 것부터 아이 학교에 가서 봉사하는 것에 이르기까지 하루하루의 윤리적 삶은 공동체에 대한 작은, 그러나 무수한 희생으로 이루어져 있습니다. 그 보상은 눈에 보이지 않습니다. 그것은 이상을 함께 추구하는 동지애일 수도 있고 단지 사회에서 비난을 사지 않는 것일 수도 있습니다. 이타적 행동을 장려하는 보상이 무엇이든 이는 타인에 대한 관심으로 나타납니다. 다음 장에서는 일본에서 이러한 무형의 보상이 어떻게 집단에 대한 충성심을 강화하고 각 개인에게서 (서구에서 생각하는 것보다 훨씬 큰) 헌신을 이끌어냈는지 살펴볼 것입니다. 이 점에서 일본은 국제적 경제 경쟁에 알맞은 문화로 진화한 듯합니다.

무형의 보상이 있다고 해서 개인의 이타주의적 동기를 부정해서는 안 됩니다. 이 장 첫머리에서 살펴본 리처드 알렉산더는 사회적 승인에 '간접적 호혜주의indirect reciprocity'라는 이름표를 붙인 뒤에 이를 헌혈자가 이타적이라는 주장을 반박하는 근거로 내세웁니다. 헌혈자는 공동체에 이바지해야 한다는 의무감을 느낄 수도 있고 자신의 행위에 대한 사회적 승인을 인식할 수도 있으므로 헌혈은 간접적 혜택을 받기 위한 행위라는 것입니다. 알렉산더는 헌혈자가 정말로 이타적이라면 헌혈을 비밀에 부쳐야 한다고 말할 것입니다. 그렇다면 나치에게 박해받는 유대인 희생자를 남몰래 도운, 따라서 사회적 승인을 전혀 기대할 수 없었던 독일 사람들에 대해서는 뭐라고 말할지 궁금했습니다(이러한 영웅적 행위에 대해서는 8장에서 자세히 설명합니다). 하지만 궁금증은 금세 풀렸습니다. 은밀한 행위일지라도 "개인 기부자가 자신이 이타적임을 스스로에게 확신시킴으로써 남에게 그러한 인상을 줄 수 있기 때문에 더 검토해야 한"다는 동료 연구자의 주장을 알렉산더가 받아들이고 있으니 말입니다.[22]

이것은 낡은 수법입니다. 17세기 《리바이어던》을 쓴 토머스 홉스는 인간 본성을 냉소적으로 바라보아 당대 사람들에게 악명이 자자했습니다. 홉스는 진화론을 몰랐지만 알렉산더와 마찬가지로 모든 행동의 바탕에 이기심이 있다라고 주장했습니다. 어느 날 홉스가 거지에게 돈을 주는 장면을 목격한 친구가 방금 한 적선 행위가 인간 행동의 동기에 대한 홉스 자신의 이론을 반박하는 것 아니냐고 물었습니다. 그러자 홉스는 자신이 거지에게 돈을 준 것은 거지를 돕기 위해서가 아니라 거지가 돈을 받고 기뻐하는 모습을 보면 자신이 즐거워지기 때문이라고 대답했습니다. 이타적 행동에 대한 알렉산더의 견해와 마찬가지로 이 대답은 흥미롭고 새로운 사상을 반박 불가능한, 따라서 전혀 흥미롭지 않은 도그마로 전락시켰습니다. 인간 행동에 대한 홉스와 알렉산더의 견해는 결과적으로 모든 이타주의—일반적인 의미에서의 이타주의, 또한 모두가 장려하고 싶어 하는 그 이타주의—와 완전히 부합합니다. 하지만 사람들이 어떤 동기에서 윤리적 행동을 하는지 이해하고자 한다면 이타적 행동의 '진정한 의미'는 따질 필요가 없습니다. 헌혈자가 공동체에 대한 의무감을 느꼈거나 사회적 승인을 기대했더라도 그의 행동이 윤리적이지 않고, 심지어 이타적이지 않다고 말할 수는 없습니다. 윤리적이고 이타적으로 행동한다는 것은—여기서 '이타적 행위'는 도덕적으로 의미 있는 이타적 행위를 뜻합니다—무엇보다 공동체에 대한 의무감이나 자신이 존중하는 사람들에게 인정받으려는 욕망을 느꼈다는 것입니다. 윤리적으로 행동한 사람이 그 덕에 이익을 얻었다는 이유만으로 그것이 윤리적 행동임을 부정하는 것은, 그 사람이 개인적 이익을 얻으려 하지 않았다면 어리석은 판단이 될 것이고, 이익을 인식조차 하지 않았다면 더더욱 어리석은 판단이될 것입니다. 어떤 행동에 대해 생물학적으로 가능한 설명이 있다고 해서 의식적 동기의 실재성을 부정해야 한다는 것이 알렉산더의 '진짜' 생각이라면 이렇게 묻지 않을 수 없습니다. 사랑을 나누기 전에, 성욕의 '진정한 의미'는 성욕을 일으키는 유전자가 그렇지 않은 유전자보다 후대에 살아남을 가능성이 크다, 라고 상대방에게 설명하느냐고 말입니다. 어떤 행동을 생물학적으로 설명할 수 있다는 것과 우리가 마음속으로 전혀 다른 동기를 품는다는 것은 전혀 모순되지 않습니다. 의식적 동기와 생물학적 설명은 다른 차원에서 작용하기 때문입니다.

인간은 이기적 행동을 곧잘 하지만, 생물학적으로 그래야만 하는 것은 아닙니다. 오히려 생물학적 본성은 자녀를, 친족을, 어떤 경우에는 대규모 집단을 돌보도록 우리를 이끕니다. 차차 살펴보겠지만 이것은 시작에 불과합니다.

일본인이
사는 법

06

4장에서는 서구 사회, 특히 미국 사회에서 좋은 삶에 대한 지배적 사고방식이 어떻게 발전했는지 살펴보았습니다. 현대의 소비주의 윤리는 부의 축적이 의무라고 말하는 과거의 프로테스탄트 윤리와 전혀 다르지만 여전히 윤리의 초점을 자신에게, 또는 기껏해야 가족에게 놓습니다. 자기 이익은 여전히 남과 다투어야 얻을 수 있는 것으로 간주되며 삶의 목표는 지극히 이기적입니다. 그러니 이렇게 물어야 합니다. 다르게 살 수는 없을까요? 덜 개인주의적이고 덜 경쟁하는 방향으로 대전환을 이룰 수는 없을까요? 고대 그리스 사람들은 자기 이익을 우리와 다른 관점에서 바라보았습니다. 중세 유럽 사람들도 마찬가지입니다. 오스트레일리아 원주민이나 칼라하리 사막의 쿵족 같은 유목민들도 좋은 삶의 개념이 전혀 다릅니다. 소유물을 전부 가지고 이동해야 하기 때문에 지나친 물질적 부는 오히려 거추장스럽습니다. 하지만 현대의 애덤 스미스 옹호자들은 이렇게 말할 것입니다. 옛사람들이나 오지에 사는 부족들이 어떤 사고방식을 가졌든 '개인이 적극적이고 경쟁적으로 자신의 이익을 추구하지 않는다면 현대 자본주의 사회가 발전할 수 없다'라는 주장과는 무관하다고 말입니다.

이 점에서 일본은 흥미로운 사례입니다. 제2차 세계대전 이후에 일본 경제가 눈부시게 성장한 것은 엄연한 사실이니까요. 인구가 밀집한 작은 섬나라가, 미국과 유럽처럼 규모가 크고 자원이 풍부한 나라도 두려워하는 라이벌이 되었습니다. 이 장에서는 일본을 궁극적 선택에 대한 서구적 사유의 대안으로 삼을 수 있는지 살펴볼 것입니다. 우리에게는 남은 대안이 별로 없습니다. 러시아와 동유럽의 국가사회주의는 미국식 자본주의보다 나은 사회를 보여주지 못했습니다. 적군赤軍과 KGB의 억압이 한풀 꺾인 뒤에는 국가사회주의를 하겠다는 나라가 거의 없습니다. 요즘 들어 서유럽 자본주의 경제도 미국식 모델과의 경계가 매우 흐릿해졌습니다. 사회민주주의의 역사가 깊은 스웨덴 같은 나라도 예외가 아닙니다. 일본은 현 상황에서 대안적 경제 모델로 성공할 가능성이 있는 유력한 후보입니다.

하지만 일본은 과연 다를까요? 일본을 방문한 서구인은 일제 자동차, 카메라, 전자 제품 등 낯익은 풍경을 만나지만 한편으로는 상황이 어떻게 돌아가는지 도무지 알 수 없는 불편한 느낌을 받습니다. 사회적 행동과 개인적 관계에 대한 기대, 미적 양식, 음악, 연극 등 모든 것이 전혀 다릅니다. 적어도 서구의 것들과 얼마나 닮았는지 확신할 수 없습니다. 낯선 곳에 있다는 느낌은 오스트레일리아 사람이 프랑스에 가거나 독일 사람이 미국을 여행할 때보다 훨씬 큽니다. 서양 사람은 일본어를 아무리 유창하게 구사하더라도 실용 회화 수준을 넘어서면 대화에 어려움을 느낍니다. 두 언어에 담긴 개념 집합이 다르기 때문입니다. 비즈니스 업계에서도 일본은 남다릅니다. 일본 경제의 성공 비결을 파헤치는 책이 무수히 쏟아졌습니다. 이를테면 일본 사람이 서양 사람보다 고용주에게 훨씬 충성하고 훨씬 오래 일하고 회사를 위해 자신과 가족의 삶을 기꺼이 희생한다는 것은 상식이 되었습니다. 이런 차이는 겉모습에 불과할까요? 인간 본성은 근본적으로 비슷할까요? 아니면 자기 이익을 바라보는 관점과 삶에서 추구하는 희망이 실제로 서양과 다른 걸까요?

이 장에서는 일본 사회가 개인의 이익과 집단의 이익을 바라보는 독특한 관점을 위주로 일본 문화를 들여다볼 것입니다. 이 책의 묘사가 일본 사회의 모든 측면을 담아낸다고 주장하거나, 현상을 달리 해석할 여지가 있음을 부정하려는 것은 아닙니다. 이 책의 주제는 서구 문화나 일본 문화가 아니라 자기 이익 개념과 윤리 사상의 관계이니까요. 따라서 일본 사람들이 자기 이익을 바라보는 유일한 관점이 아니라 여러 관점 가운데 하나를 포착하는 것만으로도 이 책의 목적에는 부합할 것입니다.[1]

—

기업도 윤리 공동체가
될 수 있을까?

—

일본의 샐러리맨, 즉 화이트칼라 노동자는 유럽이나 미국과 마찬가지로 오전 8시 30분이나 9시까지 출근하지만, 근무 시간이 훨씬 길어서 밤 10시에 퇴근하는 경우가 많습니다.[2] 1985년 일본 노동성 조사에 따르면 일본 직장인들은 보장된 휴가 일수의 절반만을 사용하며 대부분 주말에도 일하는 것으로 드러났습니다. 한 달에 네 번 있는 주말을 다 쉬면 꽤씸죄에 걸립니다.[3] 그렇다면 일본이 승승장구하는 이유는 단순히 프로테스탄티즘 노동 윤리를 뉴잉글랜드 청교도의 후손(미국인)보다 더 극단적으로 밀어붙였기 때문이라고 생각할 수도 있을 겁니다. 하지만 두 사회의 간극은 이보다 훨씬 더 깊습니다.

역사적으로 보자면, 일본 사회와 서구 사회의 가장 두드러진 차이는 서구의 봉건시대가 먼 과거 일인 반면 일본의 봉건시대는 비교적 최근 일이라는 것입니다. 중세 유럽에서 봉건제의 전성기는 11세기부터 14세기까지였습니다. 봉건제에서는 영주와 농노가 긴밀하게 얽혀 있었습니다. 농노는 자유인이 아니었습니다. 농노는 토지에 구속되었고 토지는 영주의 소유였습니다. 농노는 영주의 토지를 경작할 권리가 있었으나 소출의 일부를 영주에게 바쳐야 했습니다. 난리가 터지면 농노 가족은 영주의 성을 피난처로 삼을 수 있었지만 농노 자신은 영주의 군대에 들어가 싸워야 했습니다. 봉건제에서는 사람마다 신분이 있었으며 그에 맞는 의무와 책임과 권한이 있었습니다. 공동체에 대한 소속감이 강한 반면 현대적 의미의 자유와 자율은 존재하지 않았습니다. 가장 중요한 덕목은 충성이었습니다. 농노와 기사는 영주에게, 영주는 봉건 영주의 우두머리인 왕에게 충성을 바쳐야 했습니다. 이런 사회에서 탄생한 성격적 특성과 이상理想이 자유기업 체제와 전혀 다를 것은 분명합니다. 하지만 14세기 말이 되자 서유럽 전역에서 농노제가 사라지고 자유 소작인과 토지 없는 노동자의 체제가 그 자리를 차지했습니다. 서구의 봉건제는 이후 500년에 걸쳐 끊임없는 정치적, 경제적, 종교적 변화를 겪으며 흔적마저 희미해졌습니다. 개인의 자유와 권리는 17, 18세기에 화려하게 등장하여 서구 정치 체제의 바탕이 되었습니다. 정치적 자유뿐 아니라 경제적 자유도 마찬가지입니다. 자유롭게 이동할 수 없는 세상은 상상도 못할 일이 되었으며, 사람들은 높은 임금이나 나은 고용 조건을 좇아 직장을 예사로 바꿉니다.

일본의 봉건제는 13세기에 발전하여 쭉 이어지다가 (초대받지 않은) 페리 제독이 에도 만에 상륙한 1853년에야 변화를 겪습니다. 철갑 전함을 이끌고 나타난 페리 제독은 쇼군(봉건 영주의 우두머리)을 협박하여 개항과 교역을 강요했습니다. 굴욕을 당한 쇼군이 1868년에 몰락하자 덴노가 복위했습니다. ('덴노'는 대개 '황제'로 번역하며 서양의 군주와 대제사장을 넘나드는 지위로, 어떤 면에서는 교황이나 달라이 라마와 비슷합니다.) 덴노는 폐

위되지는 않았지만 1,000년이 넘도록 실권을 쥐지 못한 처지였습니다. 쇼군 치하에서 교토의 황궁에 감금되었던 덴노는 죄수와 다를 바 없었으며 제의적 역할만 허용되었습니다. 1868년 메이지유신明治維新은 일본의 전통적 가치를 받들고 외국 세력을 배척하는 존왕양이尊王攘夷 운동으로 출발했으나 오히려 근대화의 시발점이 되었습니다. 새로 들어선 정부는 일본이 중국의 전철을 밟지 않는 길은 근대화뿐임을 깨달았습니다(중국은 아편전쟁에서 서구 열강에 무릎을 꿇었습니다). 일단 방향이 정해지자 일본은 놀랄 만큼 단호하게 근대화를 밀어붙였습니다. 정부는 서양의 기술뿐 아니라 정부 형태, 사회제도, 복식服飾을 연구하고 도입하고자 모든 선진국에 사절을 보냈습니다. 일본이 어찌나 빠르고 성공적으로 서양을 배웠는가 하면 40년 뒤에는 현대 무기로 전쟁을 벌여 서구 열강의 하나인 러시아를 패배시킬 정도였습니다.

변화 속도가 너무 빨라서 오늘날 일본 국민 중에는 조부모가 봉건시대에 어린 시절을 보낸 사람도 있습니다. 이 현상을 관찰한 한 영국인이 1908년에 이렇게 썼습니다.

근대 일본의 이행기를 살아온 사람은 자신이 비정상적으로 늙었다고 여긴다. 자전거와 세균, 세력 범위(제국주의 국가가 타국을 침탈한 영역_옮긴이) 등의 이야기로 가득한 현대를 살아가면서도 중세를 똑똑히 기억할 수 있으니 말이다.[4]

변화가 너무 빠르면 깊이가 없습니다. 접가지는 접나무에 접붙지 않으면 제대로 자라지 못합니다. 지난 125년 동안 일본에서 일어난 극적인 변화를 부정할 수는 없지만 봉건적 사고방식과 전통이 여전히 남아 있음을 부정해서도 안 됩니다.

충성은 어떤 형태의 봉건제에서든 가장 중요하게 여기는 덕목입니다. 일본의 무사 계급 사무라이는 '주군에 대한 헌신'이라는 이상을 극단적으로 추구했습니다. 일본에서 가장 유명한 이야기인 '47인의 낭인'은 이러한 이상이 실제 어떤 모습으로 나타나는지 잘 보여줍니다. 47인의 낭인은 아사노 영주를 섬기는 사무라이였습니다. 아사노는 또 다른 영주 기라에게 모욕을 당하자 격분하여 기라를 칼로 찔러 가벼운 상처를 입힙니다. 그러자 쇼군이 아사노에게 할복을 명하고 아사노는 명에 따라 자진합니다. 아사노의 낭인(주인을 잃은 무사라는 뜻)들은 기라도 잘못이 있는데 주군만 처벌을 받은 것에 분통을 터뜨립니다. 이들은 기라를 죽여 주군의 원수를 갚기로 결심하고는 기라의 의심을 풀려고 1년 동안 뿔뿔이 흩어져 술독에 빠져 지내며 불충한 가신이라는 모욕을 달게 받습니다. 비밀리에 다시 뭉친 낭인들은 기라의 성을 습격하여 그의 목을 벤 뒤 머리를 아사노의 무덤에 바칩니다. 이들이 치러야 할 대가는 예견된 것이었습니다. 쇼군의 명에 따라 전원 할복하는 것으로 이야기는 끝납니다. 이 이야기는 1703년부터 무수히 많은 형식으로 변주되었으며 낭인들의 고귀한 모범은 시대의 영광으로 칭송받았습니다. 지금도 일본 영화와 텔레비전에서 자주 방영하기 때문에 일본 사람들은 누구나 어릴 때부터 이 이야기에 친숙합니다. 47인의 낭인 이야기는 자신에게 어떤 결과가 미치든 집단에 무조건 충성하고 헌신해야 한다는 교훈으로 끊임없이 인용됩니다.

봉건 영주와 사무라이는 이제 없지만 그 시대의 산물인 집단적 사고는 아직 일본 사회에 남아 있습니다. 이것이 우연만은 아닙니다. (일본 최대의 은행을 비롯한) 많은 일본 기업의 창립에 관여한 인물 시부사와 에이이치는 봉건제가 철폐되기 전에 사무라이였습니다. 시부사와는 봉건적 철학을 기업 방침으로 탈바꿈시켰으며, 기업이 명예와 정의, 충성을 행동 수칙으로 삼아야 한다고 생각했습니다. 이것은 사무라이의 법도와 별반 다르지 않습니다.[5] 일본의 기업 현실을 주제로 한 글들은 기업에 대한 직원의 충성을 꼭 언급합니다. '우치內'는 봉건시대에 가장 먼저 충성을 바쳐야 하는 '가정'을 일컫는 말이었는데 이제는 '자신이 속한 조직'으로 의미가 넓어졌습니다. 일본에서는 '어느 회사에서 일한다'라는 말보다 '어느 회사 사람이다'라는 말을 더 즐겨 씁니다. 봉건시대에 폭넓은 혈연집단을 일컫던 '다이카조쿠大家族'도 마찬가지입니다. 가장 비슷한 개념으로는 '가문家門'을 들 수 있습니다. 일본 자본주의 초창기에 미쓰이 같은 재벌은 말 그대로 봉건적 '다이카조쿠'였습니다. 대가족의 가부장이 총수가 되었고 수천 명의 직원을 모두 가문의 일원에서 뽑았으니까요.[6] 일본의 우에다긴 은행(가명)을 인류학적으로 연구한 토머스 롤런이 말하듯, 기업을 '다이카조쿠'로 일컫은 것은 기업이 이상적인 일본 가족과 마찬가지로 "개인의 이익보다 가족 전체의 이익을 더 중요시하는 존재"임을 나타내기 위해서였습니다.

'회사가 가족'이라는 개념은 서양 사람들에게는 빈말처럼 들릴 것입니다. 매우 가부장적이고 독재적으로 여겨질 수도 있습니다. 하지만 일본 사람들은 이를 통해 공감과 인정人情이라는 일본의 전통적 가치를 회사에 부여했습니다. 이렇게 볼 때 직원과 회사의 이상적 관계는 따스하고 이해하고 협력하는 관계가 되어야 합니다. 선배 직원은 후배 직원의 업무 능력뿐 아니라 개인적 행복까지도 살피는 부모 같은 존재입니다. 젊은 직원은 선배를 존경하며, 시간이 지나면 자기도 후배를 책임져야 한다고 생각합니다. 우에다긴에서 신입 행원, 즉 새 가족을 맞아들이는 연례행사는 은행이 대가족이라는 말의 의미를 똑똑히 보여줍니다. 환영사에서는 입행入行이 젊은 신입 행원의 삶에서 전환점이 될 것이며, 지금까지는 부모가 그의 행복을 책임졌다면 이제부터는 회사가 그 책임을 맡을 것이라고 강조합니다. 신입 행원(모두 고등학교나 대학교를 졸업했습니다)의 부모도 환영식에 참석하며, 부모 대표가 단상에 올라 은행이 자녀를 받아준 것에 감사를 표하고 아직 미숙한 자녀를 잘 지도해달라고 부탁합니다. 이제 신입 행원 대표가 지금껏 키우고 돌봐준 부모의 은혜에 감사하고 은행이 자신들을 받아준 것과 앞으로 돌보고 훈련시켜줄 것에 감사를 표한 뒤에 선배 직원들에게 지도 편달을 부탁합니다. 신입 행원들은 은행에 충성을 맹세합니다. 대부분은 은퇴할 때까지 그곳에서 일할 것입니다.[7]

수많은 의식과 모임은 회사의 새 구성원에게 가족의식을 불어넣습니다. 일본 기업은 대개 조회로 하루 일과를 시작하는데, 이때 부서장이 직원에게 허리 숙여 인사하면 직원들도 답례 인사를 합니다. 짤막한 연설이나 훈화를 하기도 합니다. 회사나 (대기업의 경우) 사업부 전체가 모여 주간 조회를 여는 곳도 있습니다. 한 달에 한 번씩 일요일에 부서 야유회를 가고 1년에 두 번씩 가까운 휴양지로 단합 대회를 떠나기도 합니다. 단합 대회에서는 부서원 전체가 모여 먹고 마시고 노래하고 목욕하고 함께 잡니다(물론 목욕과 숙박은 남녀가 따로 합니다). 심지어 버스에 마이크 시설이 되어 있어서 이동 중에 노래방으로 활용하기도 합니다.

회사마다 직원들을 분발시키는 사가社歌를 공식 행사와 야유회 때 부릅니다. 우에다긴의 사가는 아래와 같습니다.

매가 구름을 꿰뚫으니
찬란한 새 여명이 밝는다.
단합의 소중한 꽃이
이곳에서 피어나나니,
우에다긴, 우에다긴,
우리의 자부심은 날로 커져간다.[8]

서양에서는 이런 노래를 부르라고 하면 비웃거나 따분해 할 것입니다. 물론 일본에도 그런 사람이 있기는 하지만, 대부분은 있는 힘껏 열정적으로 노래합니다. 일본을 연구한 또 다른 학자 마크 치머만은 건설 회사 직원 모임을 묘사했는데, 참석자들이 사가를 네 번 부르고 노래가 끝날 때마다 함성을 지르며 등을 두드렸으며 젊은 직원들의 눈이 자부심으로 반짝였다고 합니다. 치머만은 이것이 회사에 대한 "직원의 헌신을 생생하게 보여주"는 사례라고 말합니다.[9]

따라서 일본 사람들이 왜 서양 사람들보다 오래 일하고 휴일에도 쉬지 않는가에 대한 그럴듯한 설명은 일중독자가 되기 쉬운 유전적 성향 때문도 아니고 서양 사람들보다 출세욕이 강해서도 아닙니다. 서양 사람들보다 훨씬 강한 충성심으로 회사에 단단히 묶여 있기 때문입니다. 일본의 기업 윤리를 다룬《일본: 굶주린 손님》의 공저자 잭 수어드가 좋은 예를 들었습니다. 수어드가 일본에서 여러 해를 보내고 미국에 돌아온 뒤에 그의 집을 찾은 일본 사람이 우연히 텔레비전에서 맥주 광고를 보았습니다. 공장에서 5시에 업무 종료를 알리는 벨이 울리자 직원들이 공구를 내팽개치고는 차를 타고 맥주를 사러 간다는 내용이었습니다. 일본인 방문객이 깜짝 놀라 물었습니다. "미국 직장인들은 회사에 책임감을 느끼지 않습니까? 퇴근하고 싶어서 안달이 난 사람들 같습니다. …… 그렇게 서둘러 퇴근하는 것은 부끄러운 일입니다. 제가 그랬다가는 동료들이 절 냉담하게 대할 겁니다. 게다가 저는 저희 회사 사장님께 제 인생을 의탁했다고 생각합니다." 일본 방문객이 이해할 수 없었던 것은 미국 직장인들이 게으르다거나 맥주를 지나치게 좋아한다는 것이 아니라 회사와 동료들에게 의무감을 느끼지 않는다는 것이었습니다. 일본에서는 결코 이런 광고를 내보낼 수 없을 것입니다.[10]

일본 기업이 서양 기업보다 더 교묘하게 노동자를 착취하는 것일 뿐이라고 생각하는 사람이 있을지도 모르지만, 그건 잘못된 생각입니다. 봉건시대처럼 현대에도 노블레스 오블리주가 있습니다. 일본에서는 일단 입사하면 사실상 평생 고용이 보장됩니다. 히로시마에 있는 마쓰다 자동차 회사는 직원을 한 번도 해고하지 않았다고 합니다.[11] 직원을 좌천시키는 일도 드뭅니다. 맡은 책임을 감당할 능력이 없는 직원은 회사에 피해를 주지 않는 명예직으로 발령합니다. 이를테면 '연구원'으로요.[12] 최대한 직원 편을 들어주려는 태도는 '회사가 가족'이라는 이상과 일맥상통합니다.

직원이 입사할 때 서명하는 고용계약서에서도 이런 모습을 엿볼 수 있습니다. 일본의 고용계약서는 서양과 달리 직원의 권리와 의무, 급여, 고충 처리나 채용 통보나 해고 통보의 절차를 명시하지 않습니다. 이를테면 우에다 긴 은행의 경우 은행이 서명자를 일원으로 받아들이고 서명자가 조직의 규칙을 따르겠다고 맹세한다는 내용으로 되어 있습니다. 이것이면 충분합니다. 계약서는 서로를 신뢰하지 못할 때나 작성하는 것입니다. 진정으로 중요한 것은 회사의 온갖 의식과 전통에서 암묵적으로 드러납니다. 회사와 개인이 전체의 이익을 위해 협력한다는 상호 신뢰가 바로 그것입니다.

이러한 호혜 관계의 중요성을 보여주는 단어가 바로 '와 和'입니다. 대개 '화합'이나 '일치'로 번역하지만 정확히 그런 뜻은 아닙니다. 롤런은 '와'가 "의심할 여지없이 일본 기업의 사훈과 명칭에 가장 많이 쓰이는 단어"라고 말합니다. 그의 책 제목('화합과 힘을 위하여 For Harmony and Strength')도 우에다긴의 사훈 '와 도 치카라 和と力'에서 땄습니다. 롤런이 말하는 '와'는 "효율적이고 유쾌하고 목적의식이 있는 동료애에서 비롯한 협력, 신뢰, 공유, 온정, 기백, 근면"을 뜻합니다. 이것은 인간관계에서 기본적으로 추구해야 할 가치이자 사회를 발전시키는 수단으로 간주됩니다.[13] 대기업에서는, 회사 방침으로는 회사 전체의 화합을 강조하더라도 실제 소속감과 동료 의식이 발현되는 것은 소규모 업무 집단에서입니다. 직원들은 서로를 대할 때마다 같은 일을 하는 동료로서 서로를 존중하도록 교육받습니다. 퇴근 시간만 기다리는 미국식 근무 태도를 일본에서 상상할 수 없는 것은 이런 까닭입니다. 이를테면 우에다긴에서는 업무 시간이 8시 30분에 시작되며 '공식' 종료 시각은 5시이지만 실제로 끝나는 것은 6시 15분입니다. 하지만 업무가 끝났다고 해서 퇴근하는 것은 아닙니다. 종종 새로운 판촉 행사나 제안 사항, 문제점을 논의하는 회의가 열립니다. 7시 30분에 회의가 끝나면 음식과 맥주를 차립니다. 딱딱하던 분위기가 누그러지면 격의 없는 대화를 나누고 노래를 부르고 농담이나 음담패설을 주고받기도 합니다. 은행과 부서의 성공을 기원하

는 건배를 끝으로 회식이 끝나는 시각은 9시쯤입니다. 일부 직원은 가까운 술집에 가서 잔을 기울이며 속 깊은 대화를 나누기도 합니다. 롤런이 말합니다.

퇴근 시각이 되자마자 직원들이 쏜살같이 집으로 향하는 광경에 익숙한 미국 사람들은 밤늦도록 이어지는 회의와 회식이 굉장히 이상하게 보일 것이다. 우에다 긴에는 업무 종료 시각도, 출근부도, 휴식 시간이 되기 전에 일어나려는 직원도 없다. 야근은 늘 있는 일이다. 마지막 직원이 업무를 끝낼 때까지 사무실 직원 전체가 남는 경우도 있다.[14]

비교 연구에 따르면 일본 직장인에게 일은—화이트칼라에게든 블루칼라에게든—미국 직장인보다 삶에서 더 중요한 부분입니다. 놀랄 일은 아닙니다.[15] 일본의 노사 관계 연구자 말마따나 이것이 뜻하는 바는 "개인이 집단에 속하며 집단 내에서의 목표는 개인의 삶에 분명한 방향을 제시한다"라는 것입니다.[16] 이것은 사소한 문제가 아닙니다.

일본 사람들이 회사를 대하는 태도나 행동과 가장 가까운 예를 서양에서 찾는다면 팀 스포츠를 들 수 있습니다. 단가團歌, 동료 의식, 공통의 목표 추구, 따스한 소속감—이런 감정을 공유한 적이 있는 사람이라면 일본 사람들이 자기 회사에 느끼는 감정을 이해할 수 있을 것입니다. 비유를 확장하면 팀 '내' 화합의 이면은 상대 팀(또는 경쟁사)을 향한 강한 경쟁의식이라는 얘기가 됩니다. 일본 사람들이 회사나 집단 내 화합을 강조한다고 해서 일본 사회에 갈등과 경쟁이 없다고 생각해서는 안 됩니다. 노골적인 경쟁은 기업이나 기관 '사이'에서 벌어지지 그 '속'에서 벌어지지 않습니다.

일본 스포츠에서는 단결을 훨씬 중요하게 여깁니다. 몇 년 전에 《스포츠 일러스트레이티드》는 〈'와'가 필요해 You've Gotta Have "Wa"〉라는 제목의 기사에서 일본 팀에서 뛰는 미국 야구 선수들의 문제점을 파헤쳤습니다. 미국은 일본보다 대체로 야구 수준이 높지만 일본 야구팀이 미국 선수를 늘 반기는 것은 아닙니다. 팀의 '와'를 해치기 때문입니다. 《스포츠 일러스트레이티드》는 '와'를 "단합과 팀플레이를 중시하고 개인을 영웅으로 삼지 않는 일본 특유의 개념이자 메이저리그 출신 선수들이 일본에서 어려움을 겪는 이유"라고 설명합니다. 미국에서는 인기 선수가 되면 높은 연봉을 요구하며 다른 선수만큼 열심히 훈련하지 않아도 된다고 생각하는 경우가 있습니다. 하지만 일본에서는 모두가 똑같이 훈련을 받으며, 연봉을 남보다 더 달라고 요구하는 것은 자신의 이익을 팀의 이익보다 우선시하는 태도로 간주됩니다. 미국에서는 코치가 선수를 벤치로 불러들일 때 선수가 화난 제스처를 취하는 것이 용납되지만 일본에서 이런 행동은 용서받을 수 없는 규칙 위반에 가깝습니다. 요미우리 자이언츠 소속의 미국인 투수가 강판당한 뒤에 쓰레기통을 발로 차고 유니폼을 찢어버리자 자이언츠는 외국인 선수에게 적용되는 예절 규정을 발표했습니다. "유니폼을 잘 관리할 것"이라는 조항이 들어갔으며, 마지막 조항은 "팀의 화합을 해치지 말 것"이었습니다.[17]

공동 노력의 대가가 한두 사람에게 돌아간다면 팀의 화합을 유지하기 힘듭니다. 고액 연봉을 받는 '스타' 선수들이 일본 야구팀에 적응하지 못하는 이유는 일본 재계에 도널드 트럼프 같은 사람이 없는 이유와 같습니다. 회사명에 자기 이름을 떡하니 붙이는 것은 일본에서는 아주 고약한 악취미로

통합니다. 문제를 자초하는 길이기도 하죠. 일본 사람들은 "튀어나온 말뚝은 맞는다出る杭は打たれる"('모난 돌이 정 맞는다'라는 뜻_옮긴이)라는 속담을 즐겨 씁니다. 존 몰리는 일본인의 삶을 꿰뚫어 본 책에서 일본 사람들이 "당혹감을 느끼는 가장 흔한 이유는 실수를 저질렀거나 놀림감이 된다는 사실이 아니라 자신이 그 순간 남의 이목을 끈다는 사실"이라고 말합니다.[18]

일본 사람들은 튀면 안 된다는 생각을 어릴 때부터 주입받습니다. 일본에 가면 수많은 학생들이 똑같은 교복을 입고 똑같은 머리 모양을 하고 있습니다. (십 대 자녀가 있는 서양 방문객이라면 이런 장면에 무척 놀랄 것입니다.) 일본 학생들과 미국 학생들이 초등학교 교실에서 어떻게 행동하는지 연구했더니, 일본 학생들은 집단 위주로 생각하라는 교육을 미국 학생들보다 훨씬 많이 받는다고 합니다. 일본 교사들은 학생 전체를 대상으로 이야기하고 수업하는 반면 미국 교사들은 학생 개개인에게 관심을 기울였습니다. 미국 학생들은 교사와 소통하거나 소통을 시도하는 횟수가 일본 학생의 아홉 배에 달했습니다.[19]

이렇게 어릴 적부터 형성된 사고방식은 성인이 되어서까지 이어집니다. 일본 기업의 관리자들은 집단을 개인보다 중요시하며 집단의 성과를 토대로 포상하지만 미국 관리자들은 집단보다는 개인의 성과를 토대로 포상합니다.[20] 일본 성인은 서양 사람들과 달리 눈에 띄는 옷을 입지 않습니다. 몰리 말마따나, 평범한 사람이 기차에 타고 있으면 그가 회사 임원인지 가게 점원인지 도무지 분간할 수 없습니다.[21] 물론 일본에서도 지위는 매우 중요합니다. 일본 사람들이 명함을 주고받는 이유는 상대방의 직급을 알아야 대화할 때 적절한 높임말을 쓸 수 있기 때문입니다. 하지만 중요한 것은 지위 자체이지 그 지위를 드러내는 것이 아닙니다.

따라서 일본에서는 겸양이 단순한 미덕이 아니라 사업을 비롯한 삶의 모든 분야에 꼭 필요한 사회적 능력입니다. 수어드와 밴잰트는 일본의 기업 윤리를 이렇게 평합니다.

겸양은 일본 사람이 공식 석상에서 자세를 낮추는 것에서 볼 수 있고 말끝마다 존칭을 붙이는 것에서 들을 수 있다. 절하고 무릎 꿇고 겸양의 표현을 몇 번이고 되풀이하여 자신을 낮출 각오가 되어 있지 않은 기업인은 일본에서 성공하지 못할 것이다.[22]

이런 문화와 정반대에 있는 것이 1980년대 월 스트리트 문화입니다. 미국이 호황을 누릴 때 연봉과 보너스 인상을 요구한 기업 임원들은 일본에서라면 상생의 정신과 어긋난다는 비판을 들었을 것입니다. 자기 몸값을 올리는 데 이토록 집착하는 것은 이기적 행동일뿐더러 회사와 동료의 행복을 무시하는 처사이기 때문입니다. 일본 사람들의 겸양에 위선이 섞인 것은 사실입니다. 깍듯이 절하고 공손하게 말하지만 실제로는 자신이 훨씬 높은 사람이라고 생각하고 있을지도 모릅니다. 하지만 겉치레도 중요합니다. 일본에서는 더더욱 중요합니다. 자신의 능력이나 지위, 부를 과시하는 것이 불가능하다는 것은 모든 구성원이 자신을 팀의 소중한 일원으로 느끼는 데 도움이 됩니다.

어쨌든 겉치레가 완전한 속임수는 아닙니다. 전형적인 일본 기업은 기업 자체를 위해서나 구성원 개인을 위해서나 돈을 버는 것에 연연하지 않습니다. 스즈키 쇼산(정계에서 활동한 선종 승려_옮긴이)의 전통을 이어받아, 부를 목표로 삼기보다는 열심히 일하고 맡은바 업무를 제대로 수행하면 부귀영화가 저절로 따라온다는 생각이 바탕에 깔려 있습니다. 롤런이 말합니다. "은행의 이념에서 임금, 이윤, 물질적 부가 한구석에 밀려나 있는 것은 서양의 시각에서는 놀랄 만한 일이다." 은행의 이념에서 중요한 자리를 차지하는 것은 '화합과 힘'이라는 이상, 은행을 키우고 발전시킨다는 이상과 더불어 일본을 더 강하고 부유한 나라로 만들고 사회의 복지를 증진하는 데 이바지한다는 이상입니다. 심지어 우에다긴의 목표 중에는 '세계 평화'와 '저개발국'의 발전처럼 막연한 것도 있습니다. 이런 목표가 손에 잡히는 결과를 가져다주지는 못할지도 모르지만, 은행 구성원들에게 자신이 가치 있는 일을 하고 있다는 느낌을 북돋워줄 수는 있습니다.[23] 일본 기업들은 이렇게 폭넓은 목표를 제시함으로써 직원들의 일과 (따라서) 삶에 더 큰 의미를 부여합니다. 이 책 마지막 장에서 보겠지만 서양 사람들의 삶에서 실종된 것이 바로 이 '의미'입니다.

꼭대기에 있는 사람들, 이를테면 기업 총수는 막대한 소득을 올리지만 3장에서 보았듯 일본의 일반 노동자와 최고 경영자의 임금 격차는 세계 어느 나라보다 작으며 미국보다는 훨씬 작습니다.[24] 1992년 1월에 부시 대통령은 일본을 방문하면서, 미국의 대일 수출 여건을 개선해달라는 요청에 힘을 실으려고 크라이슬러, 포드, 제너럴모터스의 사장들을 함께 데려갔습니다. 이에 대해 일본은 세 명의 사장이 1990년에 받은 연봉과 각종 혜택이 730만 달러를 넘는다고 손가락질했습니다. 도요타, 혼다, 닛산의 사장들은 4분의 1에도 못 미치는 180만 달러를 받았으니까요. 세계 자동차 시장의 현황을 모르는 사람이 사장들의 급여만 본다면 일본이 아니라 미국이 자동차 시장을 주름잡는 줄 알 것입니다. 하지만 부시가 방일하기 전해에 미국산 자동차의 판매 대수는 가파르게 하락했으며 자동차 부문에서 노동자 4만여 명이 일자리를 잃었습니다. 일본 태생으로 뉴욕 바루크 대학에서 국제경영학을 가르치는 한 교수는, 직원을 해고하면서 막대한 보너스를 챙기는 행태가 일본에서는 결코 존경받지 못할 것이라고 꼬집었습니다.

개인과
집단

—

그렇다면 일본은 과연 다를까요? 나라 전체를 일반화하는 데는 위험이 따르며 많은 예외가 있을 수밖에 없습니다. 다행히 이 책에서는 그런 포괄적인 물음에 대답할 필요가 없습니다. 우리에게 중요한 물음은 이것입니다. 일본 사람들이 자기 이익에 대해, 또한 자신의 이익과 타인의 이익 사이의 관계에 대해 다른 관념을 가지고 있음을 보여주는 요소를 찾을 수 있을까요? 지금껏 살펴본바 대답은 분명히 '그렇다'입니다. 서구의 화이트칼라 노동자와 비교할 때 일본 직장인들은 서구와 다른 궁극적 선택을 (명시적이라기보다는 암묵적으로) 한 듯합니다. 일본 사람들은 온갖 신제품에 열광하지만 서양 사람들만큼 물질적 소유에서 삶의 의미를 찾으려 하지는 않습니다. 자신이 집단의 일원이라는 의식도 훨씬 강합니다. 따라서 자신의 이익 위주로 생각하는 경향이 적으며 집단의 이익을 자신의 이익보다 중시하려는 성향이 훨씬 큽니다. 적어도 (설령 자신의 이익 위주로 생각한다 하더라도) 태도나 행동에서 그런 내색을 하지 않을 만큼 자제력이 뛰어납니다(사람들의 속마음을 알기란 여간 힘든 일이 아니니까요). (이것이 블루칼라 노동자를 비롯한 여느 일본 사람에게도 해당할 가능성이 있지만, 이 책에서는 주로 일본 기업의 화이트칼라 노동자에게서 증거를 수집했으므로 앞의 결론이 확실한 근거를 내세울 수 있는 것은 이 집단에 대해서만입니다.)

이런 차이가 일본의 문화와 사고에 깊이 박혀 있음은 일본 전통 가옥의 구조와 일본어에서도 확인할 수 있습니다. 일본의 평범한 가옥에는 개인 방이 없습니다. 제가 그런 집에 산다면 제가 자는 방이 '내 침실'이라는 생각이 안 들 겁니다. 그저 밤에 이부자리를 깔고 잠을 청하는 방에 불과하겠죠. 아침이 되면 이부자리를 개켜 이불장에 넣고 작은 탁자를 방 한가운데 놓는데, 그러면 이 방은 온 가족의 거실이 됩니다. 병풍이 있어서 공간을 융통성 있게 쓸 수 있으며, 붙박이 가구가 없기 때문에 어떤 방도 특정한 용도로 고정되거나 특정인의 사적 공간으로 쓰이지 않습니다. 목욕도 함께 하는 경우가 많습니다. 이렇게 살아가는 가족은, 아이가 부모나 형제에게 "'내' 방에서 나가!"라고 말할 수 있는 문화권에 비해 일체감이 강할 수밖에 없습니다.

자의식의 결여는 일본어에서도 여러 형태로 나타납니다. 몰리는 집이나 가정, 집단을 일컫는 단어인 '우치'와 일본 사람들의 '자기' 개념이 일맥상통한다고 말합니다.

일본인은 집을 입에 달고 다니며 늘 입에 올렸다. '우치'는 '나'를 뜻하는데, 이는 '내 집'을 외부 세계에 대표하는 표현이다. 그는 자신을 집단의 일원으로 여긴다. '나'에 무엇이 포함되는지는 불분명하지만 무엇이 포함되지 않는지는 매우 분명하다.[25]

로버트 스미스는 일본어에서 '나'를 일컫는 표현들의 또 다른 측면을 설명합니다.

일본어는 지시 대상과 지시 방식이 다양하기 때문에 '자기가 누구인가, 타인이 누구인가?'라는 질문조차 알아듣기 힘들다. 이를테면 어떤 단어는 1인칭뿐 아니라 2인칭과 3인칭까지 두루 가리킬 수 있다. '보쿠僕'나 '데마에手前' 같은 명사는 '나'를 뜻할 수도 있고 '너'를 뜻할 수도 있다. 구어에서는 이렇게도 쓰이고 저렇게도 쓰인다. 이에 반해 영어의 인칭대명사는 말하는 이 위주로 짜여 있다. 이는 일본에서 모든 개인 간 상호 작용이 애매와 혼동의 회색 지대에서 일어난다는 뜻일까? 실제로 그럴 때도 있지만, 더 타당한 결론은 자신의 비수반적(유동적인 무언가에 빗대지 않고 독립적으로 표현할 수 있다는 뜻_옮긴이) 존재를 단언하는 고정된 중심(이를테면 영어의 화자_옮긴이)이 없다는 뜻에서 자기와 타인의 신원 확인(지시 대상을 정확히 밝히는 것_옮긴이)이 언제나 불확정적이라는 것이다.[26]

스미스는 주석에서 인상적인 예외를 언급합니다. "황제가 자신을 일컫는 1인칭 대명사('진朕')가 따로 있는 나라는 일본뿐이다." 하지만 이것은 여느 예외와는 달리 오히려 규칙을 입증합니다. 황제는 전체를 대표하고 그의 자기 과시는 집단이 모든 개인을 초월하여 스스로의 중요성을 과시하는 것이니까요.

오사카 교육대학의 야마우치 도모사부로 교수는 《상대방의 입장에 서기―헤어의 도덕철학》에서 일본어 용법의 이런 특징을 언급합니다.[27] 야마우치 교수는 '보쿠'(또한 '나'를 일컫는 원래 단어 '지분自分')가 '너'를 뜻하는 경우는 말하는 이가 듣는 이의 관점에서 이야기할 때임을 지적하면서 일본어의 이런 특징을 영국의 도덕철학자 R. M. 헤어의 주장—도덕적 사고의 중요한 특징은 도덕적 판단을 내리기 전에 자신을 남의 입장에 놓으려는 태도라는 주장—과 비교합니다. 야마우치 교수가 옳다면, 일본 사람들의 언어 사용에는 도덕적 사고의 이러한 핵심적 측면이(이에 대해서는 8장과 9장에서 자세히 논의할 것입니다) 어느 정도 녹아 있는 것으로 보입니다. 하지만 이런 용법은 자신이 속한 집단 안에 있는 사람들에게만 적용되기에 집단 밖에 있는 사람들을 배제하거나 적대시할 우려가 있습니다.

사회를 개인의 이익과 집단의 이익이 필연적 투쟁을 벌이는 무대로 본다면, 집단의 중요도를 높이기 위해 개인의 이익을 희생해야 한다고 생각하기 쉽습니다. 하지만 일본 사람들은 이런 식으로 생각하지 않습니다. 동양 사상(유교와 불교)에서는 개인과 집단의 갈등이 근본적으로 잘못된 딜레마이며 개인의 만족은 집단에 헌신할 때만 얻을 수 있다고 말합니다. 이것은 일본 불교의 선 사상과도 일맥상통합니다. 선 사상에서는 개인이 의무를 다하고 (자신이 몸담은 집단의 이익과 상충하는 욕망을 극복할 수 있도록) 자신을 수양하여 개인적 완성을 추구하라고 가르칩니다. ('완성'이라는 단어는 이러한 개념을 전달하기에 미흡합니다. 이것이 단순한 '완성'이 아니라 '구원'에 이르는 길이라고 생각할 수도 있지만, 선의 세계에는 원죄도 지옥도 없기 때문에 기독교의 구원 개념을 적용하는 것은 매우 부적절합니다. 물론 '완성'을 존재의 본질 깊숙이 파고든다는 의미에서 파악할 수는 있습니다.)

이 논리가 너무 철학적이어서 현실과 동떨어졌다고 생각된다면 우에다 긴 행장이 신입 행원 전원에게 배포한 글을 읽어보십시오. '나의 사상'이라는 제목의 이 글에는 불교적 인생관이 담겨 있습니다. 아래 인용문은 은행장의 사상을 이해하는 데뿐 아니라 자기 이익과 좋은 삶의 본질에 대한 일본인의 태도를 이해하는 데 핵심적인 구절입니다.

> 부처님은 몸의 작용이 마음의 산물이라고 가르치셨습니다. 따라서 우리는 먼저 마음을 다스려야 합니다. 명나라의 한 철학자는 "마음이 평화로우면 고통을 겪지 않는다. 심지가 굳은 사람은 물질적 행복에 연연하지 않을 것이다"라고 말했습니다. 이 가르침은 마음이 무엇보다 중요하다고 강조합니다. ……
> 부처님은 이렇게도 말씀하셨습니다. "모든 사람은 무언가를 위해 살며 그것이 전부이지만, 어떤 사람은 엉뚱한 것을 위해 살고 어떤 사람은 올바른 것을 위해 산다." 엉뚱한 것을 위해 사는 사람은 자기 위주로 생각하며 삶에서 고통과 불행, 불운 따위를 없애는 데 집착하지만, 실은 이런 것들을 찾아내어 자기 삶에 불러들이고 있는 것입니다.[28]

우에다긴 신입 행원들이 '어떻게 살아야 하나'에 대한 조언을 얼마나 진지하게 받아들일지는 알 수 없지만, 서양에서는 사장이 이런 조언을 하는 것 자체도 상상하기 힘듭니다.

일본 사람들이 자신과 집단에 대한 서구적 사고방식을 널리 접한 뒤에도 자신들만의 독특한 사고방식을 유지할지는 미지수입니다. 지난 10년간 개인주의와 자기주장이 두드러지게 나타나고 있다는 증거도 있습니다.[29] 하지만 일본이 앞으로 어떻게 바뀌든, 이 장에서 설명한 다른 사회가 존재했다는 것, 이 사회가 구성원의 행복을 증진하는 데 매우 성공적이었다는 것은 엄연한 사실입니다.

일본 화이트칼라 노동자들이 서양에 비해 집단의 이익을 자신의 이익보다 우선시한다고 해서 일본 문화가 서구 문화보다 낫다는 것은 아닙니다. 그럴 수도 있고 아닐 수도 있습니다. 대차 대조표를 한번 만들어볼까요? 대변(긍정적 측면)을 살펴보자면, 일본이 경제적으로 눈부신 성공을 거둔 것은 분명합니다. 석유나 광물 자원이 없고 농경지도 부족한 데다 인구가 무려 1억 2,400만 명에 달하는 나라가 해마다 1,000억 달러 넘는 흑자를 기록하며 경제 강국이 되었으니까요. 범죄율도 매우 낮습니다. 도쿄는 세계에서 가장 안전한 대도시로 손꼽힙니다. 앞에서 보았듯, 부가 비교적 고르게 분배되며 극빈층이 거의 없습니다. 게다가 하찮은 업무에 종사하는 사람도 집단 내에서 존중받습니다.

이제 차변(부정적 측면)을 살펴봅시다. 우선 삶에서 중압감을 느낀다는 사실을 들 수 있습니다. 일본 사람들은 어린 시절부터 압박에 시달립니다. 어린아이들은 초등학교 입학시험에서 좋은 성적을 얻어 좋은 초등학교에 들어가야 그 뒤로 탄탄대로를 걸을 수 있습니다. 유치원 아이들조차 방과 후에 읽기와 쓰기를 따로 배우며 초중고생은 시험 성적을 올리기 위해 정규 수업이 끝나고도 학원에서 여러 시간을 공부하는 게 예사입니다.

취직한 뒤에는 여가와 휴가를 거의 누리지 못합니다. 1990년 공식 통계에 따르면 일본 직장인은 유럽 직장인보다 해마다 평균 400시간을 더 일했습니다. 일주일에 8시간을 더 일한 셈입니다. 실제 근무 시간은 더 길지도 모릅니다. 일본 직장인은 출근부를 안 쓰고 초과 근무 수당도 좀처럼 신청하지 않기 때문입니다. 1991년에 후지은행에서 31년을 근무한 은행원 고

이소 아키오가 《후지은행 행원의 기록》이라는 책을 출간했습니다. 그는 부서 관리자가 하급자에게 휴가 반납과 무보수 초과 근무를 강요했다고 털어놓았습니다. "안정된 봉급을 받고 일류 은행에 다닌다는 자부심을 느낄 수는 있지만 장시간 격무에 시달려야 하고 건강과 가정생활이 망가진다."[30]

일본어에는 과로로 인한 죽음을 일컫는 '가로시過勞死'라는 단어가 있습니다. 변호사와 노동조합을 비롯하여 과로사 문제와 연관된 단체들이 추산한바 일본에서는 과로로 인한 사망자 수가 해마다 1만 명을 넘는다고 합니다. 죽음은 과로의 극단적 결과이지만, 고이소 씨 말마따나 가정생활이 망가지는 것도 피할 수 없습니다. 사무직 종사자의 어린 자녀들은 잠들기 전에 아빠 얼굴을 보기가 힘듭니다. 일요일에만 겨우 볼 수 있습니다. 월요일부터 토요일까지는 엄마 혼자서 사실상의 편모 가정을 꾸려갑니다.[31] 1992년에 《타임》지 여론조사에 따르면 일본인 응답자의 88퍼센트는 미국 직장인의 여가를 부러워합니다. 미국 사람들이 가정생활을 중시하는 것을 부러워하는 사람 수도 그 정도 됩니다.[32] 일본 직장인의 삶은 남녀가 엄격히 구분됩니다. 여자가 남자와 똑같은 시간을 일하면 애 보고 집안일 할 사람이 없으니까요. 《타임》지 조사에서 68퍼센트의 일본인은 미국에서 여성이 누리는 처우를 높이 평가했습니다.

높은 집단 정체성은 집단 외부에—개인이나 사회 전체에—악영향을 미치기도 합니다. 집단은 개인에게 순응할 것을 압박합니다. 집단의 분노를 사는 개인은 삶의 가장 중요한 부분에서 소외감을 느낄 테니까요. 《타임》지 여론조사에 따르면 일본 사람들이 미국을 부러워하는 것은 표현의 자유와 다양한 생활양식뿐 아니라 여가와 가정생활의 존중 때문이기도 합니다.

한마디로, 회사가 봉건 영주라면 직원은 농노입니다. 물론 부유하고 대우도 좋고 인정과 존경을 받는 농노이기는 하지만 중세 시대 농노가 영주에게 단단히 묶였듯 직원은 회사에 묶인 신세입니다. 집단 구성원들이 아무리 흔쾌히 또 열심히 사가를 부르고 회사 행사에 참여하더라도, '그것 말고도 능력을 발휘할 방법이 있는데'라는 아쉬움을 달랠 수 없습니다. 일본이 세계에 미치는 영향을 고려할 때 무엇보다 중요한 것은 집단과 그 구성원에 대한 헌신 때문에 집단 외부인과 사회 전반에 동등하게 관심을 가지기 힘들다는 것입니다. 몰리는, 일본의 윤리에는 기독교의 핵심 명령 '네 이웃을 네 자신같이 사랑하라'에 해당하는 것이 존재하지 않는다고 말합니다. 성서 일본어판에서 '이웃'을 번역한 '린진隣人'은 '이웃집에 사는 사람'이라는 뜻으로, 잘 안 쓰는 단어입니다. 이 때문에 예수의 명령이 "낯선 언어에서 차용한, 우리와 동떨어진" 것이라는 인상을 줍니다. 만일 '외부인'을 뜻하는 단어로 번역했다면 어땠을까요? 몰리 말마따나 "일본 윤리학에서 그야말로 놀랍고 혁명적인 개념"이 탄생했을 것입니다.[33]

외부인을 배려하지 않는 태도를 극적으로 보여주는 예로, 새 칼을 시험하는 사무라이 풍습인 '쓰지기리辻斬'가 있습니다. 글자 그대로 풀이하면 '네거리에서 베다'라는 뜻입니다. 사무라이가 원하는 칼은 상대방을 어깨에서 반대쪽 옆구리까지 단칼에 벨 수 있어야 했습니다. 이렇게 못하는 칼을 차고 전투에 임하는 것은 치욕스러운 일이었습니다. 그래서 어떤 사무라이는 칼을 새로 장만하면 얼마나 잘 드는지 시험해보려고 네거리에서 기다리다가 조심성 없는 농사꾼이나 평범한 행인이 지나가면 칼을 휘둘러 몸통을 두 동강 냈습니다. 쓰지기리는 불법이었으며 발각되면 중한 처벌을 받았지만 치욕스러운 일로 손가락질받지는 않았습니다.[34] 외부인을 경시하는 이 끔찍한 풍습은 오래전에 사라졌지만 일본의 윤리는 아직도 집단에 대한 의무가 낯선 사람과 대중에 대한 의무보다 우선한다는 사고방식에 깊이 물들어 있습니다. 몰리가 일본인 사회학자의 말을 인용합니다.

역사를 살펴보면 '우치'(가족, 집단) 말고는 어떤 사회구조의 토대도 존재한 적이 없다. 이 나라는 공중의 도덕이 절실히 필요하지만, 그에 속하는 어떤 것도—심지어 '공중'의 개념 자체도—구현되지 못했다.

사회학자들은 일본이 공중의 도덕을 결여한 예로 수은 중독이나 탈리도마이드 같은 문제를 쟁점화시키기 힘들다는 것을 들었습니다.

거칠게 표현하자면, 이들 사례가 대중의 관심을 끌지 못한 이유는 어떤 의견을 지지하는 집단이 구체적으로 드러나지 않으면—일반 대중을 일컫는 단어가 없는 사회에서는 그럴 수밖에 없다—그 의견에 대한 지지를 이끌어내기 힘들기 때문이다.[35]

위 구절은 일본에 대한 저의 혼란과 당혹감을 이해하는 실마리가 되었습니다. 저는 환경문제와 동물 권리 문제로 일본을 세 번 방문했습니다. 첫 방문 때는 돌고래를 풀어준 죄로 고발된 미국의 환경 운동가 덱스터 케이트의 피고 측 증인으로 일본을 찾았습니다. 이키 섬의 어부들이 그물로 잡은 돌고래였습니다. 어부들은 으레 그랬듯 돌고래를 죽일 생각이었습니다. 케이트의 죄목은 그물을 훼손했다는 것이었습니다. 케이트의 변호사는 케이트의 행동이 일관된 윤리적 관점—저 같은 명망 있는 철학 교수들이 견지하는 관점—에서 비롯했다는 증언을 판사들에게 들려주면 재판에 유리하리라고 생각했습니다. 법원은 제 증언에 정중하게 귀를 기울였을 뿐 아니라 관심과 경의를 표했습니다. 하지만 케이트는 유죄 판결을 받았습니다. (재판이 시작되기 전에 몇 달간 구금되어 있었기 때문에 더는 처벌받지 않고 추방되었습니다.)**36** 두 번째 방문은 동물, 특히 고래와 돌고래를 대하는 일본인의 태도를 조사하고 고래잡이와 어업 종사자, 선승禪僧, 서구의 고래잡이와 돌고래 학살 반대를 지지한 일본인 한두 명—그 이상은 찾을 수 없었습니다—을 인터뷰하기 위해서였습니다. 세 번째 방문 때는 일본동물실험금지협회 회원들을 만났습니다. 이들은, 일본의 여러 실험실에서 아무런 보호도 받지 못한 채 실험당하는 동물의 권익을 지켜내고자 노력하는 사람들이었습니다. 일본에 몇 남지 않은 대규모 갯벌에 쓰레기를 투기하려는 나고야 시의 계획에 반대하는 사람들도 만났습니다(해마다 철새 수천 마리가 이 갯벌을 찾습니다). 일본에는 외국 사람이 거의 살지 않지만, 이러한 쟁점에 대해서는 외국 사람이나 외국 생활을 오래 한 일본 사람이 두드러진 역할을 했습니다. 소수의 용기 있는 일본 사람들이 여기에 동참했지만, 이들은 서양에 비해 훨씬 고립되었으며 순응하지 않는다는 이유로 큰 고통을 겪었습니다. 가족 관계가 틀어진 사람들도 있었습니다. 부모들은 자기 딸이나 아들이(이쪽 방면에 여성이 훨씬 많은 것은 남자들이 경력에 오점을 남기지 않으려 하기 때문일까요?) 남 하는 일을 공개적으로 비판하는 것에 당황하고 분노했습니다. 집단의 이익을 넘어선 보편적 관심사를 추구하는 사람들은 일본에서 설 자리가 없습니다.

일본 사회는 서양에서 지배적인 개인주의적 자기 이익 관념이 인간 본성의 필연적 결과가 아니라 서구 역사와 문화의 산물임을 똑똑히 보여줍니다. 하지만 일본 사람들은 집단에는 헌신하는 반면 공공의 이익이나 지구 환경에 대해서는 그다지 책임감을 느끼지 않습니다. 개인들은 여간해서는 뭉치지 못하지만 공동의 적이 나타나면 상황이 달라집니다. 그러면 지리멸렬하게 다투던 개인들이 순식간에 똘똘 뭉쳐 적대적이고 위협적인 외부 세력에 맞서 싸울 태세를 갖춥니다. 일본 회사들이 경쟁사와 진짜 싸우는 것은 아니지만, 회사 안에 팽배한 집단 충성심에는 일종의 적개심이 강하게 자리 잡고 있습니다. 이 점에서, 자기 이익을 바라보는 일본의 대안적 관점은 서구 개인주의보다 뛰어난 점이 있으면서도 지구적 정의를 실현하고 지구 생태계를 살리는 데 필요한 폭넓은 윤리적 관점에는 못 미칩니다. 같은 이유로, 개인적 이익과 온전히 윤리적인 삶의 방식 사이에 존재하는 긴장을 해소하지도 못합니다. 편협한 자기 이익에 집착하는 것도 문제이지만, 외부인이 어떤 피해를 입든 자신이 속한 집단 전체의 이익만 추구하는 것 또한 윤리적으로 정당화할 수 없습니다. 역사를 살펴보면, 과도한 집단 정체성이 집단 외부인에 대한 잔학 행위로 이어진 사례를 얼마든지 찾을 수 있습니다. 보스니아-헤르체고비나의 소수 집단 '인종 청소ethnic cleansing'도 그중 하나입니다.

죄수의 딜레마
벗어나기

07

—

맥스와 린의
딜레마

—

제1차 세계대전 때 영국·프랑스 연합군은 북프랑스의 기다란 전선에서 독일군과 대치했습니다. 양측은 상대방의 포격을 막기 위해 참호를 파고 들어앉았습니다. 전투가 격화될 때마다 엄청난 사상자가 발생했지만 연합군 사령부는 병력 손실을 개의치 않았습니다. 영국군과 프랑스군을 합치면 독일군보다 수가 많았으므로 연합군 병사가 한 명 전사할 때마다 독일군 병사를 한 명 이상 죽이면 승리할 수 있었기 때문입니다. 민족 감정과 선전 선동은 적군을 향한 증오심에 기름을 끼얹었었습니다. 지휘관들은 병사들의 적개심을 끌어올리려 애썼습니다. 동료들이 수없이 죽어나가는 상황에서 군대의 사기를 유지하려면 그 수밖에 없었습니다. 하지만 증오와 죽음의 아비규환 속에서 연합군과 독일군 사이에 상생의 놀라운 협력 체계가 생겨났습니다. 협력의 토대는 '네가 나를 죽이려 들지 않으면 나도 너를 죽이려 하지 않겠다'라는 암묵적 약속이었습니다. 꽤 오랫동안 여러 참호 지대에서 영국군과 프랑스의 보병은 엉뚱한 곳에 포를 겨냥했고 독일군도 똑같은 방법으로 화답했습니다. 병사들은 긴장을 풀 수 있었으며 심지어 적 기관총의 사정거리

안에서도 안심하고 돌아다닐 수 있었습니다. 총구를 내게 겨누고 있는 사수가 나를 죽이려 하지 않는다는 것을 알았으니까요. 부대가 이 약속을 모르는 다른 부대와 교체되거나 공명심에 불타는 지휘관이 공격을 명령하거나 하여 약속이 틀어지면 즉각 피의 보복이 뒤따랐습니다.[1]

제1차 세계대전 중에 이토록 경이로우면서도 철저한 상생 체계가 존재했다는 사실은 상상할 수 있는 가장 살벌한 조건에서도 협력이 가능함을 입증하는 훌륭한 예입니다. 앞에서 보았듯 궁극적 선택이 편협한 이기주의에 머무는 것은 인간의 생물학적 본성 때문이 아닙니다. 오히려 우리는 자녀와 친족, 그리고 이를 넘어선 집단을 돌보는 존재로 진화했습니다. 일본의 예에서는 문화가 집단에 대한 충성심을 얼마나 북돋울 수 있는지 살펴보았습니다. 이 장에서는 남을 배려하는 또 다른 성향이 진화하고, 문화가 이런 인간 본성을 강화한 과정을 살펴보겠습니다.

일등을 추구하는 거대 익명 사회에 살다 보면, 다른 사회에서는 도움을 주고받는 것이 얼마나 흔한 일인지 잊어버리기 쉽습니다. 남대서양의 외딴 작은 섬 트리스탄다쿠냐 주민들은 이 차이를 뼈저리게 실감했습니다. 1961년에 이 섬에는 264명이 살았는데 주민 대부분이 유럽인 선원의 후손으로 영어를 쓰고 영국 국교회 소속이었습니다. 하지만 이들의 목가적 삶은 돌연 파탄을 맞습니다. 이 섬은 사실 해저에서 솟아오른 화산 꼭대기였는데 1961년 9월에 화산이 분출하면서 뜨거운 재가 뿜어져 나온 것입니다. 영국 해군은 주민을 모두 영국으로 피난시킨 뒤에 현대식 설비를 갖춘 주택을 제공하고 일자리를 주선했습니다. 2년이 지나지 않아 주민 대부분이 섬으로 돌아왔습니다. 집이 불타버렸고 먹고살 길이 막막했지만 개의치 않았습니다. 그런데 돌아와 보니 섬의 사정이 너무 달라져서 일부는 다시 영국으로 돌아갔습니다. 트리스탄다쿠냐와 영국에서 주민들의 삶을 연구한 인류학자 페테르 뭉크가 영국에 두 번째로 돌아간 이들을 방문했는데, 이 사람들은 처음의 강제 이주 때보다 삶에 대한 불만이 훨씬 컸습니다. 그 뒤에 섬 주민 전체가 이주했으며 자발적으로 영국에 돌아간 소수의 주민은 낯선 사람들과 함께 살게 되었습니다. 한 주민이 말합니다.

> 트리스탄 사람들은 한 가족 같아요. 서로 도우며 행복하게 살아요. 밭에 나가 감자를 캐는데 자기 일을 끝낸 사람이 있으면 와서 저를 도와줘요. 그러면 이튿날 저도 그 사람한테 가서 도와줘요. 그렇게 다들 서로 돕는 거죠. 트리스탄에서는 모두가 형제자매 같아요. [2]

이런 상부상조 관계가 어떻게 형성되는지 가상의 예를 들어보겠습니다. 농사꾼 맥스는 수확을 앞두고 있습니다. 그런데 지평선에 먹구름이 깔립니다. 도와줄 사람을 찾지 못하면 수확물을 창고에 들여놓기 전에 비가 내릴지도 모릅니다. 비를 맞으면 농작물이 썩을 것입니다. 맥스는 아직 곡식이 여물지 않은 이웃 린에게 수확을 도와줄 수 있겠느냐고 묻습니다. 그 대신 린이 수확할 때 도와주겠다고 제안합니다. 린이 승낙하면 맥스는 이익을 얻을 것입니다. 하지만 린의 입장에서도 도와주는 것이 이익일까요? 맥스가 정말로 다음에 자신을 도와준다면 분명히 린에게도 이익입니다. 린도 비 맞기 전에 수확물을 들여놓느라 애먹을 때가 많으니까요. 하지만 맥스의 약속을 어떻게 믿을 수 있을까요? 기껏 맥스를 도와주었는데, 나중에 도움을 청하면 팔짱 끼고 비웃지 않는다는 보장이 있을까요? 맥스가 자신을 도와 주리라는 확신이 전혀 없다면 맥스를 돕는 것은 린에게 이익이 되지 않습니다. 차라리 그 시간에 잡초나 뽑는 게 낫습니다. 맥스가 처한 문제는, 곡식이 썩기 전에 수확하기 위해 린이 자기를 도와주면 자신도 린을 도와주리라는 것을 어떻게든 린에게 확신시켜야 한다는 것입니다.

어떤 사회에서는 이럴 때 공식 계약을 맺습니다. 맥스가 계약을 위반하면 린은 보상이나 배상을 받을 권리가 있습니다. 하지만 구속력 있는 계약을 맺을 수단이 없는 사회에서라면 맥스에게 최선의 방법은 린의 신뢰를 얻는 것입니다. 정직한 사람이라는 평판이 있다면 이것은 쉬운 일입니다. 어떻게 하면 이런 평판을 얻을 수 있을까요? 트리스탄다쿠냐에서처럼 모두가 알고 지내는 소규모 공동체에서 평판을 얻는 가장 좋은 방법은 실제로 정직한 사람이 되는 것, 즉 약속을 중히 여기고 남과 원만한 관계를 유지하는 것입니다.

다른 방법으로 평판을 얻을 수도 있습니다. 실제로는 정직하지 않으면서 정직한 것처럼 남을 속이는 방법입니다. 하지만 구성원이 거의 바뀌지 않는 작은 공동체에서는 통하지 않습니다. 이런 조건에서는 정직이 그야말로 최선의 방책입니다(인류와 사회적 영장류는 거의 모든 시기를 이런 조건에서 살았습니다).

80년대 초에 미국의 사회학자 로버트 액설로드가 협력의 본질에 대해 놀라운 사실을 알아냈습니다. 하지만 소수의 전문가 집단 말고는 액설로드의 연구 결과가 어떤 의미인지 제대로 아는 사람이 드뭅니다. 액설로드의 이론은 개인의 삶뿐 아니라 국제정치에도 변화를 가져올 수 있습니다.

액설로드가 발견한 것을 이해하려면 우선 협력 상황을 소재로 한 유명한 난제 '죄수의 딜레마'에 대해 알아야 합니다. '죄수의 딜레마'라는 이름이 붙은 것은 선택의 기로에 놓인 죄수의 상황을 소재로 삼았기 때문입니다. 여러 가지가 있습니다만 제 버전은 아래와 같습니다.

나와 용의자 하나가 루리타니아(앤서니 호프의 소설에 나오는 상상의 나라_옮긴이) 경찰청 유치장에 따로따로 갇혀 있다. 경찰은 우리 둘에게서 국가 반역을 모의했다는 자백을 받아내고 싶어 한다. 취조관이 내 감방에 들어와 루리타니아산 포도주를 따라주고 담배를 건네며 친절을 가장한 목소리로 거래를 제안한다.

"죄를 자백해! 만일 옆방 친구가 ⋯⋯."

나는 옆방 용의자와 일면식도 없다고 항변하지만 취조관은 들은 체 않고 계속 말한다. "친구가 아니라면 더 잘됐군. 내 말 잘 들어. 네가 자백하고 그자가 자백을 거부하면 네 자백을 근거로 녀석을 10년 동안 감옥에 처박아둘 거야. 그 대신 너는 풀어주지. 하지만 네가 멍청하게도 자백을 거부했는데 옆방 '친구'가 자백하면 네가 감옥에 가고 친구는 석방돼."

잠시 생각해보니 이 정보만 가지고 선택을 내리기는 힘들겠다 싶어 이렇게 묻는다.

"둘 다 자백하면요?"

"한 사람 자백만 있으면 되니까 너를 풀어줄 수는 없어. 하지만 성의를 보였으니 둘 다 8년으로 깎아주지."

"둘 다 자백 안 하면 어떻게 됩니까?"

취조관 얼굴에 못마땅한 기색이 역력하다. 한 대 칠 기세다. 하지만 마음을 가라앉히고는 내키지 않는 목소리로 "증거가 없으니 오랫동안 가두어둘 수는 없겠지"라고 말한다. 그러고는 한마디 덧붙인다.

"그래도 쉽게 포기하진 않아. 너희가 자백 안 해도 6개월 동안 가두어두고 심문할 수 있어. 국제사면위원회 계집애들이 너희를 석방하라고 우리 정부에 압력을 가할 때까지는 말야. 그러니 잘 생각해봐. 친구가 자백하든 안 하든, 너는 자백 안 하는 것보다 하는 게 낫다구. 지금 옆방에서는 내 동료가 네 친구에게 똑같은 제안을 하고 있어."

곰곰이 생각해보니 취조관 말이 맞다. 옆방의 모르는 사람이 어떻게 하든 나는 자백하는 게 유리하다. 그가 자백할 경우, 나는 자백하면 8년을 썩고 자백을 거부하면 10년을 감옥에서 보내야 한다. 그가 자백하지 않을 경우, 나는 자백하면 석방되고 자백을 거부하면 6개월 동안 옥살이를 해야 한다. 따라서 자백하는 게 합리적이다. 그런데 문득 이런 생각이 떠오른다. 옆방 용의자는 지금 나와 똑같은 처지다. 내 경우에 자백하는 것이 합리적이라면 그의 경우도 마찬가지다. 그러면 둘 다 8년 동안 감옥신세를 져야 한다. 하지만 둘 다 자백을 거부하면 둘 다 6개월 뒤에 풀려난다. 자기 입장에서만 보면 자백하는 것이 분명히 합리적인데 합쳐놓고 보면 자백하는 게 오히려 손해다. 어떻게 해야 할까?

죄수의 딜레마에는 정답이 없습니다. 옆방 용의자의 이익을 전혀 고려하지 않는 이기적 관점에서는 둘 다 자백하는 것이 합리적입니다. 그런데 이기적 관점에서 볼 때 합리적인 선택을 하면 그러지 않았을 때보다 오히려 손해를 봅니다. 죄수의 딜레마에서 보듯, 한 사람 한 사람이 자신에게 이익이 되는 방안을 선택하면 모두에게 이익이 되는 방안을 선택했을 때보다 더 큰 손해를 입을 수 있습니다.

앞의 예는 극단적인 경우이지만, 일상생활에서도 죄수의 딜레마가 적용되는 상황이 많습니다. 출근길 꽉 막힌 도로에서 하염없이 시간을 보낸 적이 있는 사람은 알 것입니다. 개인적으로는 자가용을 끌고 출근하는 것이 이익이지만(버스는 자주 오지도 않고, 어차피 도로가 막히면 못 가기는 마찬가지이니까요) 모든 사람이 버스로 출근하기로 마음먹는다면 모두에게 이익이 될 것입니다. 버스 회사는 배차 간격을 줄일 수 있을 테고, 도로 정체가 사라져 출퇴근 시간을 절약할 수 있으니까요.

앞에서 예로 든 맥스와 린의 상황은 죄수의 딜레마와 비슷하면서도 다릅니다. 우선, 협력하면 둘 다에게 이익입니다. 서로 도와주지 않으면 비 때문에 농작물을 망쳐버릴 테니까요. 하지만 각자의 입장에서 볼 때 협력하는 것이 합리적일까요? 린이 먼저 맥스를 도와주고 나중에 추수 때가 되어 맥스에게 도와달라고 말했을 때, 맥스는 린을 돕는 게 자신에게 이익이 안 된다고 생각할 수 있습니다. 린에게서는 이미 도움을 받았으니 그 시간에 자기 밭의 잡초나 뽑는 게 더 낫습니다. 하지만 린의 입장에서 생각해봅시다. 린은 맥스를 돕는 게 자신에게 유리한지 따져보고는, 맥스의 수확이 먼저이니까 맥스가 나중에 자신을 돕는 것이 맥스에게는 이익이 되지 않을 테고 그렇다면 그때 가서 자신을 도와주지 않을 테니 아예 처음부터 맥스를 돕지 말아야겠다고 결론 내립니다. 따라서 죄수의 딜레마와 마찬가지로 맥스와 린은 협력하면 이익을 얻지만 각자 입장에서는 협력하는 것이 그다지 합리적으로 여겨지지 않습니다.

자백을 거부하는 것을 옆방 용의자와 '협력'하는 것으로 간주하면—즉, 두 사람이 적대적 관계가 아니라 우호적 관계라고 보면—죄수의 딜레마는 이른바 농부의 딜레마와 맞아떨어집니다. 둘 다 '협력의 딜레마Co-operator's Dilemma'의 변형입니다. 하지만 죄수의 딜레마와 농부의 딜레마 사이에는 중요한 차이가 있습니다. 죄수의 딜레마는 평생 한 번 있을까 말까 한 상황입니다. 두 용의자는 상대방과 협력할지 말지를 단 한 번 선택합니다. 두 사람이 같은 상황에 놓이는 일은 결코 없을 것입니다. 따라서 자백을 하든 안 하든 취조관이 제시한 조건 말고는 자신의 삶에 어떤 영향도 없을 것입니다. 이에 반해 맥스와 린은 이웃이고 앞으로도 평생 이웃으로 지낼 것입니다. 계절은 어김없이 돌아오니까 올해뿐 아니라 앞으로도 추수 때마다 도움이 필요합니다. 이것은 무엇이 자신에게 이익인지 따져볼 때 중요하게 고려해야 할 변수입니다. 맥스는 린이 자신을 도왔는데 자신이 은혜를 갚지 않으면 이듬해에, 또한 그 뒤로도 자신을 도와주지 않을 것임을 깨닫습니다. 린을 돕지 않고 자기 밭의 잡초를 뽑으면 잠깐 이익을 볼 수는 있겠지만 길게 보면 오히려 훨씬 손해입니다. 그렇다면 린을 돕는 것이 맥스에게 이롭습니다. 린도 이 사실을 알기에 맥스를 돕는 것이 자신에게 이롭다는 사실 또한 알고 있습니다. 따라서 협력의 딜레마는 상황이 한 번으로 끝나느냐, 무한히 되풀이되느냐에 따라 논리가 전혀 달라집니다.

액설로드의 연구를 이해하는 데 필요한 배경 설명이 끝났습니다. 액설로드는 죄수의 딜레마를 게임으로 보고, 수감 기간을 최소로 줄이는 것을 게임의 목표로 삼았습니다. 이를 위해 여러 팀이 참가하는 대회를 리그전 방식으로 개최했습니다. 규칙은 이렇습니다. 각 참가자는 나머지 참가자와 한 번씩 겨루는데 그때마다 200수를 둡니다. 매 수마다 침묵을 지켜 협력할지 자백하여 배반할지 선택합니다. 그 선택의 결과로 몇 년을 감옥에서 보내야 하는가는 상대방의 선택에 달려 있습니다. 형기는 루리타니아 경찰이 제안한 것과 같습니다. 다른 점은 선택을 아주 많이 반복해야 한다는 것입니다. 수를 둘 때마다, 앞선 상황에서 상대방이 어떻게 했는지 알기 때문에 상황이 달라집니다. 한 참가자와 200수를 둔 뒤에 다음 참가자, 또 다음 참가자와 대결하여 각 참가자가 나머지 모든 참가자와 정해진 횟수만큼 수를 두면 경기가 모두 끝납니다. 이제 각 참가자가 감옥에서 보낸 기간을 합산합니다.

대회에서 우승하기 위해 채택할 수 있는 전략은 여러 가지가 있습니다. 이를테면 매번 침묵을 지킬 수 있습니다. 이 전략을 '항상 협력'이라고 해둡시다. 한편 극단적으로 이기적인 '항상 배반' 전략을 채택할 수도 있습니다. 더 복잡한 전략도 있습니다. 이를테면 처음 열 번은 협력하고 그 뒤로는 배반할 수 있습니다. 아니면 상대방이 어떻게 나오느냐에 따라 달리 대응하는 전략을 고안할 수도 있습니다. 이를테면 앞선 수에서 상대방이 협력했을 때만 협력하는 것입니다. 액설로드는 보편적 상황에서 나머지 모든 전략보다 뛰어난 하나의 전략이 있는지 알고 싶었습니다. 이런 전략이 있다면 실생활에서도 유용할 것입니다. 우리와—개인이든 정부든—협력할 수도 있고 협력하지 않을 수도 있는 상대방과 과연 어떻게 할 것인지 결정해야 하는 상황은 얼마든지 있으니까요. 그리하여 액설로드는 앞에서 소개한 방식으로 죄수의 딜레마 대회를 개최했습니다. 의사 결정 전략을 연구하는 사람들에게 초대장을 발송했습니다. 초대장에는 경기 규칙 설명과, 승리 전략을 컴퓨터 프로그램 형태로 제출해달라는 요청이 적혀 있었습니다.

총 14개 팀이 참가했으며 그중에는 매우 정교한 전략을 내놓은 팀들도 있었습니다. 컴퓨터로 모든 전략을 대결시켰습니다. 우승을 차지한 전략은 그중에서 가장 짧고 간단했습니다. 아래 두 줄이 전부입니다.

가. 첫 수는 협력한다.
나. 그다음부터는 상대방이 방금 전에 한 대로 따라 한다.

이 전략을 '팃포탯Tit for tat', 즉 '눈에는 눈, 이에는 이' 전략이라고 합니다. 상대방이 한 그대로 되갚아준다는 뜻입니다. 상대방이 신사적이어서 협력하면 팃포탯은 협력합니다. 이기적이어서 배반하면 다음번에 이기적 배반으로 앙갚음합니다.

이렇게 유치한 전략이 우승했으니, 정교하고 복잡한 전략을 짜내느라 고생한 많은 전문가들은 심기가 불편했을 겁니다. 그래서 액설로드는 더 큰 규모로 제2회 대회를 열기로 했습니다. 팃포탯이 첫 번째 대회에서 훌륭한 성적을 거두었으며 이번에도 참가한다는 사실을 아는 상황에서 참가자들이 더 좋은 전략을 내놓을 수 있는지 확인하기 위해서였습니다. 이번에는 62개 팀이 참가했습니다. 대회가 시작되었고 팃포탯이 또다시 우승했습니다.[3]

팃포탯이 이토록 승승장구한 이유는 무엇일까요? 한 가지 이유는 팃포탯이 결코 상대방보다 먼저 비협조적 행동을 하지 않는 이른바 '신사적' 전략이라는 것입니다. 팃포탯은 신사적으로 행동하면서도, 처음부터 이기적으로 나온 '비열한' 전략보다 좋은 결과를 얻어냅니다. 팃포탯만 그런 것이 아닙니다. 죄수의 딜레마 대회에서 신사적 전략은 비신사적 전략보다 일반적으로 훨씬 뛰어난 성적을 올렸습니다.

이로부터 이타적 행동이 생존과 번식 가능성을 높일 수 있다는 중요한 결론이 도출됩니다. 액설로드는 이타적으로 행동하는 개체가 철저히 이기적으로 행동하는 개체 못지않은, 또는 더 나은 결과를 얻는 이유를 정확하게 밝혀냈습니다. 핵심 결론은 다음 세 가지입니다.

1. 팃포탯은 자신뿐 아니라 신사적인 전략 모두에 도움이 됩니다. 다시 말해서 팃포탯과 신사적 전략이 맞붙으면 둘의 수감 기간의 합은 나올 수 있는 가장 작은 값입니다. 두 전략은 협력으로 시작하여 그 뒤로도 줄곧 협력할 테니까요. 일반적으로 신사적 전략은 서로에게 유익합니다.

2. 신사적 전략과 대조적으로, 비열한 전략은 자기들끼리 만나면 상대방의 성공 기회를 망칩니다. 비열한 전략과 비열한 전략이 맞붙은 경기는 모두 성적이 형편없었습니다.

3. 신사적 전략과 비열한 전략이 맞붙었을 때, 신사적 전략은 상대방의 첫 번째 이기적 행동에 보복하는 한 좋은 결과를 냅니다.

이 결과가 이타적 행동의 진화에 어떤 의미가 있는지 이해하려면 컴퓨터 프로그램이나 게임 전략을 동물의 행동 방식으로 바꾸어 생각해야 합니다. 이 동물들은 사회적 동물로서, 안정된 집단을 이루어 살고 집단 구성원을 알아볼 수 있으며 상대방이 과거에 협력했는지 배반했는지 기억할 수 있어야 합니다. 인간은 진화의 역사 내내 이런 사회적 동물이었습니다. 침팬지와 고릴라, 원숭이, 코끼리, 늑대를 비롯한 여러 사회적 포유류도 이러한 조건에 들어맞습니다. 이렇게 물어봅시다. 죄수의 딜레마와 비슷한 경우가 실제 상황에서 꽤 자주 일어날 때, 눈앞의 이익을 좇는 동물이 생존하고 번식할 가능성이 더 높을까요? 아니면 상대방과 협력하려고 눈앞의 이익을 포기하는 '신사적' 동물이 더 나은 결과를 얻을까요?

답은 위의 세 가지 핵심 결론에서 이끌어낼 수 있습니다. 첫째, 모든 동물이 신사적으로 행동하는 집단에서는 모두가 좋은 결과를 얻습니다. 둘째, 모든 동물이 비열하게 행동하는 집단에서는 모두가 나쁜 결과를 얻습니다. 셋째, 일부가 신사적이고 일부가 비열하다면 신사적 동물은 상대가 비열하다는 사실을 알자마자 협력을 중단하는 한 좋은 결과를 얻습니다.

가장 중요한 세 번째 결론의 이유를 좀 더 자세히 살펴봅시다. 비열한 동물이 신사적 동물을 처음 만났을 때는 이익을 얻습니다. 신사적 동물은 협력하려고 눈앞의 이익을 포기하지만 비열한 동물은 그러지 않으니까요. 하지만 이렇게 이익을 얻는 것은 처음 한 번뿐이기 때문에, 안정된 집단에서는 나중에 가면 별 차이가 없습니다. 집단의 상당수가 신사적일 경우 신사적 동물이 두 번째 이후로는 다른 신사적 동물과 만났을 때 비열한 동물보다 좋은 결과를 얻기 때문에 처음의 손해를 벌충하고도 남습니다. 신사적 동물이 거두는 협력의 열매를 비열한 동물은 거두지 못하니까요.

여기까지는 너무 좋습니다. 그런데 이 진화의 에덴동산 어딘가에는 뱀이 숨어 있습니다. 성경에서처럼 어리석은 자가 문제입니다. 신사적 동물이 비열한 동물과 한 집단에 살되 은혜를 은혜로 갚는 동물과 원수로 갚는 동물을 구별하지 않고 무작정 신사적으로 행동하면 비열한 동물이 이익을 봅니다. 대가를 전혀 치르지 않으면서 상대방의 협력으로부터 이익만 얻는 것입니다. 그리하여 악순환이 시작됩니다. 처음에는 비열한 동물의 개체 수가 적었어도 이제 신사적 동물보다 더 많이 번식합니다. 신사적 동물이 신사적 동물을 만나는 일이 점점 줄어 협력의 열매를 거둘 기회가 감소합니다. 결국 신사적으로 행동하는 동물은 집단에서 사라집니다.

더 쉽게 설명해볼까요? 자신을 신사적으로 대하지 않는 사람을 신사적으로 대하는 것은 자진하여 봉이 되는 꼴입니다. 봉이 있으면 사기꾼이 득세하는 법입니다.[4] 반대로, 봉이 없으면 사기꾼도 맥을 못 춥니다. 상대방이 협력하지 않는 것을, 상대방이 사기꾼이라는 것을 알아차리자마자 모든 신사적 동물이 협력을 철회하면 비열한 동물이 등쳐 먹을 기회가 줄어듭니다. 따라서 2장에서 인용한 사고방식—"혼자 봉이 될 생각은 없어요"—은 건전한 생각입니다. 봉 노릇 하는 것은 자기뿐 아니라 모두에게 해롭습니다. 다행히도 우리 자신이 사기를 쳐야 한다는 말은 아닙니다. 이 상황을 해결하는 실마리는, 팃포탯으로 행동하는 동물의 비율이 커지면 사기꾼을 막아낼 수 있다는 것입니다. 이런 사회는 무조건적 사랑과 호의를 베풀지 않으므로 더는 낙원이 아닐 테지만, 비열한 동물이 지배하는 집단에서 사는 것보다는 훨씬 낫습니다.

이 결과는 "누구든지 네 오른편 뺨을 치거든 왼편도 돌려 대"라는 예수의 유명한 가르침을 실험으로 반박한 셈입니다. 대부분의 사람들은 왼뺨을 대주는 것이 (현실에서 너무 이상주의적일지는 모르지만) 고귀한 이상이라고 생각합니다. 그래서, 그렇게 행동하는 사람을 존경합니다. 기꺼이 양쪽 뺨을 얻어맞는 사람은 자기 혼자 손해를 보는 것이라고 생각합니다. 이제 아셨겠지만 이것은 사실이 아닙니다. 왼뺨을 대주는 것은 예비 사기꾼에게 사기가 수지맞는 일이라고 가르치는 꼴입니다. 고귀한 행위로 인한 손해가 당사자뿐 아니라 집단 전체에 미친다면 왼뺨의 윤리는 그다지 매력적이지 않습니다.

애초에 비열한 구성원이 많은 집단은 어떨까요? 이때도 선순환이 일어날 수 있을까요? 그렇습니다. 단, 신사적 동물이 소집단을 이루고 신사적 동물은 신사적 동물과 주로 만나야 합니다. 그러면 협력의 이익을 얻으면서도 남에게 이용당하지 않습니다. 비열한 동물은 비열한 동물끼리 지지고 볶으며 손해를 볼 것입니다. 그렇다면 소집단의 협력은 어떻게 시작될까요? 앞에서 보았듯 친족에 대한 이타심에는 장점이 있으며 친족 이타주의 유전자는 진화 과정에서 선호됩니다. 처음에는 소집단이 혈연관계가 있는 구성원으로만 이루어질 테고 이들은 협력할 것입니다. 거의 모두가 눈앞의 단기적 이익을 추구하는 세상에서도 협력이 생겨날 수 있습니다. 제1차 세계대전의 참호 부대에서 보았던 것처럼요. 협력하지 않는 사람들보다 더 나은 결과를 얻는 안정된 집단이 있는 한 이런 협력은 점점 확대될 것입니다.

놀라운 결과입니다. 팃포탯은 확실한 선순환을 가져다줄 수 있습니다. 팃포탯 행위는 비열한 행위를 몰아낼 수 있지만 비열한 행위는 팃포탯 행위를 몰아내지 못합니다. 액설로드 말마따나 "사회 진화의 톱니바퀴는 역회전을 방지하고 앞으로만 돌아가게 하는 미늘이 있"습니다.[5]

여전히 우리는 편협한 이기심에서 벗어나지 못했는지도 모릅니다. '신사적' 행동이 이롭다고 칩시다. 그렇다면 신사적으로 행동하는 사람들은 혹시 똑똑한 이기주의자에 불과한 것이 아닐까요? 하지만 5장에서 친족에 대한 이타주의를 설명하면서 언급했듯 이러한 반론은 오해입니다. 형제자매를 향한 사랑을 진화론의 관점에서 설명할 수 있다고 해서 이런 감정이 순수하지 않다고 말할 수는 없습니다. 우리가 형제자매를 돕는 것은 이들을 아끼고 사랑하기 때문이지 유전적으로 가깝기 때문이 아닙니다. 마찬가지로 협력이 최상의 방책이라고 해서 협력이 반드시 이익을 얻으려는 동기에서 비롯한 것은 아닙니다. 물론 그럴 때도 있겠죠. '남에게 피해만 주지 않으면 그만'인 개인주의 체제라면요. 하지만 다른 상황에서는 그렇지 않을 것입니다. 자신에게 친절을 베푸는 사람에게 호의를 보이는 것은 (적어도 일부 사람에게는) 인지상정입니다.

우정을 예로 들어봅시다. 친구들은 대체로 서로 돕습니다. 따라서 친구가 있으면 유리합니다. 그렇다고 해서 우정과 이에 속한 모든 감정—사랑, 충성, 연대, 감사 등—이 허위이고 벌거벗은 이기심을 감추는 외투에 불과한 걸까요? 결코 그렇지 않습니다. 우정을 이기적으로 계산하는 사람이 있긴 하지만 대부분은 그러지 않습니다. 대다수 사람들은 친구를 좋아하고 친구와 함께 있고 싶어 합니다. 이것은 협력이 일어나기 위한 좋은 조건입니다. 동물 중에도 혈연관계가 아닌 구성원끼리 서로 돕고 편드는 사례가 많습니다. 이런 친구 사이에는 협력적 행동이 일어납니다. 이를테면 먹이를 나눠 먹는 동물도 있고 공격을 받았을 때 친구를 지켜주는 동물도 있습니다. 침팬지를 비롯한 영장류는 서로 털을 고르면서 손이 닿지 않는 곳에 있는 기생충과 흙을 떼어주느라 오랜 시간을 보냅니다. 인간에게서 친구와 함께 있는 것을 좋아하는 성향이 진화한 것은 이것이 이롭기 때문인지도 모르지만, 그렇다 해도 우정은 여전히 순수한 것입니다.

우정과 협력이라는 주제에 대해 하나만 더 언급하겠습니다. 모두가 서로 알고 있는 작고 안정된 사회에서는 사기꾼이 잘나갈 수 없습니다. 하지만 우리와 함께 살고 일하고 거래하는 사람에 대해 아는 것이 적을수록 누군가 사기를 쳐서 이익을 얻을 기회가 커집니다. 뉴욕 컬럼비아 대학의 심리학 교수 리처드 크리스티는 이른바 '마키아벨리즘Machiavellianism'이라는 성격 유형을 판단하는 방법을 고안했습니다. 심리학 분야에서 마키아벨리즘은 남을 조종하고 속이는 능력을 일컫습니다. 크리스티가 이 연구를 한 것은 사회적 행동을 진화적으로 설명하려는 시도가 유행하기 전이었지만, 결과는 진화적 모델에서 예측하는 그대로였습니다. 스페인 학생 수백 명을 실험했더니 마키아벨리즘 성향이 큰 학생들은 대체로 산업 선진국 출신이었고, 미국의 경우는 대도시에서 청소년기를 보낸 사람일수록 더 마키아벨리적이었습니다.[6] 낯선 사람과의 교류는 '상대방의 협력 본성을 이용하여 도움을 받되 자기한테 이익이 안 되면 상대방을 돕지 않는 사람들'에게 좋은 기회입니다. 하지만 이 기회가 유지되려면 순수한 마음으로 협력하려는 사람이 많아야 합니다. 기생식물이 양분을 빨아 먹으려면 건강한 나무가 있어야 하듯, 사기꾼이 이득을 취하려면 협력적 관계가 존재해야 합니다. 따라서 '알고 보면 죄다 사기꾼이다'라는 식의 냉소적 사고방식은 인간관계를 제대로 이해하지 못한 것입니다. 모두가 사기꾼이라면 아무도 남을 믿지 않기에 사기 칠 기회도 없을 테니까요.

우리는 삶의 거의 모든 영역에서 '반복되는 죄수의 딜레마' 상황을 맞닥뜨립니다. 인간관계에서, 사업에서, 정치에서, 외교에서 우리는 상대방과, 잠재적 거래처나 고객과, 정치적 동맹 세력과, 외국 정부와 협력할지 배반할지 결정해야 합니다. 관계의 양측은 협력의 대가를 지불하지 않고 혜택만 취하려는 유혹을 받을 수 있지만, 둘 다 잔꾀를 부리면 둘 다 협력했을 때보다 오히려 더 손해를 입습니다. 액설로드의 연구 결과를 적용하면 모든 당사자가 더 나은 결과를 얻도록 할 수 있습니다. 앞 절에서 보았듯, 대회에서 승리하려면 팃포탯 전술을 써야 합니다. 이제 일상생활의 다양한 상황에서 팃포탯 규칙을 어떻게 쓸 수 있는지 설명하겠습니다.

1. 일단 흔쾌히 협력한다.

우호적인 태도로 사람을 대하십시오. 낯선 사람을 만났을 때, 그가 나쁜 사람이라고 생각할 이유가 없다면 최대한 배려하여 호의를 베푸십시오. 팃포탯 규칙에 따르면 먼저 협력하는 것은 남뿐 아니라 나에게도 이롭습니다.

물론 첫 만남에서 상대방을 얼마나 믿을 수 있는지에는 한계가 있습니다. 저는 잘 모르는 사람들에게 곧잘 책을 빌려주는데 대개는 돌려받습니다. 하지만 학술지 과월호는 다시 구하기가 여간 어렵지 않기 때문에, 잘 아는 사람이 아니면 빌려주지 않습니다. 사업 관계를 새로 맺을 때에도 위험을 최소화하는 것이 당연하지만, 일단 계약을 했으면 상대방이 계약 내용을 이행할 것이라고 온전히 믿어야 합니다.

팃포탯은 나와 상대방의 관계가 유지될 가능성이 있을 때만 효과가 있기 때문에, 둘의 관계를 오래 유지할 방법을 찾는다면 둘 모두에게 유익할 것입니다. 결혼은 두 사람이 평생 동안 진심으로 협력할 토대를 놓는 역할을 했습니다. 여기서 전제는 이혼이 불가능하거나 사회적으로 용인되지 않거나 매우 힘들어야 한다는 것입니다. 하지만 이혼과 재혼을 대수롭지 않게 생각하는 할리우드식 사고방식 때문에 결혼의 중요한 역할이 훼손되었습니다. 오래도록 약속을 지킬 생각이 없다면 결혼은 아무 의미도 없습니다. 교회의 허락을 받지 않은 섹스가 죄악이고 사생아는 정상적인 자녀가 아니라고 믿던 시대의 유물일 뿐입니다. 보수적 종교가 쇠퇴하면서 이러한 구시대적 믿음이 사라지고 있습니다. 이런 믿음은 없는 게 낫습니다. 문제는 이와 더불어 결혼 제도도 사라질지 모른다는 것입니다. 그럴 조짐이 보입니다. 동거하는 커플이 점차 많아지고 있으니까요.

물론 결혼이라는 관계의 종교적·법적 성격과 무관하게 약속의 진정성을 나타낼 방법이 많이 있습니다. 재산을 공동소유로 돌리고 가정에 시간과 노력을 투자하는 것도 한 방법입니다. 사이가 틀어지면 '공동출자'가 물거품이 될 테니까요. 제 경우에 서로에 대한 약속을 가장 확실하게 보장한 것은 결혼하겠다는 결정이 아니라 아이를 갖겠다는 결정이었습니다. 그렇다고 해서 결혼하기 전에 아이를 가졌다는 말은 아닙니다. 가질 생각조차 하지 않았습니다. 저희 부부는 그다지 자유분방하지 않았습니다. 아이를 갖기로 마음먹은 것은 결혼하고도 4년이 지나서였습니다. 그동안 부부 관계가 원만했고 부부로서의 의무도 다했지만, 아이가 생기기 전에는 함께 사는 것이 (필수가 아닌) 선택이었습니다. 이혼이 종교적·도덕적 규범에 어긋난다고 생각하지 않았기에, 서로에 대한 감정이 바뀌면 각자 갈 길을 갈 수도 있었습니다. 하지만 아이를 갖기로 마음먹자 선택의 문이 닫혔습니다. 문을 다시 열 수야 있겠지만 막대한 피해를 각오해야 합니다. (분명히 말씀드리지만 이것은 관계의 본질이나 성격에 대한 것이 아니라 구속력 있는 약속의 가능성에 대한 것입니다.) 아이들은 저희의 미래를 어떤 약속보다 단단하게 구속했습니다. 부모와 자녀가 사랑으로 맺어진 뒤에는 부모 사이의 관계를 완전히 끊을 방법은 아무것도 없기 때문입니다. 남편과 아내가, 또는 어느 한쪽이 부부 관계를 끝내고 새로 시작하고 싶어도 둘이 함께 낳아 기르는 아이가 있기에 그럴 수 없습니다.

2. 은혜를 은혜로 갚고 원수를 원수로 갚는다.

팃포탯을 따르는 것은 낭떠러지 위로 난 외길을 운전하는 것과 같습니다. 왼쪽 낭떠러지가 서로를 파괴하는 상호 보복의 악순환에 빠지는 것이라면 오른쪽 낭떠러지는 상대방에게 이용당하는 것입니다. 우리는 일단 우호적으로 협력합니다. 하지만 상대방이 나만큼 협력하지 않는다는 것이 분명해지면 방침을 바꾸어야 합니다. 그런데 얼마나 빨리 바꾸어야 할까요? 죄수의 딜레마 대회에는 팃포투탯Tit for Two Tat이라는 프로그램이 참가했는데, 이 프로그램은 비협력적 행동을 한 번은 용서하고 두 번째부터만 응징했습니다. 제1회 대회에서는 성적이 매우 좋았지만 제2회 대회에서는 많은 프로그램들이 팃포투탯의 첫 번째 용서를 악용했습니다.

팃포탯의 중요한 원칙을 지키지 못한 역사적 사례 중에서 가장 눈에 띠는 것은 히틀러가 베르사유조약을 하나씩 파기할 때 영국과 프랑스가 취한 유화 정책입니다. 히틀러는 우선 독일군을 재건했습니다. 팃포탯 방침에 따르면 어떻게든 보복했어야 하지만 연합국은 아무 조치도 취하지 않았습니다. 1936년에 히틀러는 군대를 라인란트에 진격시켰는데, 이곳은 베르사유조약에서 비무장지대로 정한 곳이었습니다. 팃포투탯에 따르더라도 응징을 해야 할 시점이었지만 연합국은 이번에도 수수방관했습니다. 1938년에 히틀러가 오스트리아를 합병했을 때에도 마찬가지였습니다. 히틀러는 그해가 가기 전에 체코슬로바키아의 독일인 거주 지역 주데텐란트를 요구했습니다. 이번에는 연합국도 참을 만큼 참은 듯했습니다. 하지만 뮌헨회담에서 연합국은 히틀러의 요구를 모두 들어주었습니다. 연합국이 히틀러의 일방적 무력행사에 이토록 무력하게 굴복하자 히틀러는 자신이 바라는 것을 무엇이든 얻어낼 수 있으리라고 확신했습니다. 히틀러가 계속 승승장구하자 독일 국민은 히틀러를 천재적 지도자로 떠받들었습니다. 가정이지만, 연합국이 라인란트 재무장에 단호히 반대했다면 미처 전열을 가다듬지 못한 독일군에게 손쉽게 승리할 수 있었을 것입니다. 연합국이 마침내 폴란드를 방어하겠다고 나섰을 때는 상황이 훨씬 어려워졌습니다. 영국과 프랑스가 용서를 남발하는 바람에—다섯 번째 배반에서야 보복하겠다고 나섰습니다—제2차 세계대전은 엄청난 피해를 낳았습니다. 여기에는 여러 요인이 있는데, 특히 영국과 프랑스의 많은 사람들은 독일에 너무 가혹한 조약을 강요했다는 죄책감을 느꼈고 어떤 대가를 치르더라도 전쟁을 피하고 싶어 했습니다. 제1차 세계대전의 참상을 겪은 뒤였으니 그럴 만도 합니다. 하지만 돌이켜 생각해보면, 일방적으로 무력을 행사하겠다고 마음먹은 자가 자신이 원하는 것을 공짜로 얻도록 방치한 것은 비극적인 판단 착오였습니다.

틋포탯을 적용하기가 매우 힘든 상황도 있습니다. 미국은 베트남전쟁 참전을 정당화하기 위해, 나치즘에 양보한 것처럼 공산주의에 양보하는 실수를 저질러서는 안 된다는 논리를 곧잘 내세웠습니다. 이러한 논리의 바탕이 된 것은 아시아를 가로지르며 중국, 북한, 북베트남을 정복하고 남베트남을 징검다리 삼아 타이와 말레이시아까지 넘보는 국제 공산주의를 단일한 실체로 여기는 사고방식이었습니다. 하지만 이것은 틀린 생각이었습니다. 베트남전쟁은 국제 공산주의가 자신의 힘을 시험하는 무대가 아니라 단순한 국지적 분쟁이었습니다. 미국의 매파는 베트남전쟁에서 공산주의가 승리하면 타이, 말레이시아, 인도네시아가 공산주의로 넘어가는 '도미노 효과'가 일어나리라 주장했지만 이는 사실과 달랐습니다.

베트남전쟁의 교훈은 틋포탯을 무작정 적용해서는 안 되며 구체적인 사실을 자세하고 정확하게 파악하는 것이 우선이라는 것입니다. 이렇게 하더라도 무력 분쟁이 없는 유토피아를 이루지는 못하겠지만, 틋포탯을 제대로 이해하여 현명하게 적용하면 전쟁을 부쩍 줄일 수 있습니다. 전쟁이 수지맞는 장사가 아님을 보여줄 수 있으니까요. 부시 대통령이 이라크의 침략 행위에 대한 유엔의 단호한 대처를 '새로운 세계 질서'의 개막으로 칭송하자 국제사회는 의심의 눈초리를 보냈지만, 명백한 침략에 저항하는 집단적 결의를 새로운 세계 질서의 토대로 간주하는 것이 터무니없는 생각은 아닙니다. 이는 근본적으로 팃포탯의 단순하면서도 효과적인 원칙을 바탕으로 한 것이기 때문입니다. 하지만 아직도 한 가지 위험이 남아 있습니다. 팃포탯은 관계가 지속되는 상황에서 효과를 발휘하는 규칙입니다. 상대방이 저지른 악행이 너무 커서 이쪽에서 보복하는 것이 불가능하다면 팃포탯은 무용지물입니다. 이와 마찬가지로 보복이 공멸을 부른다면 (보복할 능력이 있더라도) 보복하는 것은 현명한 생각이 아닙니다. 핵무기는 이러한 두 가능성을 현실로 만들 수 있습니다. 따라서 핵무기는 수많은 것을 위험에 빠뜨림과 동시에 국가 간의 관계를 통제하는 최선의 토대(팃포탯)를 위협합니다.

3. 단순하게 행동한다.

팃포탯은 매우 단순한 규칙입니다. 단순하게 행동하면 상대방이 상황을 쉽게 파악할 수 있다는 이점이 있습니다. 게임이론에는 '제로섬게임$^{Zero\text{-}sum\ Game}$'이라는 용어가 있는데, 이것은 누군가 이익을 얻으면 다른 누군가가 그만큼 손해를 입어야 한다는 뜻입니다. 내기 포커는 돈의 측면에서 보면 제로섬게임입니다. 판이 끝나고 나서 이긴 사람들이 딴 돈에서 진 사람들이 잃은 돈을 빼면 정확히 0입니다. 삶이 제로섬게임이라면 단순한 규칙을 따르다가는 손해를 볼 것입니다. 자기가 잘되려면 남을 못되게 해야 하기 때문입니다. (포커에서는 자신의 의도를 숨겨야 이길 수 있습니다.) 하지만 현실 상황에서는 협력하면 양쪽 다 이익을 얻을 수 있습니다. 처음부터 서로를 이해하면 더 좋은 성과를 거둘 수 있습니다. 그러면서 협력을 이끌어내는 방법을 배울 수 있죠. 또한 자신이 이용당하지 않으리라는 것을 상대방이 안다면 둘 다에게 이로울 것입니다. 따라서 방침을 똑똑히 드러내는 것은 자신에게 이롭습니다. 상대방이 내가 무엇을 하는지 알고 호혜적으로 협력하기가 수월하기 때문입니다.

그렇다면 인간적으로 가까운 사이에도 팃포탯을 적용해야 할까요? 그렇게 생각한다면 속 좁고 계산적인 사람으로 비칠 것입니다. 사랑하는 연인은 죄수의 딜레마에 빠지지 않습니다. 친한 친구도 마찬가지입니다. 자녀 양육 문제를 생각해봅시다. 부모라면 자녀에 대해 팃포탯의 효과를 계산하기보다는 사랑과 헌신으로 대하는 것이 마땅하지 않을까요?

연인, 가족, 가까운 친구 사이처럼 상대방의 행복을 진심으로 바라는 관계에서는 상호주의를 들먹일 일이 거의 없습니다. 학술적으로 표현하면 이렇습니다. 죄수의 딜레마 게임에서 상대방이 행복하기를 바라면 결과를 판단하는 기준이 달라집니다. 루리타니아 유치장에 갇힌 두 죄수가 상대방의 행복을 자신의 행복만큼 바란다면 자신이 가장 빨리 풀려나는 방안이 아니라 둘의 수감 기간 합계가 가장 짧은 방안을 선택할 것입니다. 자백을 거부하면 상대방이 어떻게 행동하든 전체 수감 기간이 짧아집니다(상대방이 자백할 경우, 나까지 자백하면 총 16년을 갇혀 있어야 하지만 내가 거부하면 총 10년만 갇혀 있으면 됩니다. 상대방이 자백하지 않을 경우, 내가 자백하면 총 10년을 갇혀 있어야 하지만 나도 자백을 거부하면 1년만 갇혀 있으면 됩니다). 따라서 이타적 죄수는 자백을 거부할 것이며, 죄수가 둘 다 이타적이면 둘 다 상대방의 수감 기간을 염려하지 않는 경우보다 더 나은 결과를 얻을 것입니다. 상대방의 행복을 자신의 행복처럼 여기는 연인, 가족, 친구는 죄수의 딜레마에 빠지지 않습니다.

상대방을 진심으로 염려하는 태도는 죄수의 딜레마를 해결하는, 아니 해소하는 완벽한 방법입니다. 가능하다면 가족이나 가까운 친구 이외의 사람에게도 이 방법을 적용하는 것이 좋지 않을까요? 우리는 종종 자녀에게 남의 입장에 서보라고 가르칩니다. 다른 여자아이 장난감을 빼앗고 싶어 하는 딸에게 우리는 이렇게 말합니다. "걔가 너한테 그렇게 했다면 네 기분이 어떻겠니?" 이것은 상대방이 나와 마찬가지로 상처받거나 괴로워하는 사람이라는 중요한 도덕적 가르침입니다. 상대방에게 충분히 공감하면 팃포탯을 쓸 필요가 없습니다. 하지만 그러지 못할 때는 가까운 친구나 가족 사이에서도 팃포탯으로 효과를 볼 수 있습니다. 특히 자녀에게는, 최소한 상호주의가 상대방과 나에게 더 이롭다는 것을 깨우쳐야 합니다. 저희 십 대 딸아이가 맡은 집안일을 하지 않고 텔레비전에 빠져 있을 때 아버지의 사랑으로 용서하는 것은 딸에게도 가족 전체에도 최선의 방법이 아닐 것입니다. 그보다는 다음에 딸아이가 친구 집에 가고 싶어 할 때 아빠가 태워주지 않을 것임을 확실히 해두는 것이 아이에게나 저에게나 더 유익할 것입니다. 물론 마음이 편치는 않겠지만, 진정 딸아이를 위한다면 가족 구성원으로서 할 일을 해야 한다는 것을 가르쳐야 합니다.

가족과 개인적 관계를 넘어선 대규모 사회에서는 팃포탯이 상대방과의 관계를 조정하는 데 중요한 역할을 합니다. 하지만 현대 도시 환경에서 팃포탯을 추구하는 것은 액설로드의 컴퓨터 세계에서보다 훨씬 힘듭니다. 문제는, 팃포탯 전략을 쓰려면 누가 우리와 협력하고 누가 협력하지 않는지 알아야 한다는 것입니다. 컴퓨터는 상대방이 누구이고 어떤 행동을 하는지 파악하는 데 아무 문제가 없습니다. 프로그램이 다 알려주니까요. 맥스와 린의 안정된 관계에서도 마찬가지입니다. 자신의 행동을 숨길 수 없으니까요. 물론 소규모 사회에서도 교묘히 속임수를 쓸 여지는 있습니다. 이를테면 함께 식량을 채취하러 갔다가 맛있는 열매를 남몰래 입에 넣을 수 있겠죠. 하지만 이런 사소한 속임수는 대도시에서 일상적으로 벌어지는 사기극에 비하면 아무것도 아닙니다. 도시에서는 전에 한 번도 본 적 없고 앞으로도 평생 볼 일이 없을 사람들을 끊임없이 상대해야 합니다. 그러니 시골처럼 문을 잠그지 않고 산다는 것은 상상할 수도 없습니다. 제 몸은 철갑으로 보호한 채 남을 죽거나 다치게 할 수 있는 속도로 도로를 질주하는 운전자가 보행자를 대하는 태도는 늘 마주치는 이웃을 대할 때와 다를 수 있습니다.

조세제도는 해마다 반복되는 거대한 죄수의 딜레마로 볼 수 있습니다. 사람들은 정부의 서비스가 (적어도 일부는) 세금에서 충당되기를 바라지만 자신의 몫을 내는 것은 달가워하지 않습니다. 이때 팃포탯을 적용하기 힘든 이유는 협력하지 않는 사람을 가려내기가 쉽지 않기 때문입니다. 따라서 탈세야말로 모든 개인이 추구할 필승 전략이라고 생각할 수 있습니다. 탈세의 손익을 변화시키려면 적발 시에 엄한 처벌을 부과하여 사람들이 탈세의 유혹에 빠지지 않도록—적발의 위험을 감수하지 않도록—해야 합니다. 이를 위해서는 과징금을 올릴 수도 있고 세무조사를 철저히 할 수도 있고 두 방법을 한꺼번에 쓸 수도 있습니다. 탈세 방지책이 성공한다면 죄수의 딜레마를 완전히 없앨 수 있습니다. 금전적인 방법만 있는 것은 아닙니다. 과징금과 더불어 공적으로 창피를 주는 방법도 배반을 줄이는 효과가 있습니다. 경우에 따라서는 창피를 주는 것만으로 충분하기도 합니다. 물론 손익만 변화시킨다고 해서 탈세를 완전히 뿌리 뽑을 수는 없습니다. 사람들은 피해를 입을 것을 뻔히 예상하면서도 온갖 범죄를 저지르니 말입니다. 하지만 무엇이 자신에게 이롭고 해로운지 분간할 줄 아는 사람들의 탈세를 막는 것만 해도 장족의 발전일 것입니다.

정의도 같은 방법으로 설명할 수 있습니다. 정의는 통념과 달리 신이 인간에게 부과한 신성불가침의 도덕 원칙이 아니며 우주의 주춧돌에 새겨져 있지도 않습니다. 정의는 현실 세계에서 팃포탯이 작동하도록 하는 개념적 수단, 그 이상도 이하도 아닙니다. 그러니 정의를 적용할 때는 신중을 기해야 합니다. "하늘이 무너져도 정의를 세워라Let justice be done, though the heavens fall"라는 옛말이 있지만, 이는 정의를 지나치게 절대시하는 태도입니다. 정의를 얼마나 엄격히 추구해야 하는가는 상황에 따라 다를 수 있습니다. (드문 경우이기는 하지만) 정의가 단기적으로든 장기적으로든 누구에게도 이익이 되지 않을 때는 정의를 고집하는 것이 무의미합니다.

에드워드 웨스터마크는 여러 사회의 도덕규범을 연구한 뒤에 이렇게 결론 내렸습니다. "자신에게 은혜를 베푼 사람에게 은혜를 갚거나 고마워하는 것은 어디에서나—적어도 특정 상황에서는—의무로 간주되는 듯하다."[7] 이러한 감사 의무가 있기에 우리는 남이 호의를 베풀면 똑같이 화답합니다. 분노, 원한, 복수 등의 개념은 남이 해를 입혔을 때 우리가 어떻게 반응하는지 보여줍니다. 이 모든 개념을 아우르는 것이 바로 상호주의입니다. 상호주의를 일컬어 키케로는 '첫째 의무first demand of duty[8]라 했고 공자는

'일이관지一以貫之'(하나의 이치로 모든 것을 꿰뚫는다)[9]라 했으며 미국의 사회학자 앨빈 굴드너는 우리가 아는 사실상 모든 사회에서 보편적으로 받아들이는 극소수의 도덕 관념 중 하나라고 말했습니다.[10] (5장에서 보았듯 친족, 특히 자녀에 대한 의무도 모든 사회에서 인정됩니다. 친족과 상호주의는 보편적으로 수용되는 도덕 원칙의 가장 강력한, 어쩌면 유일한 후보입니다.)

윤리상대론자들은 인간이 처한 환경이 다양하게 변한다고 말하지만, 더 인상적인 것은 인류 문화를 관통하는 일관성입니다. 그리스의 역사가 폴리비오스는 2000년도 더 전에 이렇게 썼습니다.

어떤 사람이 위험에 처했다가 남에게 도움을 받았는데 자기를 구해준 사람에게 감사를 표하지 않고 오히려 그에게 해를 입히려 한다면, 이 사실을 안 사람들은 그러한 행위에 당연히 불쾌감을 느낄 것이며 피해를 입은 사람들의 분노에 공감하고 자신도 같은 처지에 있다고 생각할 것이다. 이로부터 의무의 의미와 이론에 대한 관념이 생기니, 이것이 정의의 시작이자 끝이다.[11]

바빌로니아의 유명한 함무라비법전은 '눈에는 눈, 이에는 이'를 정의라고 선언함으로써 팃포탯의 정수를 표현했습니다. (이 법은 귀족 사이에만 적용되었습니다. 자유인이나 노예에게 피해를 입혔을 때는 벌금으로 충분했습니다.)[12] 하지만 가해자의 눈을 뽑는 것이 눈을 잃은 피해자에게 온당한 보상일까요? 무엇이 공정한가 아닌가에 대한 논의는 여기에서 출발합니다. 저라면 상대방의 눈을 뽑기보다는 그가 입힌 피해에 걸맞은 보상을 받고 싶을 것 같습니다. 상대방이 내 눈을 뽑은 것이 아니라 내 농작물을 불태웠는

데 그자에게는 태울 농작물이 없다면 어떻게 해야 할까요? 무엇이 공정한가에 대해 합의가 이루어졌더라도, 공평하지 못하면 정의를 실현하기 어렵습니다. 손해를 보았다는 생각이 들어 앙갚음을 하면 상대방은 더 심한 보복으로 대응합니다. 햇필드가와 매코이가(미국 애팔래치아 산맥에 살던 두 일가로, 원한이 유혈참극으로 이어졌다_옮긴이)의 유명한 사례에서 보듯, 이렇게 원한이 쌓이면 몇 해 동안, 심지어 몇 세대가 지나도록 앙숙으로 지내기도 합니다.[13] 이런 일을 막으려면 공평함이라는 개념과 더불어, 공평한 결정을 통해 공정을 기하는 제도가 있어야 합니다. 이렇게 하면 머지않아 사회 전체가 (심각한 피해를 입힌 자를 합당하게 처벌하는 것을 비롯하여) 정의를 받아들이고 구현하도록 할 수 있습니다.

4. 흔쾌히 용서한다.

팃포탯은 언제든 기꺼이 용서하고 과거를 잊는다는 것을 의미합니다. 상대방이 과거에 아무리 많은 잘못을 저질렀더라도 단 한 번만 협력하면 팃포탯은 협력합니다. 따라서 상처를 주고받는 보복의 악순환에서 쉽게 벗어날 수 있습니다. 또한 문제가 확대되는 것을 피할 수 있으며 상대방이 나의 방침을 정확히 파악할 수 있습니다. 실생활에서 과거를 쉽게 용서하지 못하는 이유는 과거가 미래의 나침반 역할을 하기 때문입니다. 상대방이 협력을 제안하더라도 우리는 그 제안이 진실한 것인지 확신하지 못합니다. 상대방이 협력을 제안해놓고 뒤통수를 치려 한 전례가 있다면 그렇지 않을 때보다 조심하는 게 현명하겠죠. 이러한 전제하에서, 팃포탯의 성공은 과거에 협력하지 않은 사람과도 협조적이고 호혜적인 관계를 시작하거나 재개할 가능성을 열어두는 것이 바람직하다는 것을 보여줌니다.

5. 샘내지 않는다.

틋포탯이 성공을 거둔 마지막 요인은 남들이 자기보다 잘나가는 것을 신경 쓰지 않는다는 것입니다. 틋포탯이 전반적으로 좋은 결과를 거둔 이유는 서로 협력하는 상황을 다른 어떤 전략보다 많이 만들어냈기 때문입니다. 틋포탯에 시샘이 있었다면, 상대방이 은혜를 원수로 갚았을 때 자신도 한 번은 은혜를 원수를 갚아 피장파장을 만들려 했을 것입니다. 하지만 그러려면 자신이 이기적 행동을 해야 하는데, 그랬다가는 상호 보복이 늘고 협력 관계가 줄었을 것입니다.

제로섬게임에서는 시기심에도 일리가 있습니다. 하지만 포커가 이론상으로만 제로섬게임이듯 실생활도 늘 그런 것은 아닙니다. 몇 푼 따고 잃는 것에 연연하기보다 사람들과 즐거운 저녁 시간을 보내고 싶다면 이겼든 졌든 모두가 게임에서 이익을 얻었다고 볼 수 있습니다. 삶은 제로섬게임이 아닙니다. 샘내지 않으면 더 나은 결과를 얻을 수 있습니다. 심리적 측면에서 보아도, 틋포탯 전략의 측면에서 보아도 그렇습니다. 전략적 측면에서 볼 때 최고의 협력 파트너는 우리의 성공을 자신의 성공처럼 기뻐해주는 사람입니다. 따라서 시기심 많은 사람들은 호혜적 협력의 기회를 놓칠 가능성이 큽니다. 시샘하는 성격을 숨기고 싶어도 쉽지 않습니다. 설사 숨길 수 있다 하더라도 심리적 손실을 감수해야 합니다. 시기심은 유쾌한 감정이 아닙니다. 시기심은 본질적으로 만족과 반대되는 감정이며 채우지 못한 욕망에 집착하는 것입니다. 이래서는 행복해지기가 무척 힘듭니다. 시기심 많은 사람을 생각하면 '불쌍하고, 있는 것을 즐길 줄 모르고, 없는 것에 집착하는 사람'의 이미지가 떠오를 것입니다. 시기심이 극에 달하면 스스로를 파멸시키기도 합니다. 월 스트리트 금융인 데니스 러빈도 시기심에 사로잡혔던 것으로 보입니다. 드렉셀 버넘 램버트의 옛 동료 말에 따르면 러빈은 "자신이 십만 단위를 벌어들일 때 고객이 억 단위를 벌어들이는 것에 늘 불만을 터뜨렸"다고 합니다. "러빈은 '그자들과 같이 있으면 얼간이가 된 기분이야'라는 말을 달고 살았습니다." 이미 충분한 소득을 거두고 있었으면서도 과욕을 부린 러빈과 그에게서 내부 정보를 건네받은 사람들을 기다린 것은 교도소였습니다.

시기심이 효과적인 동기 유발 요인이라는 것은 의심할 여지가 없습니다. 시기심은 높은 지위나 물질적 부를 추구하도록 동기를 부여할 수 있습니다. 시기심이 서로에게 피해를 주는 것이 분명한데도 사라지지 않는 것은 이 때문일 것입니다. 시기심의 효과가 너무 뛰어나기 때문에, 기업들은 제품을 팔기 위해 사람들 마음속의 시기심을 은밀히 또는 노골적으로 부추기려 듭니다. 자신과 남을 비교하도록 하여 사람들의 시기심과 이기심을 조장합니다. 이것은 서로를 위해 협력하려는 태도에 악영향을 끼칩니다.

욕망과 윤리의
작은 조화

사회에서 윤리 규칙을 발전시키는 것은 사람들이 믿고 협력할 수 있도록, 더 오랫동안 협력할 수 있도록 하기 위해서입니다. 그 결과는 사회 전체에도 개인에게도 이익이 됩니다. 우호적이고 협력하는 태도로 시작하는 것, 장기적 관계를 맺는 것, 남에게 이용당하지 않는 것, 솔직하고 개방적으로 행동하는 것, 샘내지 않는 것—이것은 자신의 본성을 억누르고 자신에게 가장 유리한 것을 외면하라는 명령이 아닙니다. 사회적 존재로서 행복하고 충만한 삶을 살아가고자 하는 모든 사람에게 주는 건전한 조언입니다.

이와 더불어 5장에서 설명한 가족과 친족의 윤리적 중요성을 보건대 윤리는 인간의 진화된 사회적 본성에 대한 진화론적 설명과 꽤 맞아떨어집니다. 윤리적 행동의 핵심 영역에서는 욕망과 윤리가 조화를 이룹니다. 가족, 친족, 연인, 친구, 파트너, 동료와 함께 살아가는 세상에서는 자기 이익과 윤리가 곧잘 같은 방향을 가리킵니다. 이를 통해 우리는 윤리와 자기 이익의 충돌을 조금이나마 해소할 수 있으며, 어떻게 살아야 하는가에 대한 궁극적 선택도 그만큼 덜 힘들어질 것입니다. 우리는 윤리적 삶을 선택하는 동시에 인간으로서 가장 중요한 욕구를 꽤 충족하는 삶을 살 수 있습니다. 물론 이 장과 5장에서 설명한 윤리 영역은 결코 윤리 전체를 아우르지 않습니다. 이 책 나머지 장에서는 뚜렷하고 훨씬 시급한 윤리 영역, 자기 이익의 본질에 대한 심오한 물음을 살펴볼 것입니다.

윤리적 삶

08

야드바셈 홀로코스트 박물관은 예루살렘 헤르츨 언덕에 자리 잡고 있습니다. 홀로코스트 희생자와 당시에 유대인을 도운 사람들을 추모하기 위해 이스라엘 정부가 세운 야드바셈은 추모관이자 박물관이자 연구소입니다. 야드바셈을 향해 길게 뻗은 길인 '알레 데 쥐스트Allée des Justes'는 '의인의 길'이라는 뜻입니다. 길 양옆의 나무들은 나치 시절에 유대인이 아니면서도 유대인을 구하려고 목숨을 건 사람들을 기리기 위해 심었습니다. 보상이나 이익을 바라지 않고 도움을 베푼 사람만이 '의인' 자격이 있었습니다. 나무를 심기 전에, 판사를 위원장으로 한 특별 위원회가 후보자의 모든 기록을 조사합니다. 이렇게 엄격한 시험을 통과해야 하는데도, 의인의 길에는 자리가 모자라 인근 언덕에까지 나무를 심어야 했습니다. 지금까지 심은 나무는 6,000그루가 넘습니다. 나치 손에서 유대인을 구했지만 그 사실이 드러나지 않은 사람들은 훨씬 많을 것입니다. 5만~50만 명으로 추산되지만 정확한 숫자는 알 수 없습니다. 이런 사람들을 기념하고 지원하는 재단을 설립한 해럴드 슐바이스는, 나치 범죄자들을 찾아 고발하는 일에는 시몬 비젠탈

(유대인 학살 범죄 연구가_옮긴이)이라는 인물이 있었지만 나치의 사냥감이었던 유대인을 숨기고 먹이고 구해준 사람들을 찾는 일에는 마땅한 인물이 없다며 아쉬워합니다. 야드바셈은 예산이 충분치 않아서 생존자들이 지목한 은인들에 대한 증거를 적극적으로 조사하지 못하고 있습니다. 도움을 받았지만 결국 죽고 만 사람도 많았습니다. 아픈 기억을 떠올리고 싶지 않아 나서지 않거나 누가 자신을 구해주었는지 모르는 사람들도 있습니다.

야드바셈에서 가장 유명한 사람은 라울 발렌베리일 것입니다. 제2차 세계대전 초기, 나치가 유럽을 집어삼키고 있을 때 발렌베리는 스웨덴 기업인으로서 안락한 삶을 누리고 있었습니다. 스웨덴은 중립국이었기 때문에 발렌베리는 회사의 특산품을 팔려고 독일 곳곳과 동맹국 헝가리를 돌아다녔습니다. 하지만 그는 유대인 탄압의 실상과 소문을 보고 들으면서 마음이 편치 않았습니다. 한 친구는 발렌베리가 우울해 보였다며 이렇게 덧붙였습니다. "발렌베리가 자신의 삶에서 무언가 가치 있는 일을 하고 싶어 한다는 느낌이 들었습니다." 나치가 유대인을 조직적으로 처형한다는 얘기가 처음 들렸을 때만 해도 도무지 믿기지 않았지만 1944년에 이런 소식이 자꾸 들려오자 더는 헛소문으로 치부할 수 없게 되었습니다. 미국 정부는 스웨덴 정부가 중립국 자격으로 헝가리에 주재하는 외교 인력을 증원해줄 수 있겠느냐고 물었습니다(당시 헝가리에는 유대인이 75만 명이나 남아 있었습니다). 외교 인력을 증원하면 명목상 독립국인 헝가리 정부를 압박하여 헝가리 유대인을 아우슈비츠로 이송하지 못하도록 할 수 있으리라는 생각이었습니다. 스웨덴 정부는 이에 동의하여 발렌베리에게 임무를 맡아달라고 요청했습니다. 부다페스트에 간 발렌베리는 힘러가 '최종 해결책Final Solution'(유대인 대량 학살_

옮긴이)의 집행자로 임명한 아돌프 아이히만이 헝가리의 유대인 공동체를 가차 없이 청소하기로 계획한 사실을 알게 되었습니다. 발렌베리는 유대인을 추가 이송하라는 나치의 압력을 거부하도록 헝가리 정부를 설득했으며, 곧 임무를 완수하고 스웨덴으로 돌아갈 수 있으리라 생각했습니다. 그때 나치가 헝가리 정부를 무너뜨리고 나치 추종 세력인 헝가리 화살십자당Arrow Cross을 내세워 꼭두각시 정권을 수립했습니다. 이송이 다시 시작되었습니다. 발렌베리는 유대인 수천 명에게 '스웨덴 보호 여권'을 발급하여 이들이 스웨덴과 관계있으며 스웨덴 정부의 보호를 받는 것처럼 위장했습니다. 때로는 나치를 가로막고 서서 이 유대인들은 스웨덴 정부의 보호를 받고 있으며 이들을 데려 가려거든 자신을 먼저 쏘라고 말하기도 했습니다. 소련의 적군赤軍이 부다페스트로 진격하자 상황은 파국으로 치달았습니다. 중립국 외교관들은 헝가리를 떠났지만, 나치와 화살십자당이 게토ghetto(유대인 강제 거주 지역_옮긴이)에 남은 유대인을 상대로 마지막 대학살을 벌일 위험이 남아 있었습니다. 발렌베리는 포탄에 쏟아지는 부다페스트에 머물렀습니다. 호전적인 나치 친위대와 헝가리 화살십자당의 증오에도 아랑곳하지 않았습니다. 발렌베리는 유대인들을 더 안전한 은신처로 옮겼습니다. 그러고는 나치 지도자들에게, 대학살이 벌어지면 당신들이 전범으로 처형당하는 꼴을 반드시 보고 말겠다며 압박을 가했습니다. 종전 무렵 부다페스트에서 살아남은 유대인은 12만 명에 달했습니다. 대부분 직접적이든 간접적이든 발렌베리 덕에 목숨을 구한 사람들이었습니다. 안타깝게도 발렌베리는 헝가리에서 전쟁이 끝난 직후 실종되었으며, 독일이나 화살십자당이 아닌 소련 비밀경찰의 손에 살해된 것으로 추정됩니다.[1]

오스카르 쉰들러도 발렌베리처럼 기업인이었으나 성격과 배경은 전혀 달랐습니다. 쉰들러는 체코슬로바키아 모라비아 출신으로, 혈통은 독일인 이었으며 처음에는 나치즘과 독일의 체코 지역 합병에 열정적으로 찬동했습니다. 폴란드를 침공한 나치 군대를 따라 폴란드에 온 쉰들러는 크라쿠프에서 유대인 소유의 그릇 공장을 인수했습니다. 나치가 크라쿠프의 유대인을 집단학살 수용소로 보내기 시작하자 쉰들러는 자기 공장에서 전쟁 물자를 생산하고 있다는 사실을 내세워 유대인 직원들을 보호했습니다. 유대인들이 가축 수송 열차에 실려 집단학살 수용소로 끌려가는 것을 막으려고 이들이 자기 공장 직원이거나 공장에 필요한 기술을 가졌다며 나치 친위대원에게 뇌물을 주거나 협박하여 일부를 구출했습니다. 쉰들러는 식량이 충분히 배급되지 않아 직원들이 배를 곯자 호주머니를 털어 암시장에서 식량을 사다 주었습니다. 심지어 비밀리에 부다페스트에 가서 나치의 집단학살 소식을 외부 세계에 알리기 위해 지하조직과 만나기도 했습니다. 전쟁 막바지에 러시아 군대가 폴란드로 진격하자 쉰들러는 모라비아 브린리츠에 '노동수용소labour camp'를 직접 건설하고는 직원을 모두 이끌고 공장을 이전합니다. 브린리츠 수용소는 나치 치하 유럽에서 유대인을 때리거나 사살하거나 혹사시키거나 굶겨 죽이지 않은 유일한 수용소입니다. 쉰들러는 늘 위험을 감수해야 했습니다. 게슈타포(나치의 비밀 국가 경찰_옮긴이)에게 두 번이나 체포되었지만 속임수를 써서 풀려났습니다. 종전 무렵 쉰들러의 유대인 직원 중에서 1,200명 이상이 살아남았습니다. 그가 아니었다면 죽음을 피하지 못했을 것입니다.

쉰들러는 비범한 구석이 전혀 없어 보이는 사람도 특정한 상황에서는 영웅적 이타주의를 발휘할 수 있음을 보여줍니다. 쉰들러는 술꾼이었으며 노름을 즐겼습니다. (한번은 강제노동 수용소의 포악한 나치 지휘관과 트럼프를 하다가 자신이 그날 딴 돈을 모두 걸겠다면서 지휘관에게 그 대신 유대인 하녀를 걸라고 했습니다(솜씨 좋은 가정부가 필요하다는 핑계를 댔습니다). 쉰들러는 내기에서 이겨 여인의 목숨을 구했습니다.) 전쟁이 끝난 뒤에 쉰들러는 평범한 삶을 살았으며 모피용 가축 사육부터 시멘트 공장에 이르기까지 사업을 벌이는 족족 실패했습니다.[2]

발렌베리와 쉰들러의 이야기는 잘 알려져 있지만, 일면식도 없는 사람들을 도우려고 위험을 무릅쓰고 희생을 감수한 사례는 이것 말고도 수천 건에 이릅니다. 야드바셈에는 온갖 사연이 기록되어 있습니다. 베를린에서 자녀 세 명과 함께 살던 부부는 유대인 가족이 들어와 살도록 방 두 칸 중에 하나를 내주었습니다. 한 부유한 독일인은 유대인을 돕느라 재산을 다 썼습니다. 자녀를 여덟 명 둔 네덜란드인 어머니는 식량이 부족했던 1944년 겨울에 배를 곯아가며, 게다가 자녀의 식사까지 줄여가며 유대인 손님을 먹였습니다. 사무엘 올리네르가 열두 살 되던 해에 나치는 그가 살던 폴란드 보보바의 게토를 '청소'하기로 결정했습니다. 어머니는 올리네르에게 달아나라고 말했습니다. 올리네르는 게토를 탈출했으며, 아버지와 함께 일한 적 있는 폴란드 농촌 여인과 친구가 되었습니다. 여인은 올리네르가 폴란드인 신분으로 위장하여 농장 일꾼으로 일하도록 도와주었습니다. 45년 뒤에, 이제는 캘리포니아 홈볼트 주립대학 교수가 된 올리네르는 유대인을 구해준 사람들의 상황과 성격을 연구하여 《이타적 성격》이라는 책을 펴냈습니다.[3]

저의 부모님은 유대인이며 1938년까지 빈에 사셨기에, 저는 이 영웅적인

이야기들보다 덜 극적이지만 그에 못지않게 의미 있는 이타주의의 사례가 훨씬 많음을 잘 압니다. 부모님이 나치 치하의 유럽을 탈출할 때 친족 관계보다 더 도움이 되었던 것은 얼굴도 모르는 타인의 이타심이었습니다. 히틀러가 빈으로 진격하자 당시 신혼부부였던 부모님은 이민할 방법을 물색했습니다. 하지만 막막하기만 했습니다. 미국이나 오스트레일리아 같은 나라에 입국 비자를 얻으려면 내국인이 보증을 서야 했습니다. 이민자가 품행이 바르고 그 나라에 짐이 되지 않을 것임을 확약해야 했죠. 아버지는 몇 해 전에 미국으로 이민 간 친척이 있었기에 보증인이 되어달라고 편지를 보냈습니다. 친척은 아버지의 보증은 기꺼이 서주겠지만 어머니는 한 번도 만난 적이 없어서 안 되겠다고 대답했습니다. 어머니는 자포자기하는 심정으로 딱 한 번 만난 적이 있는 오스트레일리아 사람에게 부탁했습니다(그가 빈을 여행할 때 알음알음으로 만난 것이 고작이었습니다). 그는 아버지를 한 번도 본 적이 없었지만 어머니의 요청을 받자마자 서류를 준비하고 부두에서 부모님을 마중하고 부모님이 오스트레일리아에 정착할 수 있도록 최선을 다해 도왔습니다.

부모님은 외조부모님에게도 빈을 떠나자고 설득했지만 외조부모님은 그리 귀담아듣지 않았습니다. 외할아버지는 빈 유수의 고등학교 교사였는데, 유대인 교사를 모두 내쫓으라는 명령이 떨어졌습니다. 외할아버지는 제1차 세계대전에서 전투 중에 부상을 입고 무공훈장을 받은 참전 용사이기에, 일자리는 잃었지만 당신과 외할머니가 개인적인 공격이나 생명의 위협을 받지는 않으리라고 여겼습니다. 외할아버지는 1943년까지 빈에 살았는데, 상황이 점점 악화되더니 결국 강제수용소에 끌려가 그곳에서 돌아가셨습니다. 하지만 외할아버지가 부모님에게 보낸 편지를 보면 1943년 이전의 암울한 시기에도 유대인이 아닌 사람들이 찾아와 소식을 전하고 위로해주었음을 알 수 있습니다. 외할아버지가 집에 있는 예식용 칼禮刀 때문에 안절부절못하자(한때 유대인은 무기를 소지하는 것이 금지되었습니다) 어머니 친구분이 외투 속에 칼을 숨겨서 수로에 내다 버렸습니다. 친구분도 교사였는데, 나치당에 입당을 거부하여 승진 기회를 박탈당했습니다. 비유대인 제자들은 외할아버지가 학교를 그만둔 뒤에도 계속 집으로 찾아왔으며 한 제자는 나치의 신조를 지지하지 않는다며 대학교수 자리를 거부했습니다. 목숨을 구한 영웅적 행동은 아니었지만 위험을 감수해야만 하는 일들이었습니다. 이 책의 관점에서 볼 때 중요한 사실은 이 사람들이 반대 방향으로 행동하라는, 즉 유대인과 얽히지 말고 유대인을 결코 돕지 말라는 사회적 압력에 시달리고 있었다는 것입니다. 하지만 이들은 자신이 옳다고 생각하는 바를 행했습니다. 쉬운 일도, 득이 되는 일도 아니었지만요.

프리모 레비는 이탈리아의 화학자로, 유대인이라는 이유로 아우슈비츠에 끌려갔습니다. 레비는 살아남았으며, 《이것이 인간인가》라는 책에서 목숨을 부지하기에도 모자란 식량으로 버티며 노예처럼 살았던 삶을 탁월하게 그려냈습니다. 레비의 목숨을 구해준 로렌초는 비유대계 이탈리아인으로, 민간인 신분이면서도 독일인 밑에서 수감자들과 함께 일하는 노동자였습니다. 로렌초가 자신을 어떻게 도와주었는지 회상하는 레비의 글로 이 절을 마무리하겠습니다.

구체적으로 말하면 간단한 이야기다. 이탈리아 민간인 노동자가 여섯 달 동안 매일 내게 빵 한 쪽과 자기가 먹고 남은 배급을 갖다 주었다. 누덕누덕 기운 자기 스웨터를 선물로 주었다. 나를 위해 이탈리아로 엽서를 보내주었고 내게 답장을 전해주었다. 이 모든 일에 대해 그는 어떤 보답도 바라지 않았다. 착하고 단순한 사람이었기 때문에, 그리고 자기가 보답을 받을 만한 선행을 베풀었다고 생각하지 않았기 때문에.

…… 나는 지금 내가 이렇게 살아 있게 된 것이 로렌초 덕분이라고 생각한다. 물질적인 도움 때문이라기보다는 그의 존재 자체가 나에게 끝없이 상기시켜준 어떤 가능성 때문이다. 선행을 행하는 너무나 자연스럽고 평범한 그의 태도를 보면서 나는 수용소 밖에 아직도 올바른 세상이, 부패하지 않고 야만적이지 않은, 증오와 두려움과는 무관한 세상이 존재할지 모른다고 믿을 수 있었다. 정확히 규정하기 어려운 어떤 것, 선善의 희미한 가능성, 하지만 이것은 충분히 생존해야 할 가치가 있는 것이었다.

이 책에 등장하는 인물들은 인간이 아니다. 그들의 인간성은 땅에 묻혔다. 혹은 그들 스스로, 모욕을 당하거나 괴롭힘을 줌으로써 그것을 땅에 묻어버렸다. 사악하고 어리석은 SS 대원들, 카포들, 정치범들, 범죄자들, 크고 작은 일을 맡은 특권층들, 서로 구별되지 않으며 노예와도 같은 해프틀링까지, 독일인들이 만든 광적인 위계질서의 모든 단계들은 역설적이게도 균등한 내적 황폐감에 의해 연결되어 있었다.

하지만 로렌초는 인간이었다. 그의 인간성은 순수하고 오염되지 않았다. 그는 이 무화無化의 세상 밖에 있었다. 로렌초 덕에 나는 내가 인간이라는 사실을 잊지 않을 수 있었다.[4]

희망의 싹

—

물론 우리는 게슈타포가 현관문을 두드리는 것을 두려워하지 않고서 우리가 낯선 사람을 도와줄 수 있다는 사실에 감사해야 합니다. 하지만 영웅의 시대가 끝났다고 단정해서는 안 됩니다. 체코슬로바키아에서 공산주의를 무너뜨린 '벨벳혁명velvet revolution'과 동독의 민주주의 운동에 참여한 사람들은 일신상의 커다란 위험을 감수했으며 개인적 이익을 좇지 않았습니다. 보리스 옐친이 미하일 고르바초프를 내쫓으려는 강경파의 쿠데타에 맞서자 그를 보호하기 위해 러시아 의회를 둘러싼 수천 명의 군중도 마찬가지였습니다. 하지만 이런 용기를 가장 극적으로 보여준 것은 유럽이 아니라 중국이었습니다. 전 세계 텔레비전과 신문에 실린 한 장의 사진, 톈안먼天安門 광장을 향해 돌진하는 탱크 행렬을 막아선 한 명의 중국인 학생이 그 주인공입니다.

자유민주주의 체제에서는 윤리적 삶을 살기 위해 이런 위험을 감수하지 않아도 되지만, 가치 있는 이상을 위해 윤리적으로 헌신할 기회는 얼마든지 있습니다. 저는 동물 해방 운동에 몸담으면서 수많은 사람을 만났는데, 이들은 윤리적 동기에서 중대한 결정을 내렸습니다. 식습관을 바꾸고, 육식을 중단하고, 심지어 동물성 식품을 모두 끊은 사람도 있었습니다. 이것은 하루하루의 삶을 변화시키는 결정입니다. 게다가 육식이 일반적인 사회에서 채식주의자가 되려면 다른 사람들의 편견을 감수해야 합니다. 그럼에도 수천 명이 채식주의자로 돌아섰습니다. 그 이유는 건강해지거나 오래 살기 위해서가 아니라—그런 이유도 없지는 않겠지만—식량으로 사육되는 동물들의 처우가 윤리적으로 정당하지 않다고 확신했기 때문입니다. 로스앤젤레스에 사는 A. 카르도주 씨는 이런 편지를 보내왔습니다.

> 두 주 전에 선생님 책 《동물 해방》을 받았어요. …… 이 책이 하룻밤 사이에 제 생각을 바꾸었고 제가 그 즉시 채식주의가 되었다는 것을 알려드리고 싶었어요. 저 자신의 이기심을 일깨워주셔서 고마워요.

이런 편지를 숱하게 받았습니다. 이 문제를 접하기 전에는 동물의 처우에 대해 별 관심이 없던 사람들도 있었습니다. 바하마의 고등학교 교사 앨런 스켈리도 그런 사람 중 하나입니다.

고등학교에서 11학년 교양 과목을 가르치게 되었습니다. 사회문제를 주제로 세 차례 강의를 준비해야 했습니다. 그런데 아내 반 학생 하나가 〈동물 해방Animal Rights〉이라는 소책자를 아내에게 주었습니다. 저는 소책자를 읽고 워싱턴에 있는 '동물의 윤리적 처우를 위한 모임PETA'에 편지를 보내어 〈동물 해방〉 비디오 세 편을 빌렸습니다. 저희 부부는 비디오를 보고 충격을 받아 채식주의자가 되었으며 동물 해방 운동에도 참여하게 되었습니다. PETA는 선생님의 책 《동물 해방》도 보내주었습니다. …… 선생님 책이 출간된 지 벌써 14년이 지났지만, 아내와 제가 급진적 동물 해방 운동에 뛰어든 것은 선생님 덕입니다. 다음 달에 11학년 학생 100명에게 PETA 비디오를 보여주면 아이들도 도덕적 지평이 넓어지리라 기대합니다.

가죽 아닌 재료로 만든 등산화를 파는 곳을 찾을 수 없다고, 집에 들어온 쥐를 죽이는 것 말고 다른 방법이 없다고 어려움을 호소하는 사람들도 있습니다. 모피와 가죽 판매점을 운영하던 어떤 사람은 가죽을 얻으려고 동물을 죽이면 안 된다고 생각을 고쳐먹었지만 업종을 바꾸자고 부모를 설득하느라 애를 먹었습니다. 강아지와 고양이에게 무엇을 먹여야 할지, 새우가 고통을 느끼는지 물어보는 사람도 있었습니다. 혼자서 채식하는 사람도 있고 동물의 처우를 개선하려고 다른 사람들과 함께 노력하는 사람도 있습니다. 감옥에 갇힐 위험을 무릅쓰고 실험실에 잠입하여 실험동물의 고통을 폭로하고 동물을 풀어주기도 합니다. 이 모든 활동은 윤리적 결단이 삶을 바꿀 수 있다는 증거입니다. 달걀을 값싸게 생산하려고 비좁은 철망에서 닭을 사육하거나 몸 돌리지도 못할 만큼 답답한 우리에 돼지를 가두는 것이 잘못이라고 확신한 사람들은 자신의 삶에서 도덕 혁명을 일으키리라 마음먹었습니다.

사람들의 윤리적 결단이 필요한 분야는 동물 해방만이 아닙니다. 미국인 동성애자 두 명이 선택한 분야는 에이즈였습니다. 간호사 짐 코티와 기업 컨설턴트 마틴 딜레이니는, 에이즈를 치료할 수 있을 것으로 기대되는 신약이 출시되었지만 정부의 규제로 에이즈 환자인 친구들이 치료를 받지 못한다는 사실을 알고 충격을 받았습니다. 둘은 멕시코에 가서—멕시코에서는 이 신약을 구할 수 있었습니다—약을 몰래 미국으로 들여왔습니다. 이것은 국제범죄로 처벌받을 수 있는 행동이었습니다. 둘은 약을 몰래 들여오는 것에 그치지 않고, 신약의 안정성과 효과가 입증되지 않았다며 불치병으로 죽어가는 사람들의 치료를 가로막는 정부의 관료주의와도 싸웠습니다. 위험을 무릅쓰고 갖은 고초를 겪은 끝에 둘은 에이즈 환자를 비롯한 모든 불치병 환자들이 실험적 치료를 더 빨리 받을 수 있도록 정부 정책을 바꾸는 데 성공했습니다.[5]

오스트레일리아에서 가장 기억에 남는 자연보호 투쟁은 1982년과 1983년에 일어났습니다. 태즈메이니아 남서부의 프랭클린 강에 댐을 건설하려는 계획에 반대하여 2,600명이 불도저 앞에 앉았습니다. 태즈메이니아에 마지막 남은 자연 하천 프랭클린 강에 수력발전용 댐이 건설되면 그림 같은 골짜기가 물에 잠기고 원주민 유산 보전 지역이 사라지고 2,000년 묵은 휴온소나무가 명을 다하고 숲에 사는 뭇 동물들이 물에 빠져 죽을 터였습니다. 이를 막기 위해 오스트레일리아 전역에서 시위대가 모여들었습니다. 퀸즐랜드와 웨스턴오스트레일리아에서 자비를 들여 수천 킬로미터를 날아온 사람들도 있었습니다. 교사, 의사, 공무원, 과학자, 농민, 점원, 기술자, 택시 운전사 등 하는 일도 다양했습니다. 절반 가까운 사람들이 경찰에 체포되었습니다. 혐의는 대부분 불법 침입이었습니다. 변호사 20명이 무보수로 변호인단을 꾸려 법률 지원을 맡았습니다. 보석을 거부하고 2~26일 동안 수감된 사람이 450명에 달했습니다. 세계적으로 유명한 영국의 식물학자 데이비드 벨러미 교수는 지구를 반 바퀴 돌아 시위에 참가했으며 여느 시위대와 마찬가지로 체포되었습니다. 경찰 유치장에서 행한 인터뷰에서 벨러미는 이렇게 말했습니다.

각계각층의 사람들이 자신들에게 소중한 것을 지키기 위해 궂은 날씨에도 아랑 곳하지 않고 평화롭게 시위를 벌이는 모습을 지켜보고 함께한 것은 제 평생 가장 뿌듯한 경험이었습니다.[6]

윤리적 노력이 아무리 헌신적이더라도 항상 성과를 거두는 것은 아니지만, 이번에는 성과가 있었습니다. 이 시위로 프랭클린 댐 문제는 전국적 쟁점이 되었으며, 그 덕에 댐 건설을 중단하겠다는 공약을 내건 노동당 연합 정부가 선거에서 승리했습니다. 프랭클린 강은 지금도 유유히 흐르고 있습니다.

이 역동적 투쟁은 윤리적 삶의 한 측면을 잘 보여주지만, 특별한 사건에만 치중하면 방향을 잃을 수 있습니다. 이보다 훨씬 평범한 일상생활에서도 윤리를 실천할 수 있습니다. 이 장을 쓰는 지금, 오스트레일리아 유수의 자연보호 단체 '오스트레일리아 자연보호협회[ACF]'의 소식지 이메일이 도착했습니다. 모금 담당자는 1,000달러 이상을 정기적으로 기부한 후원자를 찾아간 사연을 전했습니다. 주소에 적힌 대로 찾아간 담당자는 허름한 시골집 앞에 서서 뭔가 잘못되었다고 생각했습니다. 하지만 그는 제대로 찾아간 것이었습니다. 주州 건설과에 근무하는 데이비드 올섭은 수입의 50퍼센트를 환경 운동에 기부합니다. 데이비드는 전직 운동가이며 환경 운동에 종사하

는 사람들을 금전적으로 지원할 수 있어서 매우 기쁘다고 말했습니다.[7]

윤리적 헌신은 사람을 감동시키지만 그 목표에는 동의할 수도 있고 동의하지 않을 수도 있습니다. 이 글을 읽은 여러분 중에서 일부는 실험동물이 아무리 고통을 받더라도 실험실에서 동물을 풀어주는 행위가 잘못이라고 생각할 것입니다. 댐을 새로 짓든 안 짓든 국가가 사업을 계획하면 모든 국민이 따라야 한다고 생각하는 사람도 있을 것입니다. 어쩌면 자신과 반대되는 생각을 가진 사람들이 결코 윤리적으로 행동하고 있지 않다고 생각할지도 모릅니다. 하지만 이 사람들이 이타적으로 행동하고 있다는 데는 동의할 것입니다. 이를테면 낙태 논쟁에서 저는 인간의 생명을 어느 시점부터 보호해야 하는가에 대한 낙태 반대론자들의 견해에 반대하고, 낙태 시술을 하는 병원을 찾느라 애먹는 젊은 임신부의 감정이 무시당하는 현실을 개탄하지만, 낙태 반대론자들의 행동이 윤리적 동기에서 비롯했음을 부정하지 않습니다.

지금까지 제시한 예와는 대조적으로, 이제는 훨씬 조용하고 평범하지만 중요성은 결코 덜하지 않은 윤리적 행동을 살펴보겠습니다. 중세의 위대한 유대교 도덕 사상가 마이모니데스는 '자선의 황금 사다리Golden Ladder of Charity'를 그렸습니다. 그에 따르면 자선의 가장 낮은 단계는 마지못해 주는 것, 두 번째 단계는 기꺼이 주되 상대방에게 필요한 만큼 주지 않는 것, 세 번째는 기꺼이 필요한 만큼 주되 달라고 할 때만 주는 것, 네 번째는 기꺼이 필요한 만큼 달라고 하지 않아도 주되 가난한 자의 손에 직접 쥐어주어 부끄러움을 느끼게 하는 것, 다섯 번째는 누가 받는지 모르게 주되 받는 사람은 누가 주는지 알게 주는 것, 여섯 번째는 받는 사람 모르게 주되 주는 사람은 누가

받는지 알고 주는 것, 일곱 번째는 주는 사람도 누가 받는지 모르고 받는 사람도 누가 주는지 모르게 주는 것입니다. 숭고한 일곱 번째 단계 위에는 단 하나의 단계가 있는데, 이는 자선의 필요를 예측하여 각자 먹고살 만큼 벌도록 도와 아예 자선이 필요 없도록 하는 것입니다.[8] 마이모니데스가 자선의 단계를 나눈 지 800년이 지난 지금, 수많은 일반 시민이 (자선이 필요 없도록 하지는 못하더라도) 현 상황에서 가능한 최고 단계의 자선에 참여하고 있음은 놀라운 일입니다. 영국, 오스트레일리아, 캐나다와 유럽 여러 나라에 있는 혈액은행은 헌혈을 받아 운영되며 의료에 필요한 인간 혈액을 대량으로 제공하는 유일한 공급원입니다. 헌혈이 보편적인 윤리적 행위임은 5장에서 짧게 언급한 바 있습니다. 헌혈은 친밀한 행위인 동시에(내 몸속을 돌던 피가 다른 사람 몸속에 들어가니까요) 익명적 행위입니다(나는 누가 내 피를 받는지 모르고 수혈자는 그 피가 내 피라는 것을 모릅니다). 헌혈은 비교적 쉽습니다. 건강한 사람이라면 부유하든 가난하든 안전하게 헌혈할 수 있습니다. 하지만 수혈받는 사람에게 그 피는 생명만큼 소중할 것입니다.

물론 실제로 헌혈하는 사람은 극소수에 불과합니다(영국에서는 6퍼센트가량이 헌혈합니다).[9] 헌혈이 그다지 대수롭지 않은 희생인 것도 사실입니다. 한번 따끔하고 한 시간가량 누워 있어야 하고 피를 뽑은 뒤에 몇 시간 동안 기운이 없지만, 그게 다입니다. 회의론자는 이렇게 묻겠죠. '낯선 사람을 살리기 위해 "진짜" 희생을 기꺼이 감수하는 사람은 몇 명이나 될까?'라고요.

마취되어 병원에서 하룻밤 지내는 것을 진짜 희생이라고 본다면 수십만 명이 이미 진정한 희생을 하고 있습니다. 최근에 약 25개국에서 골수 기증 등록 체계가 확립되었습니다. 미국에서는 65만 명가량이 등록하여

1,300명이 기증했습니다. 다른 나라도 비슷합니다. 이를테면 프랑스에서는 6만 3,000명이 등록하여 350명이 기증했고 영국에서는 18만 명이 등록하여 현재까지 700명이 기증했으며 캐나다에서는 3만 6,000명이 등록하여 83명이 기증했고 덴마크에서는 1만 명이 등록하여 다섯 명이 기증했습니다. 오스트레일리아 골수기증등록원에는 약 2만 5,000명이 등록했으며 이 글을 쓰는 현재 열 명이 골수를 기증했습니다.[10] 수많은 평범한 시민들이 민족주의나 전쟁 히스테리에 사로잡히지 않고 손에 잡히는 보상을 기대하지도 않고 차분한 성찰을 통해 상당한 희생을 감수하고 기꺼이 낯선 사람을 돕고 있습니다.

사람들이 남을 도우려 한다는 것은 놀랄 일이 아닙니다. 미국의 저술가 앨피 콘은 《인간 본성의 밝은 면》이라는 유쾌한 책에 이런 사연들을 담았습니다.

"물에 빠진 아이를 구하려 연못에 뛰어들다" 같은 제목으로 신문에 실리지는 않아도 우리는 사회에 이로운 행동을 일주일에도 수십 번씩 보고 행한다. 내 경험상 빙판길에서 자동차 바퀴가 헛돌면 금세 누군가 다가와 차를 밀어준다. 우리는 아픈 친구를 문병하려고 바쁜 일정을 뒤로하고, 헤매는 관광객에게 길을 가르쳐주고, 울고 있는 사람에게 뭐 도와줄 게 없느냐고 묻는다. 우리가 경쟁 위주의 개인주의 윤리를 주입받았다는 사실을 감안하면 이 모든 행동은 매우 경이로운 일이다. 도심 보도블록 사이로 푸른 싹이 고개를 내밀듯 남을 배려하고 도우려는 인간 본성의 증거들은 이런 행동에 대한 문화적 편견—또는 노골적 반대—에 도전한다.[11]

무수히 많은 자발적 자선이 대중의 기부에 의존합니다. 또한 대부분의 자선은 돈보다 훨씬 소중한 우리의 시간을 필요로 합니다. 미국에서 조사한 바 미국 사람의 90퍼센트 가까이가 자선 활동에 돈을 기부한다고 합니다. 그중에 2,000만 가정은 수입의 5퍼센트 이상을 기부합니다. 한편 성인 인구의 절반에 달하는 8,000만 명이 시간을 들여 자원봉사를 합니다. 1988년에 미국 사람들이 자원봉사에 쓴 시간을 더하면 150억 시간이나 됩니다.[12]

소비자로서 윤리적으로 행동할 수도 있습니다. 프레온가스가 함유된 스프레이가 오존층을 파괴한다는 사실이 알려지자, 법적 조치가 시행되기도 전에 이들 제품의 판매량이 부쩍 줄었습니다. 소비자들은 유해 화학물질을 쓰지 않은 제품을 고르려고 제품 표시를 읽는 번거로움을 감수했습니다. 누가 시키지도 않았는데 말이죠. 유수의 광고 회사 월터톰프슨이 1990년에 미국 소비자들을 대상으로 설문 조사를 했더니 82퍼센트는 환경 친화적 제품에 더 많은 값을 치를 용의가 있다고 응답했습니다. 3분의 1 내지 절반은 환경적 소비를 이미 실천한 적이 있었습니다. 이를테면 스프레이 사용을 중단했다고 응답한 사람이 54퍼센트에 달했습니다.[13]

경제최우선협의회CEP는 기업의 사회적 책임 실적을 평가하는 미국 단체입니다. 평가 항목은 기부, 여성과 소수자 권익 증진, 동물 실험, 군납, 지역봉사, 핵 발전, 남아프리카공화국과의 거래, 환경 영향, 가족 급여 등입니다. 평가 결과는 해마다 출간되며 2년 만에 80만 부가 팔렸습니다. 이 보고서를 사는 사람 중 상당수는 윤리적 기업을 지지할 것입니다.

더바디샵을 세계적 화장품 체인으로 성장시킨 수백만 고객 중 상당수는 동물 실험을 지원하거나 환경 파괴에 일조하지 않고 싶지 않아서 이곳을 찾습니다. 구멍가게로 출발한 더바디샵은 해마다 평균 50퍼센트씩 성장했으며 지금은 연 매출이 1억 5,000만 달러에 이릅니다(2006년에 로레알에서 14억 달러에 인수했다_옮긴이). 이와 마찬가지로 사람들이 기업의 재무 성과뿐 아니라 투자의 윤리적 결과에 관심을 가지면서, 윤리 지침을 준수하는 기업에만 투자하는 뮤추얼 펀드가 지난 10년간 부쩍 성장했습니다.[14]

이러한 윤리적 행위의 사례들이 낯선 사람이나 공동체 전체, 인간 아닌 동물을 돕고 자연 보전에 이바지하는 일에 집중된 이유는 이런 행위가 이타적인, 따라서 윤리적인 행위임을 쉽게 알아볼 수 있기 때문입니다. 하지만 일상생활의 대부분은, 따라서 윤리적 선택의 대부분은 우리와 관련된 사람과의 관계에서 벌어집니다. 가정은 수많은 윤리적 선택이 일어나는 장소이며 일터도 마찬가지입니다. 사람들과 오랜 관계를 맺으면, 우리가 어떤 일을 하는 이유가 그 일이 옳아서인지 (이유야 어떻든) 그 관계를 유지하고 싶어서인지 제대로 분간하기 힘듭니다. 우리가 어떻게 행동하느냐에 따라 나중에 상대방에게 보답받을 기회가 생길 수도 있습니다(상대방이 나를 도와줄 수도 있고 골치 아픈 문제를 해결해줄 수도 있습니다). 이런 관계에서는 윤리와 자기 이익이 사랑, 호의, 감사를 비롯하여 인간에게 핵심적인 여러 감정과 복잡하게 얽혀 있습니다. 윤리적 측면은 그럼에도 중요한 역할을 할 것입니다.

사람은
섬이 아니다

5장에서는 사람들의 마음속을 깊이 들여다보면 모든 윤리적 행동 뒤에 이기심이 숨어 있으리라는 냉소적 사고방식을 언급했습니다. 이에 반해 진화론은—제대로 이해한다면—우리가 친족, 집단 구성원, 또는 호혜 관계를 맺을 가능성이 있는 사람들의 행복을 염려할 것이라고 예견합니다. 지금까지 우리는 달리 설명할 수 없는 상황에서 많은 사람들이 윤리적으로 행동한다는 사실을 살펴보았습니다. 유대인 수감자들이 집단학살 수용소에 끌려가는 것을 막으려고 나치 친위대 장교에게 뇌물을 먹이고 구워삶은 오스카르 쉰들러의 행동은 자신이나 친족, 집단의 이익을 증진하기 위한 것이 아니었습니다. 잘나가는 비유대인 독일 기업인 쉰들러에게 나치 친위대의 수중에 있는 비참하고 무력한 유대인 수감자들은 호혜 관계를 맺을 만한 대상이 아니었을 것입니다. (현실에서는 예상치 못한 반전이 일어나기도 합니다. 전쟁이 끝나고 여러 해 뒤에 쉰들러가 일자리를 구하지 못해 애를 먹고 있을 때 쉰들러 덕분에 목숨을 건진 사람들이 그를 도와주었으니까요. 하지만 1942년의 쉰들러에게는 자기 사업에 전념하고 술과 여자와 좋아하는 노름으로 휴식을 취하는 것이 더 현명한 선택이었을 것입니다.) 야드바셈에 기록된 나머지 수천 명에 대해서도 마찬가지로 말할 수 있습니다. 하지만 헌혈이라는 지극히 평범한 사례에서 해답을 찾을 수 있습니다. 헌혈 제도는 계속 진행되고 있으니 조사하기도 쉽습니다.

영국의 저명한 사회학자 리처드 티트머스는 4,000명 가까운 영국의 헌혈자들을 조사하여 《선물 관계》라는 훌륭한 책으로 펴냈습니다. 티트머스는 헌혈자들에게 왜 헌혈을 결심했는지, 왜 헌혈을 계속하는지 물었습니다. 교육 수준과 소득 수준에 상관없이 대부분은 남을 돕기 위해서라고 대답했습니다. 아래는 기계공으로 일하는 젊은 기혼 여성의 사례입니다.

슈퍼마켓이나 체인점에서 피를 살 수는 없잖아요. 사람들이 직접 나서야 해요. 아픈 사람들이 침대에서 일어나 우리에게 피를 달라고 부탁할 수 없으니까요. 그래서 피가 필요한 사람을 도우려고 시작했어요.

한 정비사가 존 던을 인용하여 짤막하게 대답합니다.

사람은 섬이 아닙니다.

은행원이 말합니다.

인류의 행복을 위해 제가 할 수 있는 작은 기여라고 생각했습니다.

연금으로 살아가는 한 미망인이 대답합니다.

다행히 제 몸이 건강하고 제 피로 다른 사람에게 건강을 되찾아주고 싶으니까요. 이 훌륭한 봉사에 동참하고 싶었어요.[15]

아리스토텔레스는 기타라(하프처럼 생긴 고대 악기) 연주자가 되려면 기타라를 연주해야 하듯 덕 있는 사람이 되려면 덕을 행해야 한다고 말했습니다. 얼핏 납득이 되지 않을 수도 있겠지만, 헌혈자의 동기에 대한 추가 연구에서 정말 이런 결과가 나왔습니다. 토론토 대학의 어니 라이트먼 교수가 자발적 헌혈자 2,000명을 조사했는데, 처음에 헌혈을 하게 된 계기는 혈액원의 요청, 친구나 동료의 헌혈, 헌혈 장소의 편의성 같은 외부 요인이었습니다. 하지만 시간이 지나자 이런 외부 요인은 중요성이 작아지고 "의무감, 적십자 활동에 대한 지지, 남을 도우려는 일반적 욕구" 등이 더 중요해졌습니다. 라이트먼은 "자발적 행동이 반복되면서 개인적이고 도덕적인 의무감의 비중이 점차 커졌다"라고 결론 내립니다. 위스콘신 대학 연구진도 헌혈 동기를 조사하여, 헌혈 횟수가 많을수록 남의 시선을 의식하여 헌혈하기보다는 공동체에 대한 도덕적 의무감과 책임감 때문에 헌혈한다는 사실을 밝혀냈습니다. 그렇다면 어떤 이유로든 덕을 자꾸 행할수록 외면뿐 아니라 내면까지도 덕 있는 사람이 될 수 있다는 아리스토텔레스 말이 옳을지도 모릅니다.[16]

이타적 행동은 쉽게 윤리적 행동으로 간주되지만, 자기 이익을 고려한 행동이 윤리적 행동과 맞아떨어지는 경우도 많습니다. 마지막 예는 제가 직접 경험한 것입니다. 저는 십 대 시절에 여름방학 동안 아버지 사무실에서 일했습니다. 커피와 차를 수입하는 조그만 가족 기업이었죠. 제가 읽어야 하는 편지 중에 이런 것들이 종종 있었습니다. 수출업체가 오래전에 상품을 발송해놓고 운송장을 보내지 않으면 아버지는 수출업자에게 그 사실을 알려주려고 편지를 보냈습니다. 오랫동안 소식이 없는 걸 보면 수출업체가 발송 내역을 지불 계정에 기록하는 것을 깜박한 것이 분명할 때도 있습니다. 수출업체가 대기업이라면 이런 실수를 결코 찾아내지 못할지도 모릅니다. 반면에 저희 회사는 매출 이익률이 3퍼센트에 불과했기 때문에 '공짜' 배송이 한두 건만 되어도 정상적인 한 달 이익보다 많은 금액을 챙길 수 있었습니다. 저는 아버지에게 수출업체 사정은 수출업체에 맡기는 게 어떻겠냐고 물었습니다. 돈 받을 것이 생각나 달라고 하면 주면 그만이고 기억 못하면 더 잘된 것이니까요! 그러자 아버지는, 점잖은 사람들은 그런 짓을 하지 않는다며 정직하게 행동하면 사업 관계에 꼭 필요한 신뢰를 쌓을 수 있으며 결국 우리에게 이익이 될 것이라고 대답했습니다. 아버지의 대답은 한편으로는 윤리적 이상(사업에서 덕을 행하는 것이라고 말할 수도 있겠죠)과 또 한편으로는 장기적 자기 이익의 관점 사이를 오락가락했습니다. 이런 모순에도 불구하고 아버지의 행동은 분명히 윤리적이었습니다.

윤리는 우리의 일상생활 어디에나 있습니다. 개인적이든 정치적이든 우리의 수많은 선택 뒤에는 윤리가 있어서 둘의 간극을 메웁니다. 윤리적으로 행동하는 것이 쉽고 자연스러울 때도 있지만 매우 힘든 상황도 있습니다. 하지만 윤리가 우리의 의식적 삶에 파고드는 일은 매우 드물며 혼란스러울 때가 많습니다. 궁극적 선택을 제대로 하려면 우선 우리가 살아가는 방식을 윤리적으로 어떻게 분류할 수 있는지 알아야 합니다. 그래야만 일상생활에서 더 의식적이고도 일관되게 윤리를 실천할 수 있습니다.

윤리의
본질

09

편협하고 탐욕스럽고 경쟁적으로 자기 이익을 추구하는 행태가 (앞에서 보았듯) 서구뿐 아니라 옛 공산주의 나라들에까지 퍼졌지만, 윤리적으로 행동하는 사람들은 이와 대조적인 삶의 방식이 있음을 보여줍니다. 이제 어떻게 하면 이 윤리적 대안을 선택할 수 있는지 생각해보고자 합니다. 하지만 이 문제를 논의하기에 앞서 우리는 윤리적 행동이 무엇인지 분명하게 알아야 합니다. 윤리의 본질을 오해하는 경우가 많기 때문입니다. 윤리는 '거짓말하지 말라', '살인하지 말라', '간통하지 말라' 같은 단순한 규칙으로 뭉뚱그릴 수 없습니다. 물론 규칙은 아이들을 교육할 때 요긴하며, 신중하고 차분하게 생각할 여유가 없을 때 간편한 지침으로 활용할 수 있습니다. 어떻게 보면 요리법과도 비슷합니다. 초보 요리사에게는 요리법이 꼭 필요합니다. 경험 많은 요리사도 요리법을 따르기는 하지만, 뛰어난 요리사는 언제 어떻게 변화를 주어야 할지 압니다. 어떤 요리책도 모든 요리 상황을 포괄하지 못하듯, 제한된 수의 규칙은 복잡한 삶에서 절대적 도덕 기준이 되지 못합니다.

이 비유를 적용할 때는 신중을 기해야 합니다. 새내기 요리사가 요리법을 스스로 평가하고 개선점을 찾기까지 성장하려면 시간이 필요하지만, 윤리에 대해서는 누구나 스스로 생각할 권리가 있습니다. 대다수 사회에서 가르치고 있는 도덕 규칙은 오늘날 우리 아이들에게 가장 필요한 것과 거리가 먼 경우가 많습니다. 이 책의 핵심이라 할 수 있는 자기 이익과 윤리의 갈등은 종교 윤리, 구체적으로 기독교 윤리와 별개 문제입니다. 하지만 전통 기독교는 남에게 피해를 주지 않는 육체적 쾌락, 특히 성적 쾌락을 죄악시하여 이러한 갈등을 부추기는 데 한몫했습니다. 급기야 많은 사람들이 윤리를 저버리거나 죄책감과 모멸감에 빠졌습니다.

윤리가 쇠퇴했다고 말하는 사람이 많습니다. 이 말은 사실 특정한 윤리 규칙을 지키는 일이 줄었다는 뜻입니다. 그런데 이런 규칙을 지키는 일이 실제로 줄었는지도 의문입니다. (누구 아는 사람 있나요? 요즘 사람들이 10년 전보다 거짓말을 많이 한다는 설문 조사 결과는 자신이 거짓말을 한다는 사실을 요즘 사람들이 더 솔직하게 털어놓는 것이라고 볼 수도 있으니까요.) 윤리 규칙을 지키는 사람의 수가 설령 실제로 줄었더라도 윤리가 쇠퇴한 것이 아니라 규칙을 지키는 일이 줄었을 뿐입니다. 이것이 좋은 일인지 나쁜 일인지는 경우에 따라 다릅니다. 사람들이 규칙을 어기는 이유는 윤리를 외면하고 눈앞의 욕망을 충족하는 데만 관심이 있기 때문일까요? 아니면 규칙을 지키는 것이 상황에 따라 사람들에게 유익하기보다는 해롭다는 사실을 알기 때문일까요? 후자라면 규칙을 어기는 것이 오히려 윤리적 행동일 것입니다.

윤리가 빛 좋은 개살구라고 말하는 사람도 많습니다. 하지만 하루하루

살아가는 데 도움이 안 되는 윤리는 의미가 없습니다. 윤리적으로 사는 것이 모두에게 재앙이 된다면, 그 윤리는—누가 설파했든—결코 고귀한 윤리가 아닙니다. 단호하게 배격해야 할 어리석은 윤리입니다. 윤리는 실용적입니다. 실용적이지 않으면 윤리적이지도 않습니다. 현실에서 쓸모가 없으면 이론에서도 쓸모가 없습니다. 짧고 단순한 도덕 규칙을 무조건 따르는 것이 윤리적 삶이라는 생각을 떨쳐버리면 '쓸모없는 윤리'의 함정을 피할 수 있습니다. 우리가 처한 구체적 상황을 감안하여 윤리를 이해했다면, 실제로 삶의 나침반으로 삼을 수 있는 윤리를 찾기 위한 중요한 걸음을 내디딘 것입니다.

따라서 윤리적 인생관은 우리가 쾌락을 추구할 때마다 마음속 어딘가에서 '~하지 말라'라는 계명을 새긴 돌판이 불쑥 튀어나오는 그런 것이 아닙니다. 우리가 당면한 문제와 무관한 이상에 불과한 것도 아닙니다. 그렇다면 윤리란 대체 무엇일까요? 윤리적 삶은 적극적인 목표 선택에서, 또한 이 목표를 이루는 수단에서 비롯하는 삶입니다. 그래도 아직 감이 잡히지 않을 것입니다. 안락한 삶을 목표로 삼는다면 어떨까요? 그것은 윤리적 목표일까요? 윤리적 목표가 아니라면, 왜 아닐까요? 윤리적 목표라면, 목표 달성에 도움이 되는 수단은 모두 윤리적일까요?

자신의 행복을 목표로 삼는다고 가정해봅시다. 이 목표를 효율적인 방법으로 추구하면 윤리적 삶을 사는 걸까요? 다시 말해서 순전히 이기적인 동시에 윤리적일 수 있을까요? 그렇지 않다고 주장할 수 있는 이유를 한 가지 말씀드리겠습니다(이것이 유일한 이유는 아닙니다). 자신의 행복을 추구하다 보면 다른 사람들의 행복 추구를 방해할 때가 있습니다. 어쩌면, 그럴 것이라고는 꿈에서도 생각지 못했을 수 있습니다. 어쩌면, 그럴지도 모른다고 생각은 했지만 내가 신경 써야 할 것은 다른 누구의 행복도 아닌 '나의' 행복이라며 무시했을 수도 있습니다. 두 경우 다 윤리적 선택이 아닙니다. 윤리적으로 행동한다는 것은 내가 이 행동을 다른 사람에게 권할 수 있고 정당화할 수 있도록 행동하는 것입니다(윤리적 행동의 참뜻에는 이런 의미가 분명히 들어 있습니다). 오로지 나 자신의 행복을 증진한다는 목표만을 추구하는 행동을 어떻게 다른 사람에게 권하고 정당화할 수 있겠습니까? 다른 사람들이 내 행복을 자신의 행복보다 중요하게 여길 이유가 어디 있습니까? 설령 사람들이 내가 나 자신의 행복을 추구하는 것에는 동의하더라도, 이 논리를 그대로 적용하면 그들은 내 행복이 아니라 그들 자신의 행복을 추구하는 것이 마땅합니다. 하지만 이것은 내가 바라는 바가 아닙니다. 내가 나 자신의 이익을 지키듯 그들도 자기 자신의 이익을 한사코 지키려 들면 결국 나의 이익 추구에 방해가 될 테니까요.

그렇다고 해서 자신의 이익에만 정신이 팔려 남에게 미치는 영향을 무시하는 것이 '비합리적'이라는 말은 아닙니다. 그런 삶이 결코 윤리적일 수 없을 뿐입니다. 이 결론은 '윤리'의 의미를 토대로 삼았기 때문에, 어떻게 행동하는 것이 '합리적'인지는 말할 수 없습니다. 어떤 철학자들은 "윤리적 관점에서 이렇게 해야 한다는 것은 알지만 이렇게 할지 말지 결정할 수는 없어"라고 말하는 것이 비논리적이라고 주장했습니다. 하지만 이를 입증하려는 논증은 모두 무엇이 이성적인가에 대한 결론을 '선'이나 '의무' 같은 단어의 의미에서 이끌어내려 합니다. 이 철학적 마술은 오래전에 간파당했습니다.[1] '선'이나 '의무'의 정의는 정의하는 사람 마음입니다. "'선'이 그런 뜻이라면 선을 행하고 싶지 않아"라는 말에는 논리적 모순이 전혀 없습니다. 윤리적 고려를 싹 무시하기로 결정하는 것이 '현명한' 선택은 아닐지 모르지만, 이러한 결정이 일관성 없거나 모순된 선택이라고 말하는 것은 전혀 다른 문제입니다.[2]

윤리적으로 산다는 것은 자신의 이익을 뛰어넘어 생각하는 것입니다. 윤리적으로 생각하기 위해서는 (자신의 필요와 욕구가 있으면서도) 저마다의 필요와 욕구가 있는 다른 사람들과 함께 살아가는, 여럿 중 하나가 되어야 합니다. 자신이 윤리적으로 행동한다고 말하려면 자신의 행동을 정당화할 수 있어야 합니다. 이 정당화는 (이론적으로) 모든 이성적 존재를 납득시킬 수 있어야 합니다. 고대 이래로 여러 문화권에서 이것이 윤리의 근본 조건임을 깨달았지만[3] 이것을 가장 정확하게 표현한 사람은 옥스퍼드 대학에서 도덕철학 교수를 지낸 R. M. 헤어입니다. 헤어는 우리의 판단이 도덕적이려면 보편적으로 적용할 수 있어야 한다고 말합니다. 이것은 모든 가능한 상황에 적용되어야 한다는 뜻이 아니라 우리가 어떤 처지에 있든 상관없이 그 판단을 적용할 마음가짐이 되어 있어야 한다는 뜻입니다. 그 판단을 적용했을 때 우리에게 이익이 되는지 손해가 되는지도 상관하지 말아야 합니다. 본질적으로 이것은 내가 어떤 일을 할지 고려할 때 나의 행동에 영향을 받는—이때 각자의 성향을 고려해야 합니다—모든 사람의 처지에 서보아야 한다는 뜻입니다. 이것이 윤리적으로 생각하는 것입니다. 윤리적 사고의 가장 근본적 차원에서는 적의 이익을 친구의 이익처럼, 낯선 사람의 이익을 가족의 이익처럼 고려해야 합니다. 이 모든 사람들의 이익과 성향을 온전히 고려한 뒤에도 어떤 행동이 다른 모든 행동보다 낫다는 생각이 들

때만, 이것을 행하는 것은 나의 '의무'라고 진심으로 말할 수 있습니다. 이와 더불어 가족애를 다지고 호혜 관계를 확립하고 증진하며 인과응보를 이룰 수 있는지도 길게 따져봐야 합니다. 하루하루의 모든 도덕적 선택 상황에서 이토록 복잡한 사고 과정을 수행할 수 있는 사람은 아무도 없습니다. 도덕 규칙이 필요한 것은 이 때문입니다. 물론 이 도덕 규칙은 절대적인 도덕적 진리의 집합이 아니라 정상적 상황에서 대체로 신뢰할 수 있는 지침입니다. 윤리적 사고의 본질에 대한 헤어의 설명을 받아들이면, 우리는 윤리적 행동과 관련된 (이 책에서 논의한) 모든 사항을 고려할 수 있습니다. 이와 동시에 자신의—또는 가족이나 인종, 국가의—행복을 타인의 행복보다 중요시하는 태도에 윤리적 사고가 왜 제약을 가하는지 이해할 수 있습니다.[4] 윤리적으로 산다는 것은 더 넓은 관점에서 세상을 바라보고 이에 따라 행동하는 것입니다.

윤리적 판단을 (이론상으로) 모든 사람이 받아들일 수 있다고 말하면 지난 10년 동안 열띤 논쟁을 불러일으킨 질문이 하나 제기됩니다. 바로 '윤리에 성차性差가 있는가?'라는 질문입니다. 남성과 여성의 윤리관에 차이가 있다는 생각은 역사가 깊습니다. 유사 이래 최근까지 여성의 본성은 이른바 '가정적 덕목'에 치우쳐 있으며 대범함과는 어울리지 않는 것으로 치부되었습니다. 그리하여 루소는 《에밀》에서 여성의 의무를 "남편에게 순종하고 충실해야 하며 아이들에게 자애와 정성을 다해야 한다"라고 요약합니다.[5] 사회 문제와 정치 문제를 이해하고 여기에 참여해야 할 의무가 (여자를 제외한) 남자에게만 있는 이유는 "여성들의 이성은 실천적 이성이어서 …… 추상적이고 사변적인 진리들이나, 학문상의 원리와 공리의 탐구같이 관념들을 일반화시키는 경향이 있는 것 모두는 여성들의 소관이 아니"기 때문이라는 것입니다.[6] 헤겔도 여성의 윤리적 판단이 가정과 가족의 관습적인 윤리적 삶에 국한되며 정치와 시민사회, 보편적 도덕의 추상적 영역은 남성의 전유물이라고 생각했습니다. 프로이트는 이 통념을 현대에 되살려 여성이 "남성에 비해 정의감이 약하"고 "판단을 내릴 때 사랑이나 증오와 같은 감정의 영향을 더 자주 받는"다고 말했습니다.[7]

1792년에 메리 울스턴크래프트의 선구적 저작《여성의 권리 옹호》가 출간된 이후 루소식 사고에 반대하여 남성의 덕목과 여성의 덕목이 다르지 않고 윤리가 보편적이라고 주장하는 여성주의 사상 조류가 나타났습니다. 하지만 여성 참정권 투쟁의 초창기에는 전혀 다른 여성주의 사상 조류가 전면에 등장했습니다. 일부 여성주의자들은 여성 투표권을 옹호하는 과정에서 여성이 윤리 문제와 정치 문제를 대하는 태도가 실제로 다르며 바로 이런 이유로 정치에서 여성의 목소리가 커져야 한다고 주장했습니다. 어리석은 전쟁과 이로 인한 온갖 고통의 책임은 남성의 야심과 공격성에 있으며 여성은 양육과 보호의 본성이 남성보다 강하다는 것이었습니다. 1911년에 출간된《여성과 노동》에서 올리브 슈라이너는 여성이 임신과 출산, 육아를 경험했기에 전쟁에서 생명이 헌신짝 취급받는 사태를 남성과 다른 각도에서 볼 것이라고 주장했습니다.[8]

70년대에 현대적 여성운동이 부활하면서 이런 생각은 인기를 잃었습니다. 남성과 여성의 자연적인 (또는 타고난) 차이를 들먹이면 이데올로기적 속셈이 있는 것 아니냐고 의심받았습니다. 하지만 최근 들어 여성의 윤리관이 남성과 다르다는 주장이 여성주의 일각에서 다시 제기되었습니다. 이러한 변화에 박차를 가한 것은 캐럴 길리건의《다른 목소리로》입니다. 길리건은 하버드 대학 심리학 교수 로런스 콜버그의 연구 결과에 반발하여 연구를 시작했습니다. 콜버그는 평생 동안 아동의 도덕 발달을 연구한 인물입니다. 콜버그는 아이들에게 도덕적 딜레마에 빠졌을 때 어떻게 행동할지 질문하고 아이들의 대답을 토대로 도덕 발달 수준을 평가했습니다. 이를테면 하인츠라는 남자의 아내가 죽을병에 걸렸는데 하인츠는 약을 살 돈이 없습니다. 약사는 돈을 안 내면 약을 못 준다고 말합니다. 하인츠는 아내를 살리려고 약을 훔쳐야 할까요? 11살짜리 남자아이 제이크는 하인츠가 약을 훔친 뒤에 벌을 달게 받아야 한다고 대답합니다. 이에 대해 콜버그는 제이크가 사회적 규칙을 이해했으며 소유권 존중의 원칙과 인간 생명 존중의 원칙을 제대로 판단할 수 있다고 말합니다. 이에 반해 역시 11살인 여자아이 에이미는 하인츠와 아내의 관계에 주목하고 약사가 죽어가는 사람을 돕지 않았다고 비난합니다. 에이미는 하인츠가 약사와 더 이야기를 나누어 해결책을 모색했어야 한다고 말합니다. 콜버그는 남자아이의 대답이 도덕 발달의 더 높은 단계를 가리킨다며 문제를 더 추상적 차원에서 고려하고 규칙과 원칙의 체계를 염두에 둔다는 것을 이유로 내세운 반면, 길리건은 에이미가 도덕적 세계를 덜 추상적이고 더 개인적 관점에서 바라보며 사람 사이의 관계와 책임을 중요시한다고 지적합니다. 길리건은 제이크가 도덕을 바라보는 관점과 다를 수는 있겠지만, 그렇다고 해서 에이미가 더 열등하거나 발달 단계가 낮다고 말할 수는 없다는 것입니다.[9]

《배려: 윤리와 도덕 교육에 대한 여성주의적 접근법》에서 넬 나딩스는 길리건과 비슷한 입장을 취합니다. 나딩스는 여성이 남성에 비해 윤리를 추상적 규칙과 원칙의 관점에서 바라보는 성향이 약한 반면 배려의 태도를 바탕으로 구체적인 상황에 직접 반응할 가능성이 크다고 주장합니다. 여성은 상황을 인식할 때 관계를 중심에 놓습니다. 그런데 나딩스는 이 논리를 전개하다 저의 주장을 비판하기에 이릅니다. '이익을 동등하게 고려해야 한다'라는 기본적 도덕 원칙을 이해관계가 있는 모든 존재, 즉 감각 능력이 있는 모든 생물에게 확대해야 한다는 주장 말입니다. 나딩스는 이 주장이 추상적이며 남성적 태도의 전형이라고 생각합니다. 나딩스가 주장하는 여성주의적 태도는 우리의 의무를 '모든' 동물에게가 아니라 우리와 관계가 있는 특별한 동물—이를테면 반려 동물—에게만 적용합니다. 이를 바탕으로 나딩스는 '육식의 적당한 대안이 있을 경우 채식주의자가 되어야 한다'라는 제 견해를 반박합니다. 나딩스는 이름 붙인 가축—이를테면 '젖소 데이지'—을 먹는 것에 대한 거부감을 인정하면서도 동물을 먹지 말아야 할 의무가 그 이상 확대되지는 않는다고 생각합니다.[10]

이 지점에서 나딩스는 구체적인 윤리적 판단뿐 아니라 자신이 생각하는 여성주의적 윤리관에서도 모순에 빠진 듯합니다. 여성이 추상적 윤리 규칙과 원칙의 관점에서 생각하는 성향이 남성보다 약하다는 길리건과 나딩스의 생각이 틀렸다는 것을 입증할 수는 없지만, 이러한 주장은 허술한 토대 위에 서 있습니다. 공교롭게도 둘의 견해는 여성이 추상적으로 사유하지 못한다는 루소의 명백한 성차별적 견해와 비슷합니다.[11] 다른 입장을 취한 여성주의자들도 있습니다. 이를테면 앨리슨 재거는 '여성주의 윤리'가 '여성적 윤리'일 필요는 없다고 주장하며, 생물학적 결정론 또한 거부하여 모든 여성이 여성주의자는 아니며 남성 중에도 여성주의자가 있음을 강조합니다.[12] 어쨌든 어떻게 살아야 하는가의 문제를 고민할 때 여성은 윤리적 고려 대상을 자신과 관계 있는 사람으로 한정하지 않습니다. 오히려 여성의 윤리적 관심이 남성보다 '더' 보편적이며 여성의 관점이 더 장기적임을 보여주는 증거가 있습니다. 캐나다의 유명한 환경 운동가이자 방송인 데이비드 스즈키는《미래를 발명하다》에서, 자신의 경험에 비추어 볼 때 환경 운동에서 여성의 비중이 매우 크다고 말합니다. 동물 해방 운동도 마찬가지입니다. 19세기부터 오늘날에 이르기까지 동물의 착취를 중단시키려는 단체에 속한 여성은 확실히 남성보다 많았습니다. 제가 몸담고 있는 지역 동물 해방 단체에서 얼마 전에 회원 성비를 조사했는데 놀랍게도 80퍼센트 이상이 여성이었습니다. 이 결과에 흥미를 느낀 저는 동물의 동등한 처우라는 목표를 추구하는 단체 중에서 회원 수가 가장 많은 PETA의 상황은 어떤지 물었습니다. PETA에서 최근 후원자 명부를 조사했더니 저희와 마찬가지로 여성의 수가 많았다고 합니다.[13]

스즈키는 환경 운동에 참여하는 여성이 많은 이유에 대해, 여성이 사회의 권력 구조에서 배제되어 기성 체제에서 잃을 것이 적기 때문이라고 설명합니다. 그 덕분에 우리 사회의 허위를 남성보다 훨씬 또렷하게 꿰뚫어볼 수 있다는 것입니다. 그 말에도 일리가 있지만, 더욱 중요한 것은 환경 운동에 참여하려면 지구와 그 위에서 살아가는 뭇 생명을 보살피려는 마음이 있어야 합니다. 사람들이 동물 해방 운동에 관심을 가지는 이유도 넓게 보면 고통받는 동물을 불쌍히 여기기 때문입니다. 그렇다면 전반적으로 볼 때 여성이 남성에 비해 타인의 고통에 더 많은 관심을 가진다고 말할 수 있을까요? 어쩌면, 여성이 더 윤리적일까요? 이런 일반화에는 틀림없이 예외가 있으며 신중을 기해야겠지만, 저는 이 말에 일리가 있다고 생각합니다. 제도권 정치에서와 달리 동물 해방 운동에서는 큰 성과를 거두어봐야 출세에 그다지 도움이 안 됩니다. 동물의 고통을 줄이는 데 이바지했다는 자부심 말고는 얻는 것도 없습니다. 따라서 환경 운동과 동물 해방 운동에 여성이 더 많이 참여하는 이유는 (다른 식으로 설명할 수도 있겠지만) 여성이 자신이나 자신이 속한 집단을 돕는 것에 그치지 않고 더 큰 목표를 추구하기 때문인 듯합니다. 흥미롭게도 캐럴 길리건이 인용한 한 여인의 말에서는 보편 윤리에 대한 자각을 엿볼 수 있습니다.

> 내가 세상에 대해 책임이 있다는 것과 나 자신의 즐거움만을 위해서 살 수 없다는 것을 강하게 느끼며, 이 세상에 존재한다는 사실 그 자체만으로도 이 세상을 좀 더 나은 곳으로 만들 의무가 있다고 생각해요. 나아지는 정도가 아무리 하찮다고 해도 말이죠.[14]

이 책 앞부분에서 저는 가족, 친족, 호혜 관계의 중요성을 강조했습니다. 이 장 앞 절에서는 폭넓은 관점의 중요성을 언급했으며 다음 장에서는 이 생각을 더 풀어놓을 것입니다. 하지만 폭넓은 관점을 가지려고 노력하되 개인적 관계가 윤리적 삶의 중심을 차지한다는 것을 명심해야 합니다. 세상의 온갖 문제를 해결하려면 바로 위 인용문에서 보듯 세상 전체에 대한 일반적 관심이 필요합니다. 이번에는 이렇게 물어야 합니다. 어떻게 살아야 할지 선택하고자 하나 아직은 세상에 대한 책임감을 깨닫지 못했을 때 보편적인 윤리적 관점을 가져야 할 타당한 이유가 있을까요?

윤리적 삶의
두 가지 근거

—

저희 아버지는 수출 업체에 운송장 누락 여부를 알려주는 것이 옳을뿐더러 장기적으로 이익이 될 수도 있다고 생각했습니다. 아버지의 취지가 각각의 거래에서 이익을 거둘 수 있다는 뜻인지 고객을 대할 때 철저히 정직을 기하는 것이 일반적으로 유리하다는 뜻인지는 모르겠습니다. 아버지가 정직을 선택한 이유가 정직이 최선의 방책이라고 믿었기 때문인지, 또 정직이 장기적으로 사업에 손해가 되더라도 정직을 선택했을 것인지 모르겠습니다.

'어떻게 살아야 하는가'라는 궁극적 선택에 직면한 사람에게 윤리적 삶을 정당화하거나 권유할 때는 이처럼 의무를 강조할 수도 있고 이익을 강조할 수도 있습니다. 둘의 차이는 매우 큽니다. 서구 문명사 대부분의 기간 동안 '왜 옳은 일을 해야 하는가'에 대한 대답은 기독교의 전유물이었습니다. 기독교는, 이 세상에서 옳은 일을 해야 하는 이유를 다음 생에서 더 나은 삶을 살기 위해서라고 가르칩니다. 초기 기독교인들은 이 세상에 큰 의미를 두지 않았습니다. 그들은 이 세상이 곧 끝장날 것이고 심판 날이 가까웠다고 생각했습니다. 예수도 이렇게 말했습니다.

진실로 너희에게 이르노니 여기 서 있는 사람 중에 죽기 전에 인자가 그 왕권을
가지고 오는 것을 볼 자들도 있느니라.[15]

그 예언은 1세기 말에 이미 거짓으로 드러났지만 기독교인들은 여전히
예수의 충고를 가슴에 새겼습니다.

이러므로 너희도 준비하고 있으라. 생각하지 않은 때에 인자가 오리라.[16]

예수의 재림이 임박했다는 믿음은 한풀 꺾였지만 다음 세상, 즉 육신을
벗고 영생을 누릴 세상을 준비하는 것에서 이 세상의 의미를 찾아야 한다는
생각은 사라지지 않았습니다. 따라서 기독교인들은 오로지 신의 계획 안에
서만 세상의 의미를 찾을 수 있으며 이 세상에서 우리가 할 일은 신의 영광
을 드높이는 것뿐이라고 생각합니다. 도덕적으로 행동해야 할 이유를 더 요
구하는 사람에게는, 도덕적으로 행동하면 천국에서 기쁨을 누릴 것이라고
약속하고 도덕적으로 행동하지 않으면 지옥에서 고통을 겪을 것이라고 협
박하면 그만이었습니다. 옳은 일을 해야 하는 이유가 이토록 노골적으로 이
기적인 것이 불만스러운 현대의 똑똑한 기독교인들은 보상과 처벌을 곧잘
무시하지만, 보상과 처벌의 위협은 얼마 전까지도 기독교 도덕 교육의 중요
한 특징이었습니다. 시작은 예수였습니다. 복음서에서 예수는 이기주의적
도덕을 설교합니다. 유명한 산상수훈에는 이런 가르침이 있습니다.

구제할 때에 외식하는 자가 사람에게서 영광을 받으려고 회당과 거리에서 하는 것같이 너희 앞에 나팔을 불지 말라.

여기까지만 읽으면 마이모니데스가 말한 자선의 황금 사다리와 일맥상통하는 것처럼 보일지도 모릅니다. 하지만 나머지 구절에서는 그런 감동을 찾아보기 힘듭니다.

진실로 너희에게 이르노니 그들은 자기 상을 이미 받았느니라. 너는 구제할 때에 오른손이 하는 것을 왼손이 모르게 하여 네 구제함을 은밀하게 하라. 은밀한 중에 보시는 너의 아버지께서 갚으시리라.[17]

원수를 사랑하라, 남몰래 기도하라, 남의 잘못을 용서하라, 금식하라, 남을 판단하지 말라, "하늘에 계신 내 아버지의 뜻대로" 하라—이렇듯 똑같은 가르침이 설교 전체에서 반복됩니다. 그때마다 하늘의 상이 유인책으로 제시됩니다. 게다가 그 상은 이 땅의 보물과 달리 '녹슬지도, 도둑이 훔쳐 가지도' 않습니다.[18]

1800년이 흐르는 동안 영원한 형벌이라는 기독교의 협박에 이의를 제기하는 사람은 아무도 없었습니다. 기독교 신학자들은 베르길리우스 같은 고귀한 비기독교인이 지옥에 갈 것인지 논쟁했으며, 세례받기 전에 죽어서 원죄를 씻지 못한 채 심판을 맞을 유아의 운명을 걱정했습니다. 글 모르는 대중을 위해 기독교 화가들은 죄인이 악마에게 고문당하고 지옥 불에 휩싸여 고통받는 동안 의인이 천사의 날개를 달고 수금(하프)을 뜯는 장면을 생생하

게 묘사했습니다. 기독교 1800년은 서구 사상에 영원한 흔적을 남기기에
충분했습니다.

18세기에 계몽주의가 등장하면서 도덕적 사고에 대한 기독교의 장악력
이 느슨해지자, 독일의 가장 위대한 철학자 이마누엘 칸트는 도덕에 대해
전혀 다른 견해를 제시했습니다. 칸트는 도덕에 대한 기독교적 관념을 천국
과 지옥에 대한 가르침과 무관하게, 심지어 신에 대한 믿음과 무관하게 재
구성하고자 했습니다. 칸트는 이성을 기준으로 삼고 나머지는 모두 버렸습
니다. 칸트는, 우리가 도덕적으로 행동한다고 말하려면 욕망이나 성정에서
비롯한 동기를 모두 배제해야 한다고 말합니다. 의무가 '공허한 망상'으로
전락하지 않으려면 보편 법칙 자체를 있는 그대로 따르는 것이야말로 도덕
적 행동의 동기가 되어야 한다는 것입니다. 칸트가 말하는 '보편 법칙'은 도
덕법—특히, 우리가 기꺼이 보편 법칙으로 규정할 만한 원칙에 따라 행동
하라고 명령하는 그의 유명한 '정언명령'—입니다. 칸트는 우리가 의무를
다해야 하는 이유는 그것이 의무이기 때문이라고 말합니다. 칸트에 따르면
다른 사람을 돕고자 하는 단순한 욕망에 이끌려 헌혈하는 사람은 그 욕망을
내려놓고 '남을 돕는 것이 도덕법에 따른 의무라는 생각'만을 동기로 삼지
않으면 도덕적으로 행동하는 것이 아닙니다.

칸트주의자를 자처하는 현대 사상가들은 칸트의 참뜻이 이토록 냉혹하
고 엄격하다는 사실을 부인하려 애씁니다. 그럴 만도 합니다. 하지만 아래
구절은 다르게 해석할 여지가 없습니다.

할 수 있는 한 자선을 베푸는 것은 의무인데, 그에 더해서 동정심을 잘 느끼는 사

람들도 많다. 그들은 허영심이나 자신의 이익이라는 다른 동기 없이도 주위에 기쁨이 퍼져 나가는 것을 내심 즐거워하며, 자기가 한 일로 다른 사람이 만족하는 것에 흥겨워할 수 있는 사람이다. 하지만 나는 그와 같은 행위의 경우, 그 행위가 아무리 '의무에 맞고' 또 아무리 사랑스럽다 해도 참된 도덕적 가치는 전혀 없[다고 생각한다.] …… 왜냐하면 그 준칙에는 도덕적인 내용, 즉 경향성 때문이 아니라 '의무이기 때문에' 하는 행위가 빠져 있기 때문이다.

칸트에 따르면 행동이 순수한 도덕적 가치를 지니는 것은 남의 운명에 대한 연민을 모조리 버려 어떤 경향성에도 이끌리지 않고 오로지 의무감으로만 행동할 때입니다.[19]

사막에서 고행하던 초기 기독교 성인이라면 고개를 끄덕였을지도 모르겠습니다. 어떻게 보면 칸트의 견해는 (2장에서 살펴본) '도덕성은 봉을 등쳐 먹는 게임이다'라는 사고방식과 정반대이지만, 도덕적으로 행동하는 것은 자신에게 최선의 이익이 되는 것을 도덕적 의무를 위해 포기하는 것이라고 가정하기는 둘 다 마찬가지입니다. 다른 점도 있습니다. '도덕성은 봉을 등쳐 먹는 게임이다'라고 생각하는 사람들은 이 가정을 내세워 도덕성을 조롱하지만, 칸트는 진정한 도덕적 가치가 얼마나 순수하고 희귀한가를 밝히는 데 이 가정을 이용합니다. 칸트의 눈으로 바라본 인간 조건은 참으로 암울합니다. 우리가 도덕법을 받아들이는 것은 이성적 존재로서 도덕법을 필연적으로 인식하고 경외하기 때문이지만, 욕망에 사로잡힌 육체적 존재로서의 본성은 도덕법과 본질적으로 적대적입니다. 도덕법과 욕망을 조화시키고 싶어도 결코 그럴 수 없습니다.

서구를 제외한 많은 사회는 인간 본성에 대한 이런 시각을 이해하지 못하고 당혹스러워 했습니다. 이를테면 불교 윤리에서는 선善을 외부에서 주어진 것으로 받아들이지 말고 자신의 본성 안에서 찾으라고 말합니다. 심지어 고대 그리스 사람들도 의무가 '모든' 욕망과 대립한다는 사고방식에 얼떨떨했을 것입니다. 유럽 사람들이 칸트의 주장에 귀를 기울이고 심지어 받아들였다는 데서 오랫동안 서구 유럽을 지배한 독특한 도덕의식의 한 요소를 엿볼 수 있습니다. ('윤리ethics'가 아니라) '도덕morality'이라는 용어가 오늘날 가장 자연스럽게 적용되는 것은 사실 이 요소에 대해서입니다. 도덕은 도덕법 개념과 밀접하게 연관되어 있으며 그 속뜻은 도덕법 기준을 충족하지 못하면 죄책감을 느껴야 한다는 것이니까요.

이 도덕 개념을 좀 더 자세히 들여다봅시다. 남을 돕고 싶은 마음 없이 의무감에서 헌혈하는 것이 "주위에 기쁨이 퍼져 나가는 것을 내심 즐거워하"며 헌혈하는 것이나 피가 모자란 사람의 어려움에 연민을 느껴 헌혈원에 가는 것보다 '더' 가치 있다고 믿어야 할 이유가 대체 무엇일까요?

이런 이유를 생각해볼 수 있겠습니다. 우리는 남을 칭찬하거나 비난할 때 직접적으로든 간접적으로든 그를 비롯한 사람들이 우리가 바라는 대로 행동하기를 바랍니다. 행복을 전파하는 것에서 즐거움을 느끼거나 도움이 필요한 사람을 불쌍히 여겨 행동하는 사람은 굳이 칭찬하지 않아도 그렇게 행동할 것입니다. 이 사람에게 필요한 조건은 헌혈을 쉽게 할 수 있다는 것, 그리고 혈액이 모자라면 사람들이 고통을 겪으리라는 것을 아는 것뿐입니다. 그러면 이들은 헌혈할 것입니다. 도덕적 칭찬과 비난은 남을 행복하게 하는 것에서 전혀 즐거움을 느끼지 못하고 도움이 필요한 사람에게 공감하지 못하는 사람에게만 효과를 발휘합니다. 이때 도덕은 옳은 일을 하려는 욕망이 없는 사람이 옳은 일을 하도록 유도하는 스위치 역할을 합니다. 달리 말하자면, 의무 자체를 위한 의무에 특별한 도덕적 가치가 있다고 주장함으로써 옳은 일을 하려는 동기의 결여를 메울 수 있다는 것입니다.

칸트가 말하는 도덕적 가치는 사회의 윤리 구조에 난 틈을 메우는 만능 접착제입니다. 틈이 없다면, 즉 모두가 해야 할 일을 기꺼이 하고 자발적으로 남을 돕는다면 이 접착제는 필요 없겠지만, 그런 유토피아는 불가능해 보입니다. 도덕적 가치라는 관념이 큰 효과를 발휘하는 것은 바로 이 때문입니다. 너그러운 마음씨가 없는 사람이라도 곤경에 처한 사람을 돕는 것을 의무로 여긴다면 그렇게 행동할 것입니다. 다른 인종에 대해 편견을 가진 사람이라도 인종차별을 거부하는 것을 의무로 여긴다면 그렇게 행동할 것입니다. 하지만 자연적 성정을 인공적 관념으로 대체하는 데는 한계가 있습니다. 의무이기에 의무를 행하라고 말하는 도덕으로는 따뜻한 마음씨, 자발성, 창의성 같은 성품을 기를 수 없습니다. 의무를 다하는 아버지는 자녀를 여느 아버지 못지않게 보살피겠지만 사랑하지는 못합니다. 그렇지만 '의무 자체를 위한 의무'의 도덕은 매우 유용하기 때문에, 사회에서 이를 장려하는 것은 충분히 이해할 만합니다.

하지만 유용함의 이면에는 사람을 불편하게 만드는 무언가가 있습니다. 아무리 의무 자체를 위해 의무를 행하라고 가르치더라도, 사람들이 의무를 행하도록 하는 진짜 이유는 이로운 결과를 얻기 위해서입니다. 따라서 의무 자체를 위한 의무라는 특별한 도덕적 가치를 고집한다면 의무를 행해야 하는 '이유'를 깊이 파고들 여지가 없습니다. 영국의 철학자 F. H. 브래들리 말마따나 이렇게 대답할 수밖에 없습니다. "왜?'라고 묻는 것은 결코 도덕적이지 않다. …… 여인을 그 자체로 사랑하지 않는 사람에게 그녀가 주는 쾌락을 사랑의 이유로 제시하는 것은 도덕관을 저버리고 미덕을 타락시키는 것이다.'[20] 논리는 그럴듯하지만 설득력은 거의 없습니다. 의무 자체를 위한 의무를 주장하는 사람이 성정이나 자기 이익의 뒷받침을 모조리 거부한다면 도덕과 자기 이익—자기 이익을 아무리 포괄적으로 바라보더라도—사이에는 영원한 골이 파일 것입니다. 도덕은 닫힌 체계로 전락합니다. '도덕 의식의 목소리'를 받아들이는 것은 더는 따지지 않겠다는 뜻입니다. 하지만 이렇게 되면 아직 의무의 명령에 따라 살기로 결심하지 않은 사람은 '어떻게 살아야 하는가'라는 근본적 물음의 답을 찾을 수 없습니다. 유력 후보인 도덕이 스스로 담을 쌓고 대답을 거부했기 때문입니다. 주어진 도덕관을 이미 받아들이지 않았다면 그 도덕관을 받아들일 이유가 전혀 없으니까요.

회의론자들은 도덕을 '사회가 자기 이익을 위해 우리를 속이는 수단'이라며 조롱합니다. '도덕'이 '의무 자체를 위한 행동에서만 도덕적 가치를 찾을 수 있다'라는 뜻이라면 그 말이 옳아 보입니다. 단도직입적으로 말해서 이런 관점에서 보자면 도덕은 사기입니다. 아무도 의문을 제기하지 않을 때는 사회적으로 쓸모가 있을지 모르나 일단 의문이 제기되면 이 도덕관으로는 회의주의자의 도전에 맞설 수단이 전혀 없기 때문에, 유용성 못지않게 위험성도 큽니다. 그러다가는 회의주의자들에게 당치 않은 승리를 안겨주고 말 것입니다.

칸트의 도덕 개념이 위험한 이유는 이것만이 아닙니다. 의무감은 강한데 어진 마음과 공감이 없으면 경직된 도덕적 광신에 빠지기 십상입니다.

1961년 예루살렘에서 열린 아돌프 아이히만의 재판은 이러한 광신이 어디까지 치달을 수 있는지 잘 보여줍니다. 경찰의 공식 수사 기록에 따르면, 홀로코스트의 책임자 아이히만은 어느 순간 "자신이 평생 칸트의 도덕적 명령에 따라, 특히 칸트의 의무론에 따라 살았다며 갑자기 목소리를 높였"다고 합니다. 재판 중에 판사가 아이히만에게 이 사실에 대해 묻자 아이히만은 "칸트에 대해 언급하면서 제가 말하려 한 것은, 저의 의지의 원칙이 항상 일반적 법의 원칙이 될 수 있도록 해야 한다는 것입니다"라고 대답합니다. 아이히만은 칸트의 의무론을 지지하면서, 자신의 손을 거친 수많은 사건에서 연민 때문에 의무를 저버린 것은 단 두 번뿐이었다고 말합니다. 즉, 그 두 번을 제외하면 유대인을 가스실에 보낼 때 연민을 느끼면서도 연민에 동요하지 않았으며 의무를 다해야 한다고 믿어 (규칙을 바꾸어 유대인을 돕기보다는) 의무에 충실했다는 것입니다.[21]

의무에 집착하고 정상적인 본능을 억누름으로써 끔찍한 만행을 서슴없이 저지른 나치 당원은 아이히만만이 아닙니다. 하인리히 힘러는 유대인 집단 학살 임무를 맡은 특수 부대 'SS 아인자츠그루펜'(이동대량학살부대_옮긴이) 앞에 서서 이렇게 연설했습니다. 당신들은 '달갑지 않은 의무'를 수행하기 위해 소집되었으며 나 역시 당신들이 이런 임무를 기쁜 마음으로 수행하기를 기대하지 않는다, 라고 말입니다. 힘러는 자신이 얼마 전에 유대인 100명을 기관총으로 사살하는 광경 앞에서 "마음속 깊이 동요되었"으나 의무를 다함으로써 지고至高의 법을 따랐을 뿐이라고 말했습니다.[22]

그러니 우리는 의무 자체를 위해서 의무를 행할 때에만 도덕적 가치를 찾을 수 있다는 칸트의 사고방식을 단호하게 배격해야 합니다. (이 사고방식이 우리의 도덕관에 너무 오랫동안 너무 성공적으로 스며들었으므로 저는 '도덕'보다는 '윤리'라는 용어를 쓰고자 합니다.) 우리는 윤리가 인간의 타고난 성정과 모순될 수밖에 없다는 가정—윤리를 봉 등쳐 먹는 게임으로 여기는 회의론자와 칸트가 공유하는 가정—도 재고해야 합니다. 그러면 사회적 존재로서 인간의 본성을 배척하지 않고 오히려 토대로 삼아 윤리적 논증을 펼 수 있을 것입니다.

예수는 저주를 받지 않으려면 신의 명령에 순종하라고 가르친 반면 칸트는 '정직이 최상의 방책'이라거나 윤리적 삶에서 성취감을 느끼라는 얘기는 일언반구도 없이 도덕 자체를 위해 도덕을 행하라고 말합니다. 우리는 예수와 칸트의 견해를 둘 다 거부했지만, '왜 윤리적으로 행동해야 하나?'라는 궁극적 물음에는 아직 답하지 못했습니다. 윤리적 삶을 살기로 결정하면 할 수 있는 일에 제약을 받습니다. 하지만 어떤 행동을 '보편적으로 적용할 수 있는 관점'에서 정당화할 수 없음을 알면서도 그 행동을 하고 싶을 때가 있습니다. 그런 행동을 눈 딱 감고 해버리면 안 되는 이유는 과연 무엇일까요?

　의무 자체를 위해 의무를 행해야 한다는 칸트의 잘못된 주장은 (그가 경멸한) 보상과 처벌이라는 통념에 대한 반작용으로 이해할 수 있습니다. 기독교의 견해가 모든 서구 사상을 오래도록 지배했기에, 대다수가 신이나 내세를 믿지 않는 세속주의 시대의 개막은 충격으로 다가왔습니다. 신이 사라지면 또 무엇이 사라질까요? 어떤 사람들은 신이 없는 도덕은 상상할 수도 없다고 생각했습니다. 도스토옙스키는 《까라마조프 씨네 형제들》에서, 신이 없다면 모든 것이 허용된다고 말했습니다. 이 말은 신의 계획 안에서만 세상의 의미를 찾을 수 있다는 생각과 일맥상통합니다. 신이 없으면 우리를 내려다보는 섭리도, 세상에 대한 거룩한 계획도, 따라서 삶의 의미도 없을 테니까요. 개인적인 측면에서 보자면, 옳은 일을 하는 이유가 지옥이 아니라 천국에 가기 위해서라면 내세에 대한 믿음의 종말은 옳은 일을 할 이유의 종말을 가져올 것입니다. 키르케고르는 이렇게 썼습니다.

만약 인간 속에 영원한 의식이 없다면, 만약 일체의 것 밑바닥에 있는 것이 광포하게 들끓고 있는 힘이 있을 뿐이고, 이 힘이 위대한 것이거나 하찮은 것이거나를 막론하고, 모호한 격정 속에서 몸부림치며 일체를 생성해내는 것이라면, 만약 결코 채워질 수 없는 밑창 없는 공허가 일체의 것의 밑바닥에 가로놓여 있다고 하면, 그렇다면 인생이란 절망 이외의 그 무엇일 것인가?[23]

종교적 믿음이 쇠퇴하면서 윤리 문제를 겪은 것은 기독교인만이 아니었습니다. 기독교 문화에서 자란 무신론자와 불가지론자는 그저 종교에 딸린 존재였기에 종교 없이는 살 수 없었습니다. 장 폴 사르트르 같은 20세기 중엽의 실존주의 철학자들에게 신을 거부한다는 것은 우리가 세상에 홀로 남겨졌다는 뜻이었습니다. 우리는 선택해야 하지만 모든 선택은 자의적입니다. 규칙도, 옳은 것도, 그른 것도 없습니다. 사르트르에게 남은 것은 '진실하게' 선택하고 '나쁜 믿음'의 삶을 피하는 것뿐입니다. 하지만 모든 선택이 자의적인데 어떻게 이것이 아니라 저것을 선택할 수 있을까요? 나쁜 믿음보다 진실을 선택하는 것만 해도 엄연한 가치 판단이니 말입니다.

한편 20세기의 전혀 다른 철학자 집단이 다른 경로를 통해 비슷한 결론에 도달합니다. 1930년에 스물여섯의 나이로 죽은 케임브리지 대학의 천재 철학자 프랭크 램지는 "우리가 깨달은바 신학과 절대적 윤리는 실제 대상이 없다"라고 썼습니다.[24] 젊은이의 자신감과 현대의 과학주의적 사고방식이 엿보이는 이러한 태도는 논리실증주의자들의 윤리관을 반영한 것입니다. 논리실증주의자는 유명한 '빈 학파Vienna Circle'에서 출발하여 비트겐슈타인의 《논리-철학 논고》와 A. J. 에이어의 당찬 선언 《언어, 논리, 진리》를 거쳐 영어권에 상륙한 사상가 집단을 일컫습니다. 에이어는 어떤 명제가 참임을 (적어도 이론적으로) 입증할 방법이 없다면 어떠한 명제도 의미를 가질 수 없다고 주장했습니다. 어떤 행동이 윤리적으로 옳은가 그른가라는 판단은 입증할 수 없기에 (에이어의 관점에서는) 주관적 감정 표현과 다를 바 없습니다. 윤리의 객관성을 주장하던 사람들은 그 뒤로 줄곧 수세에 몰렸습니다.

저는 램지의 신학관에 동의하며 '절대적'(램지의 취지를 살리자면 '객관적') 윤리에 대한 견해도 어느 정도 공유합니다. 더글러스 애덤스가 《은하수를 여행하는 히치하이커를 위한 안내서》라는 유쾌한 책에서 상상하듯, "삶, 우주, 그리고 모든 것"의 해답은 슈퍼컴퓨터로도 계산할 수 없습니다. 우주가 어떤 계획에 따라 창조되지 않았다면 애초에 발견할 의미가 없습니다. 어떤 상태를 다른 상태보다 선호하는—감각 능력이 있는—존재를 배제하면 우주에서는 어떤 본래적 가치도 찾을 수 없습니다. 윤리는 원자와 달리 결코 우주의 구성 요소가 아닙니다. 하지만 신에 대한 믿음이 없다면 어디에서 윤리의 토대를 찾을 수 있을까요? 세속적 방법으로 윤리의 본질을 연구하고 어떻게 살아야 하는가에 대한 철학적 기초를 찾는 것이 가능할까요?

이 탐구는 오래고 보편적이기에, 기독교 이전 시대나 기독교 아닌 문화를 돌아볼 의지만 있다면 삶의 의미와 (그 속에서) 윤리적 행동의 위치를 다른 관점에서 설명할 수 있습니다.

기록으로 남은 문학 작품 가운데에서 가장 오래된 것으로 기원전 3000~2000년에 고대 수메르 지방 우루크를 다스린 왕 길가메시의 서사시 the epic of Gilgamesh가 있습니다. 길가메시는 원래 무력으로 통치하고 남자를 괴롭히고 초야권을 내세워 결혼을 앞둔 처녀를 겁탈하는 잔인한 폭군이었습니다. 그러다 문득 죽음이 두려워진 길가메시는, 그동안 모든 적을 물리쳤으니 이제 죽음을 물리치고 말겠다고 마음먹습니다. 해답을 찾으려 먼 곳을 여행하던 길가메시가 술집에서 여독을 푸는데 술 만드는 여인이 그에게 죽음을 받아들이고 삶이 주는 쾌락을 한껏 누리라고 말합니다.

길가메시여, 당신에게 충고를 드리죠.
좋은 음식으로 배를 채우십시오.
낮으로 밤으로,
밤으로 낮으로 춤추며 즐기십시오.
잔치를 벌이고 기뻐하십시오.
깨끗한 옷을 입고
물로 목욕하며
당신 손을 잡아줄 어린 자식을 낳고,
아내를 당신 품 안에 꼭 품어주십시오.
왜냐하면 이것 또한 인간의 운명이니까요.

하지만 길가메시는 여주인의 쾌락주의적 충고를 거부하고 다시 길을 떠납니다. 길가메시는 영생을 얻지는 못했으나 백성을 행복하게 하겠다고 다짐한 채 우루크로 돌아옵니다. 길가메시는 백성을 위해 성벽을 쌓고, 성전을 고치고, 왕국을 기름지고 번창하고 평화로운 곳으로 만듭니다. 이 이야기에 숨은 교훈은 좋은 삶, 가장 만족스러운 삶을 살고 싶으면 윤리적 책임을 성심껏 수행하라는 것입니다.[25]

동양 고전에서는 다른 해답을 제시합니다. 고타마 싯다르타는 길가메시처럼 풍요롭고 편안한 삶을 맛본 왕자였습니다. 설화에 따르면 젊은 고타마는 북인도의 안락한 궁정에서 자랐으나 어느 날 궁을 나섰다가 노인과 병자, 주검을 마주칩니다. 한 번도 본 적 없는 광경에 놀란 고타마가 마부에게 어찌된 일이냐고 묻자 마부는 그것이 모든 사람의 운명이라고 말합니다. 이번에는 삭발하고 누더기를 걸친 수행자를 만납니다. 수행자는 스스로 출가를 선택한 사람이었습니다. 왕궁으로 돌아온 고타마는 그날 밤 침소에 든 처녀들에게서 아무런 쾌락도 느끼지 못합니다. 고타마는 자리에 누운 채 낮에 본 광경의 의미를 곱씹습니다. 이튿날 고타마는 궁에서 나와 거지와 옷을 바꿔 입고는 고통 가득한 삶의 모순을 해결하고자 길을 떠납니다. 고타마는 여러 해 동안 찾아다닌 끝에 해답을 발견했으며 추종자들은 그의 지혜에 감명받아 그를 '붓다Buddha', 즉 '깨달은 자'라고 부르기 시작합니다. 붓다가 가르친 네 가지 숭고한 덕四無量心을 일컬어 '자비희사慈悲喜捨'(자애로움, 동정심, 함께 기뻐함, 평정)라 합니다. 앞의 세 가지(자, 비, 희)는 불교의 두드러진 외향적 성격과 감각 능력 있는 뭇 생명에 대한 관심을 나타내며 세 번째와 네 번째(희, 사)는 타인에 대한 관심이 기쁘고 평정한 내면의 삶과 연결되어 있음을 나타냅니다. 불교는 서구의 일반적 기준으로 보면 종교가 아닙니다. 신을 믿으라고 가르치지 않을뿐더러 붓다도 결코 자신을 신이나 숭배 대상으로 여기지 않았기 때문입니다. 하지만 불교 신자는 마음속 깊숙한 자의식을 버리고 자신을 넘어선 전체의 일부가 되는 벅찬 감정을 느끼는 경지에 이르기 위해 명상이라는 방법을 사용합니다. 타인과 우주와 하나가 되는 이 느낌은 삶에 대한 기쁨과 열정이기도 합니다. 따라서 불교는 남에게 자비를 느끼는 마음 상태에서 자아의 가장 심오한 성취를 추구함으로써 자신과 타인의 대립을 해소하려 합니다. 이 상태에 도달한 '깨달은 자'는 다른 보상을 생각하지 않고 오직 만물을 위하는 마음으로 행동합니다.

하지만 사회적 관점에서 보면 불교의 시도는 실패했다고 볼 수밖에 없습니다. 기존 관습에 도전하기보다는 기성 체제에 자신을 맞추었기 때문입니다. 자주 언급되는 불교의 첫째 계율 '불살생不殺生', 즉 감각 능력이 있는 모든 존재를 죽이거나 해치지 말라는 명령을 예로 들어봅시다. 일본에서는 유서 깊은 절을 찾는 사람은 누구나 이 계율을 되새깁니다. 입장권 뒷면에 쓰여 있으니까요. 하지만 일본 사람들의 동물관을 조사하러 몇 해 전에 일본에 가서 보니 일본 불교 신자 중에서 채식주의자는 극소수에 불과했습니다. 몇몇 엄격한 종파에서만 승려들이 육식을 삼갔으며 그들조차도 일반 신도에게는 채식을 요구하지 않았습니다. 심지어 승려들은 남극의 고래를 죽이려 출항하는 고래잡이 배에 복을 빌어주기까지 합니다. 고전《선禪의 세 기둥》의 저자 로시 필립 캐플로는 일본에서 수행할 때 (버마에 있을 때 묵었던 절에서와 마찬가지로) 승려가 고기를 예사로 먹었다고 회상합니다. 승려들은 동물이 죽은 이유가 자기들 때문이 아니니 자기들은 살생에 책임이 없다고 변명했다고 합니다.[26] 6장에서 보았듯 불교 사상은 일본 사람들이 삶의 목표를 세우는 데 어느 정도 영향을 미칩니다. 하지만 전반적으로 보면 일본에서든 다른 불교 국가에서든 자신을 불제자라고 칭하는 사람들 중에서 붓다의 삶과 가르침에 드러난 연민의 윤리적 삶을 실천하는 사람은 극소수에 지나지 않습니다.

1장에서 보았듯 기독교 이전의 서구에서 소크라테스는 훌륭한 사람만이 행복하다고 주장하여 글라우콘의 도발을 제압하려 했습니다. 소크라테스가 내세운 논리는 훌륭한 사람이란 정신의 각 부분("혼의 성질")이 올바른 관계를 맺은 사람이라는 것이었습니다. 플라톤이 《파이드로스》에서 이성을 감정과 욕망이라는 두 마리 말을 모는 마부에 비유한 것도 같은 맥락입니다. 소크라테스와 플라톤은, 일부러 나쁜 일을 하는 사람은 없다고 주장했습니다. 이성이 감정(이를테면 분노와 자부심)이나 욕망(이를테면 탐욕과 정욕)을 다스리지 못할 때만 잘못을 저지른다는 것입니다. 이에 대해 아리스토텔레스는 이 주장이 "현상과 명백히 충돌한"다고 옳게 지적했습니다. 소크라테스와 플라톤은 선善이 무엇인지 안다면 이미 선을 이루려고 애쓰고 있으리라고 가정했습니다. 둘은 선을 아는 것과 행하는 것을 전혀 구분하지 않았습니다. 논리 자체는 설득력이 없어 보이지만, 우리가 제대로 사유하고 이성에 반하여 행동하려는 욕망에 휘둘리지만 않으면 옳은 일을 자유롭게 선택할 수 있으리라는 오랜 철학 사상의 출발점은 바로 이 주장이었습니다. 칸트도 이 전통에 속합니다. 물론 소크라테스와 플라톤은 좋은 삶을 선택하는 것은 의무라는 이름으로 자신의 이익을 희생하는 것이 아니라 성공적이고 행복한 삶을 현명하게 선택하는 것이라고 생각했습니다.

18세기 스코틀랜드의 위대한 철학자 데이비드 흄은 근대 이후 칸트의 윤리학 전통에 가장 근본적으로 반대한 인물입니다. 흄은 이성이 행동에 영향을 미치려면 욕망이나 감정과 연관되어야 한다고 주장했습니다. (《언어, 논리, 진리》의 A. J. 에이어 같은 논리실증주의자들의 윤리관은 흄의 입장을 철학적으로 계승한 것이 분명합니다.) 흄이 옳다면, '무엇을 해야 하는가?'라는 물음에 대답하는 유일한 방법은 우선 '무엇을 "정말로" 하고 싶은가?'라고 묻는 것입니다. 흄은, 사람이 '좋거나 옳은 일'을 하고 싶어 하는 이유는 칸트 말마따나 그것이 의무이기 때문이 아니라 천성적으로 남과 어울리고 공감하려는 욕망이 인간에게 있기 때문이라는 대답을 기대했을 것입니다. 흄은 계몽된 이기심을 토대로 윤리적 삶을 권고하는 영국의 철학 학파에 속합니다. 홉스의 비관론과 대조적으로 섀프츠베리, 버틀러 주교(도덕적 논증만 놓고 보자면 세속적 성향이 뚜렷했습니다), 데이비드 흄은 인간 본성을 훨씬 긍정적으로 바라보았습니다. 이들은 인간이 천성적으로 사교적이고 호의적인 존재라고 생각했으며 (따라서) 인간 본성의 이런 측면을 계발하고 충족하는 데서 진정한 행복을 찾을 수 있다고 주장했습니다. 이들이 강조한 보상은 고귀한 성품과 훌륭한 평판, 거리낌 없는 양심이었습니다. 그리하여 남을 대할 때 일어나는 자연스러운 호의를 따르라고 촉구했으며 솔직함에 바탕을 둔 진정한 우정의 기쁨을 설파했습니다. 또한 악행을 저지를 가능성을 미리 알아볼 수 있으리라고 지적했습니다.[27]

전반적으로 보면 이 학파에 속한 사람들은 적대적 감정보다는 호의와 연민이 윤리적 삶의 더 강력한 동기라고 주장했습니다. 그렇다면 다행스럽게도 대부분의 경우 대부분의 사람들에게는 자신이 하고 싶은 일이 곧 남에게 좋은 일이라는 결론을 내릴 수 있습니다.

하지만 19세기가 되자 비관적 시각이 힘을 얻었습니다. 공리주의의 아버지 제러미 벤담은 자연이 모든 인간을 쾌락과 고통이라는 두 주인 아래 두었으며 인간이 최대의 쾌락과 최소의 고통을 추구할 것이라고 생각했습니다. 벤담은 개인에게서, 또한 전체 사회에서 쾌락을 극대화하는 것과 고통을 최소화하는 것 사이에 갈등이 일어나지 않도록 하려면 법률을 제정하고 이를 뒷받침하기 위해 보상과 처벌을 마련해야 한다고 주장했습니다. 후대의 공리주의 철학자 헨리 시지윅은 인간이 자신의 행복과 옳은 행동을 조화시키지 못한다는 사실이 윤리의 전체 토대를 위협한다고 보았습니다. 시지윅은 고전 《윤리학의 방법》의 초판에서 473쪽에 걸쳐 치밀한 철학적 사유를 펼친 뒤에 이렇게 말합니다.

'내가 사회적 의무를 행하는 것이 나에게는 이롭지 않으나 남에게는 이롭다'라는 옛 부도덕의 역설은 경험적 논증으로 완전히 반박할 수 없다. 오히려 이들 논증을 연구할수록, 우리가 의지할 것이 이것뿐이라면 이 역설이 참인 경우가 있을 수밖에 없음을 인정하게 된다. 하지만 자신의 행복을 추구하는 것이 궁극적으로 합리적임을 …… 따라서 의무의 코스모스는 카오스로 전락하고 만다는 것을 인정하지 않을 수 없다. 이성적 행위라는 완전한 이상을 구축하려는 인간 지성의 기나긴 노력은 어차피 실패할 운명이었던 듯하다.

시지윅 말이 옳을까요? 《길가메시 서사시》의 저자로부터 오늘날에 이르기까지 이 책에서 제기한 물음에 답하려는 '인간 지성의 기나긴 노력'은 '어차피 실패할 운명'일까요? 텔레비전 저녁 뉴스에서 늘 접하는 이기적이고 무모하고 폭력적이고 때로는 전혀 납득할 수 없는 행동들은 시지윅의 결론을 명백히 입증하는 듯합니다. 시지윅의 결론은 이 장 첫머리에서 영웅적인 윤리적 행동으로 소개한 빛나는 사례들의 반대쪽 끝에 놓여 있습니다. 남은 두 장에서는 이것이 지나치게 극단적인 견해이며 시지윅의 '옛 부도덕의 역설old immoral paradox'에 (부분적으로나마) 대답할 수 있으리라는 희망의 근거를 제시할 것입니다.

목적을
추구하는 삶

10

시시포스 신화와
삶의 의미

—

고대 그리스 신화에서는 시시포스가 신들의 비밀을 인간에게 알려주었다고 전합니다. 이 일로 시시포스는 거대한 바윗돌을 언덕 꼭대기에 굴려 올리는 벌을 받습니다. 그가 기진맥진한 채 꼭대기에 도착하면 바윗돌은 다시 아래로 굴러떨어집니다. 시시포스는 또 굴려 올리고…… 바윗돌은 다시 굴러떨어집니다. 영원히. 시시포스 신화는 인간 존재의 덧없음을 일깨우는 암울한 비유입니다. 우리는 자신과 가족을 먹여 살리려고 매일 일해야 합니다. 오늘 일이 끝나면 내일 처음부터 다시 시작해야 합니다. 자녀를 낳으면 자녀도 똑같은 일을 되풀이해야 합니다. 아무것도 이루지 못하는 이 헛수고는 인류가 멸종할 때까지 결코 끝나지 않습니다.

프랑스의 실존주의 작가 알베르 카뮈가 시시포스 신화를 소재로 쓴 철학 평론은 "참으로 진지한 철학적 문제는 오직 하나뿐이다. 그것은 바로 자살이다"라는 유명한 문장으로 시작합니다. 다음 문장은 이렇습니다. "인생이 살 만한 가치가 있느냐 없느냐를 판단하는 것이야말로 철학의 근본 문제에 답하는 것이다."[1] 삶이 살 만한 가치가 없다고 판단하여 이에 따라 행동한다면 우리는 이 이상의 철학적 물음을 던질 수 있는 위치에 오르지 못하리라는 의미에서는 그럴지도 모르겠습니다. 하지만 우리는 이렇게 덧붙여야 합니다(카뮈도 고개를 끄덕였을 겁니다). 중요한 것은 삶이 살 만한 가치가 있는가 없는가를 수동적으로 '판단'하는 것이 아니라 살 만한 가치가 있는 삶을 의식적으로 '선택'하는 것이라고 말입니다. 카뮈 말마따나 시시포스조차도 이렇게 할 수 있습니다. 자살을 암시하는 문장으로 시작한 평론은 그리하여 긍정적 어조로 마무리됩니다.

> 멸시로 웅수하여 극복되지 않는 운명이란 존재하지 않는다. …… 산정山頂을 향한 투쟁 그 자체가 인간의 마음을 가득 채우기에 충분하다. 행복한 시지프를 마음속에 그려보지 않으면 안 된다.[2]

미국의 철학자 리처드 테일러도 《선과 악》 마지막 장에서 삶의 의미를 본질적으로 탐구하기 위해 시시포스 신화를 끌어들입니다.[3] 테일러는 "시시포스의 운명이 어떻게 바뀌면 그가 삶에 의미를 부여할 수 있을까?"라는 기발한 질문을 던지고는 두 가지 가능성을 제시합니다. 첫 번째는 매번 똑같은 바윗돌을 굴려 올리면 땀 흘린 결실이 전혀 없으니 다른 돌을 굴려서 신전을 짓도록 하는 것입니다. 두 번째는 시시포스가 매번 똑같은 돌을 헛되이 굴리되 신들이 고약한 자비를 베풀어 시시포스에게 형벌을 수행하려는, 즉 바윗돌을 굴리려는 강한 욕망을 불어넣는 것입니다.

시시포스의 삶에 의미를 부여하는 두 가지 가능성은 윤리의 토대를 바라보는 두 가지 전혀 다른 관점을 반영합니다. 첫째, 객관적으로 가치 있는 목표를 추구함으로써 의미 있는 삶을 살 수 있다는 관점입니다. 세상에 아름다움을 더하는 무너지지 않는 신전을 짓는 것은 그런 목표입니다. 이 윤리관은 객관적 가치가 존재한다고 전제합니다. 고대 그리스 신전 같은 위대한 예술품을 창조하는 것이 좋은 일이라고 판단할 수 있는 그런 가치 말입니다. 둘째, 객관적인 것이 아니라 내면의 어떤 것(동기)에서 의미를 찾을 수 있다는 관점입니다. 여기에서 우리가 하는 일이 가치 있는가를 판단하는 것은 우리의 욕망입니다. 이 관점에서는 우리가 하고 싶은 것은 무엇이든 의미를 가질 수 있습니다. 이렇게 보면, 바윗돌을 밀어 올리고 꼭대기에서 굴러 떨어지는 모습을 지켜보고 다시 밀어 올리고 영원토록 똑같은 일을 되풀이하는 것은 신전을 짓는 것보다 의미가 크지도 작지도 않습니다. 우리가 바라는 것과 무관한 객관적 가치나 의미 같은 것은 없다고 전제하기 때문입니다. 의미는 주관적입니다. 내 욕망과 맞아떨어지는 행동은 내게 의미가 있고 그렇지 않은 행동은 의미가 없습니다.

테일러는 내적 욕망과 의지만이 삶에 의미를 부여할 수 있다며 주관주의적 관점의 손을 들어주었습니다. 이 점에서 테일러는 실존주의자, 논리실증주의자, 또한 둘 중 어디에도 속하지 않는 현대의 많은 철학자들이 표현하는 20세기의 지배적 정신에 동조하면서도, 우주 전체는 아무 의미가 없으므로 우리는 자신의 삶에 ─ 우주 전체가 아니라 ─ 나름의 의미를 자유롭게 부여할 수 있다는 데 동의할 것입니다. 하지만 바로 이 자유 때문에 가치관이 왜곡되어 어떤 사람들은 가장 부유한 환경에서조차 삶에 불만을 느낍니다. 이 가치관이 하루하루의 삶에서 어떤 문제를 일으키는지 자세히 살펴보겠습니다.

전업주부, 원주민,
닭장에 갇힌 닭

—

베티 프리던은 1950년대 미국에서 잡지 필자로 활동하면서 전형적인 '아메리칸드림' 속에서 살아가는 많은 여자들을 인터뷰했습니다. 여자들은 젊고 건강했고, 교외의 근사한 주택에서 살았으며, 남편은 돈을 많이 벌었고, 자녀는 학교에 다녔으며, 가전제품 덕에 집안일이 한결 쉬워졌고, (지금 시점에서 돌아보건대) 마약이나 에이즈를 걱정할 필요도 없었습니다. 이것은 좋은 삶이었습니다. 게다가 미국은 세계에서 가장 풍요로운 나라였습니다. 안락함, 여가, 재정적 안정을 누리지 못하는 사람들은 이 여자들이 부러웠을 것입니다. 하지만 프리던이 만난 여자들에게는 문제가 있었습니다. 여자들도, 프리던 자신도 그 문제가 무엇인지 콕 집어 말할 수 없었기에 프리던은 여기에 '이름 붙일 수 없는 문제'라는 이름을 붙였습니다. 현대 여성주의 운동이 시작되는 데 가장 큰 영향을 미친 책《여성의 신비》는 이 문제를 정면으로 다루고 있습니다. 이 책에서 여자들은 '이름 붙일 수 없는 문제'를 자신의 언어로 풀어냅니다. 스물셋 먹은 엄마가 말합니다.

왜 이렇게 불만스러운지 스스로 물어봐요. 내겐 건강하고 착한 아이들이 있고, 아름다운 새 집과 충분한 재산이 있어요. …… 마치 어렸을 때부터 계속 내 삶을 보살펴주는 어떤 것이나 사람(부모님, 대학, 연애, 또는 아이를 갖는 일이나 새 집으로 이사하는 일 등)이 항상 있었던 것 같아요. 그러다가 어느 날 아침 깨어나서는 아무것도 기대할 것이 없게 된 듯한 기분인 거죠.[4]

당시의 잡지와 텔레비전에서는 여자들에게 아내와 어머니의 역할이 가장 큰 성취감을 준다고 선전했습니다. 과거와 또는 현재의 다른 나라와 비교하면 50년대 미국의 가정주부가 편안하게 산 것은 사실입니다. 하지만 편안한 삶은 위안이 되지 않았습니다. 오히려 바로 그것이 문제였습니다. 이런 삶은 여자가 목표로 삼아야 할 모든 것으로 간주되었지만, 바라던 것을 모두 얻는 순간 삶의 목표가 사라집니다. 교외의 가정주부는 안락한 집에서 고립되어 살아갑니다. 가전제품 덕에 집안일은 한두 시간이면 다 끝납니다. 그러면 슈퍼마켓에 가서 가족이 먹을 일주일치 장을 봅니다. 주부의 유일한 역할은 집안일과 자녀 양육입니다. 얼마 지나지 않아 자녀가 온종일 학교에서 지내게 되면 주부의 소일거리는 텔레비전 보는 것이 고작입니다. 이룰 만한 가치가 있는 목표는 어디에서도 찾을 수 없습니다.

전혀 다른 삶의 방식을 생각해봅시다. 사막 오지에서 수렵과 채집으로 살아가던 오스트레일리아 원주민 부족들은 지난 40년에 걸쳐 서구 문명을 접했습니다. 그 덕에 원주민들은 충분한 식량, 쇠도끼, 의복, 기타 여러 가지 상품을 얻을 수 있습니다. 삶의 질이 물질적 소유의 양에 달려 있다면 서구 문명과 접촉한 원주민들의 삶의 질은 개선되어야 마땅합니다. 하지만 결과는 정반대였습니다. 원주민의 유목 생활을 굳이 이상화하지 않아도, 삶에 필요한 것을 얻는 과정에서 만족을 찾을 수 있음은 쉽게 알 수 있습니다. 오스트레일리아의 이 원주민들과 함께 생활한 미국의 인류학자 리처드 굴드가 말합니다.

> 유목 원주민의 일상생활은 본질적으로 조화롭고 보람 있다. 개인은 자라면서 자신에게 기대되는 역할을 학습한다. 그는 실용적 지식과 기술을 습득하고 발전시켜 이 기대에 부응하는 법을 배우며 직접적으로는 이러한 성취에 대한 만족을 통해, 장기적으로는 친족의 존중을 통해 보상을 받는다.[5]

그런데 모든 오스트레일리아 국민이 법적으로 보장된 혜택을 누려야 한다며 선의의 사회사업가가 후원한 정부 보조금으로 원주민이 가게에서 식량을 구입할 수 있게 되면서, 평생 동안 습득한 기술과 지식이 하루아침에 무용지물이 되었습니다. 그러자 도덕이 무너졌습니다. 부족 구성원들이 하루하루 해오던 거의 모든 일이 의미를 잃었습니다. 음주가 심각한 사회문제로 대두된 것은 놀랄 일이 아닙니다. 술독에 빠지지 않은 원주민들도 뭘 해야 할지 갈피를 잡지 못합니다.

깨끗하게 정돈된 주택에 사는 현대의 가정주부이든 가게 바깥의 흙바닥에 주저앉아 시간을 때우는 오스트레일리아 원주민이든 삶의 목표 상실이라는 병을 앓는 것은 같습니다. 목표를 추구하는 것은 인간의 원초적 본성입니다. 다른 동물에게서, 특히 인간과 비슷한 사회적 포유류에게서도 이를 관찰할 수 있습니다. 좁은 콘크리트 우리의 쇠창살 뒤에서 안절부절못하며 앞으로 갔다 뒤로 갔다 하는 호랑이의 모습이 동물원에서 점차 사라져가고 있는 것은 다행한 일입니다. 하지만 실험실의 삭막한 철제 우리에 갇힌 원숭이나 몸 돌리지도 못할 만큼 좁은 공장식 축사 우리에서 몇 달을 지내는 돼지도 같은 문제로 고통받고 있습니다. 암퇘지에게 필요한 것은 먹이와 누울 수 있는 따뜻하고 마른 장소만이 아닙니다. 이런 동물들이 끊임없이 우리 창살을 갉아대거나 머리를 앞뒤로 흔드는 것을 동물행동학 용어로 '정형행동'이라 합니다. 삶에서 목표가 사라진 자리를 어떻게든 메우려는 것입니다. 공장식 양계장에서 닭장에 갇혀 지내는 닭은 하루에 필요한 영양소를 몇 분이면 전부 섭취하기 때문에 더는 할 일이 없습니다. 이런 닭들이 동료를 쪼아서 죽이지 못하도록 공장식 양계장에서는 예외 없이 닭의 부리를 절단합니다. 비교적 생각이 깨인 농민들은 짚이나 먹을 수 없는 재료를 모이에 섞어서 닭장 바닥에 뿌려놓아 닭들이 제 힘으로 모이를 찾도록 합니다. 실내에서 사육하는 경우는 몇 분이 아니라 몇 시간을 먹어야 하루 필요량을 모두 섭취할 수 있도록 모이를 매우 가늘게 갈아 줍니다. 일과 여가에 대한 현대적 관점에서는, 이런 방법을 쓰면 가축이 더 고생하고 여가 시간도 줄어들기 때문에 처지가 열악해진다고 생각하겠지만 연구에 따르면 동물의 복지는 오히려 개선됩니다. 물론 이런 방법은 동물이 자연 상태에서 행할 수 있는 다양한 활동을 서툴게 모방한 것에 불과합니다. 하지만 인도적 축산의 성과를 보건대—그렇다고 해서 동물을 삭막한 우리에 가둬두는 행위를 용납할 수는 없습니다만—우리는 일과 여가에 대한 사고방식을 재고해야 합니다. 삶에서 목표를 찾으려는 성향은 기나긴 진화 과정에서 형성된 본성이기 때문에 쉽게 뿌리 뽑을 수 없습니다.

목표 상실을 극복하는 간단한 방법이 하나 있기는 합니다. 제약 업계에서는 실존적 공허를 곧 판매 신장의 기회로 여깁니다. 60년대에 교외 지역의 의사들은 우울증에 시달리는 주부들에게 신경안정제를 처방하기 시작했으며 그 양은 늘어만 갔습니다. 록 그룹 롤링스톤스는 〈머더스 리틀 헬퍼 Mother's Little Helper〉(엄마의 작은 위안)에서 이렇게 노래합니다.

요즘 애들 못 봐주겠다고, 엄마는 다들 말하지.
요즘 엄마에게 필요한 건 마음을 진정시킬 약.
진짜 아픈 건 아니지만 조그만 노란 알약이 효과가 있어.
엄마는 작은 위안의 보금자리로 달려가
마음을 달래지.
그래야 정신없이 바쁜 하루를 이겨낼 수 있어.
의사 선생님, 조금만 더 줘요.
밖에 나가서 네 알을 더 먹었지.
안 돼! 약효가 떨어지고 있잖아.

이것은 목표 상실로 인한 불만족을 '해결'하는 한 가지 방법입니다. 불만족한 주부를 만족한 좀비로 바꾸는 것이죠. 하지만 이렇게 문제를 해결하는 것은 오스트레일리아 원주민이 서구 문명에 적응하는 문제를 술로 해결하고 도시 빈민가에 사는 미국인 실업자가 마약으로 문제를 해결하는 것과 다르지 않습니다.

현대의 또 다른 '신경안정제'는 헤로인만큼 중독성이 강하지는 않고 알코올만큼 해롭지는 않아도 환경적 측면에서 볼 때 문제가 됩니다. 쇼핑 말입니다. 쇼핑이 단지 물건을 사는 행위가 아니라 주요한 여가 활동이라고 버젓이 말하는 사람이 많습니다. 이 약은 대량으로 투여할 경우 우울증에 효과가 있는 듯합니다. 쇼핑이 현대판 수렵 채집 활동이라면 쇼핑몰은 현대판 사냥터라 할 수 있습니다. 척박한 땅에서 뿌리와 씨앗과 열매를 채집할 때처럼 쇼핑도 시간을 많이 잡아먹습니다. 특별한 지식과 기술을 연마할 수도 있습니다. (내게 꼭 맞는 상품을 어떻게 골라야 하는지, 언제 어디에서 물건을 싸게 살 수 있는지 따위의 지식이 필요합니다.) 쇼핑은 심지어 목표를 추구하는 활동으로 간주되기도 합니다. 골프로 하루를 보내는 것은 누구나 여가 활동이라고 생각하지만, 쇼핑은 여가가 아닌 생산적 활동이라고 우길 수 있습니다.

50년대에 유독 여자들이 목표 상실을 경험한 이유는 무엇일까요? 당시에 승진과 더불어 책임과 권한의 확대를 기대할 수 있는 직업에 종사한 사람은 대부분 남자였고 여자는 극소수에 불과했습니다. 정도는 다르겠지만 지금도 이런 경우가 많습니다. 남자는 어느 날 아침 침대에서 일어나 '이게 삶의 전부인가?'라고 회의를 느끼더라도, 언젠가 더 중요한 자리에 올라 더 높은 임금과 더 큰 권한을 누리리라는 기대로 회의를 잠재울 수 있습니다. (고용주도 알고 노조도 알듯) 직업 만족도에 더 큰 영향을 미치는 것은 실제 임금 수준이 아니라 직업 전망, 즉 승진의 사다리입니다. 이에 반해 가정주부에게는 승진이라는 것이 없습니다. 사랑은 식을 것이고 아이들은 엄마를 필요로 하지 않을 것입니다. 당연하게도, 미국의 주부들은 바라던 모든 것을 얻은 순간 존재의 무의미를 남편보다 더 절박하게 느꼈습니다.

승리를 위한
투쟁

—

어떤 사람들은 경쟁에서 삶의 목표를 찾습니다(대부분 남성입니다). 1장에서
인용한 영화 〈월 스트리트〉의 한 장면에서 버드 폭스는 끊임없이 돈을 좇는
고든 게코의 탐욕을 꼬집으면서 "대체 얼마를 벌어야 충분하신가요?"라고
물었습니다. 게코는 이렇게 대답합니다.

이봐, 충분한가의 문제가 아니라구. 이건 제로섬게임이야. 버는 사람이 있으면
잃는 사람이 있는 법이지.

80년대 거물들이 어떻게 생각하고 말하고 썼는지 아는 사람이라면 게코
의 대답이 친숙하게 들릴 것입니다. 도널드 트럼프는 두 번째 책《정상에서
살아남기》1장에서 자신이 거둔 '승리'와, "승리를 당연하게 여기지 말"라는
교훈을 담은 첫 번째 책이 출간된 이후에 어떤 일들이 일어났는지 소개합니
다. 트럼프는 몇 쪽에 걸쳐 자신을 '프로 권투 선수'에 비유한 뒤에 반성하는
듯한 어조로 말합니다.

나는 자신을 위해 지나친 경쟁심을 품을 때가 있다. 누군가가 사람들에게 승자와 패자라는 딱지를 붙이려 한다면 나는 기꺼이 경기를 하고 (물론) 승자가 되고 싶다.[6]

노르웨이 혈통으로 19세기에서 20세기로 넘어가는 과도기에 활약하며 《유한계급론》을 쓴 미국의 괴팍한 사회학자 소스타인 베블런이, 트럼프 같은 사람들이 탈 시간도 없으면서 터무니없이 호화스러운 요트를 구입하고 가지도 않으면서 으리으리한 시골 저택을 사들이며 부를 과시하는 행태를 보았다면 흐뭇한 표정을 지었을 것입니다. 부를 과시하여 상대적 지위를 높이려는 목적의 소비를 일컫는 '과시적 소비'라는 말을 만들어낸 사람이 바로 베블런이니까요. 베블런은 생존의 욕구와 적당한 수준의 물질적 안락이 충족된 뒤에는 경쟁심, 즉 남과 같아지거나 남보다 나아지려는 욕망이야말로 소유욕의 근본적 동기라고 주장했습니다. 소유는 "영웅적이거나 상징적인 성공과는 확연히 구별되는 명성을 가져다줄 만한 성공의 증거"가 되며, 따라서 "존경을 부르는 관습적인 근거"가 됩니다.[7] 과시적 소비는 "사치품을 소비하"는 것이어야, 즉 "낭비"를 해야만 소비하는 사람의 명성을 높일 수 있습니다. (베블런은 자신의 경제 이론에서 "일종의 기술적인 용어로 사용하는 '낭비'라는 단어에는 이러한 과시적 낭비 규범의 지배를 받는 소비자의 동기나 *그가 추구하는 목표*를 비난할 의도는 전혀 포함되어 있지 않"다고 딱딱한 어조로 덧붙입니다.)[8] '금력金力 과시적 취미 생활'이라는 규범은 "과도한 비용을 들였다는 표시"를 부의 징표로 삼기에, "기계적인 목적을 추구하는 근검절약의 기질을 드러내"는 제품은 매력을 잃습니다.[9] 그 결과는 끝없는 경쟁입니다.

재산 축적의 목적은 금력의 기준에서 공동체의 다른 성원들과 비교해 우위에 서려는 것이다. 이러한 비교가 자신에게 불리한 경우, 정상적인 보통 개인은 현재의 자기 운명에 대한 만성적인 불만 속에서 살아갈 것이다. 그리고 그가 공동체나 공동체 내 같은 계급의 표준적인 금력 기준에 도달하면, 만성적 불만을 대신하여 자신의 재산과 평균적인 기준 사이의 격차를 계속해서 벌리기 위해 끊임없는 긴장에 시달릴 수밖에 없게 될 것이다. 이처럼 선망을 자아내는 차별적인 비교는 금전적인 명성을 얻기 위한 투쟁에서 경쟁자에 비해 상대적으로 월등한 우위를 점하고 있다고 확신하지 못하는 사람에게는 결코 유리하지 않다.

남성이 여성보다 지위를 추구하는 투쟁에 참여하려는 성향이 강한 이유가 본성 때문인지 사회화 때문인지는 모르겠지만, 이것은 남성의 짐인 동시에 삶의 의미에 대한 물음을 회피하는 수단이기도 합니다. 베블런은 남성이 부를 계속 축적하려 드는 이유를 이렇게 설명합니다.

본질적으로, 부를 추구하는 욕망은 어떤 경우에도 좀처럼 충족할 수 없다.[10]

이것은 마이클 루이스가 《라이어스 포커》에서 말한 것과도 일맥상통합니다. 루이스가 살로먼브라더스에서 채권 중개인으로 떠오를 때 한 동료가 그에게 말합니다.

이 업계에서 부자가 될 수는 없어. 상대적 빈곤의 새로운 수준에 도달할 뿐이지. 굿프렌드(살로먼 최고 경영자_옮긴이)가 자신을 부자라고 여길 것 같아? 아닐걸.¹¹

실제로 존 굿프렌드의 아내 수전 굿프렌드는—호화로운 디너파티로 유명합니다—뉴욕과 파리의 저택에 관리 인력을 상주시켜야 하는 고충을 들며 "부자가 되는 데는 돈이 너무 많이 들어!"라고 불평했습니다.¹² 톰 울프는 소설《허영의 불꽃》에서 굿프렌드 같은 사람들의 삶을 조롱했습니다. 소설에는 인상적인 장면이 등장합니다. 채권 중개인 셔먼 매코이와 아내 주디 매코이가 집에서 여섯 블록 떨어진 5번가에 저녁 초대를 받습니다. 그런데 주디의 드레스 차림으로 걸어간다는 것은 상상조차 할 수 없고 택시를 부를 수도 없습니다.

그러나 파티가 끝난 후에는 어떻게 할 것인가? 바바르다주의 아파트를 나왔을 때 '투 르 몽드', 세상 사람들이 거리에서 서성이는 매코이 부부를 보게 되면 어쩐단 말인가. 과감하게 그리고 필사적으로 택시를 잡기 위해 손을 휘젓는 애처로운 모습을 보게 될 것이 아닌가?

그래서 매코이 부부는 여섯 블록을 운전하여 자기네를 약속 장소에 데려다주고 몇 시간을 기다린 뒤에 다시 여섯 블록을 운전하여 자기네를 집에 데려다줄, 기사 딸린 리무진을 197달러 20센트에 임대합니다. 하지만 이런다고 해서 행복해지지는 않습니다.

기사는 아파트 출입구 근처 도로에 차를 댈 수도 없었다. 벌써 많은 리무진이 주차했다. 기사는 하는 수 없이 두 줄로 주차했다. 서먼과 주디는 리무진 사이를 요리조리 빠져나가야 했다. 질투심 …… 질투심 ……. 서먼은 번호판을 보고 그 리무진들이 렌터카가 아님을 알 수 있었다. 그 미끈하게 잘 빠진 차들은 여기에 몰고 온 사람들 소유였다. 늦은 시각까지 하루 종일 근무하는 운전기사를 고용하면 1년에 최소한 3만 6,000달러가 나갈 것이다. 게다가 주차비, 차량 유지비, 보험료로 최소한 1만 4,000달러는 따로 들 테니 아무것도 추가하지 않고도 총 5만 달러가 드는 셈이었다. '난 1년에 100만 달러나 버는 데도 그 정도 여유는 누리지 못하는데!'[13]

끝없는 축적은 무의미에서 탈출하는 또 다른 수단입니다. 하지만 이 탈출구는 근본적인 지혜의 결여를 드러냅니다. 제가 말하는 '지혜'는 어느 정도의 이해력과 자각 능력을 바탕으로 삶에서 무엇이 중요한지 성찰하여 얻은 깨달음을 일컫습니다. 여기에다 '실천적'이라는 말을 덧붙여 '실천적 지혜'라고 하면, '지혜'에 따라 행동하는 능력을 뜻합니다. 경쟁이라는 목표는 '성찰하는 정신'을 만족시킬 수 없으며 심지어 자신이 무엇을 하는지 성찰하지 않는 사람들을 만족시키지도 못하는 듯합니다.

베블런 말마따나 소유욕 뒤에는 경쟁심이 자리 잡고 있습니다. 정신분석학과 사회과학을 전공한 마이클 매코비는 70년대에 이미 새로운 유형의 기업 경영인이 떠오르고 있음을 감지했습니다. 미국 주요 기업 열두 곳의 경영인 250명을 인터뷰한 뒤에 그가 내린 결론은 상당수 경영인들이 승리—자신의 승리, 부서의 승리, 회사의 승리—를 회사 생활의 목표로 삼았다는 것입니다. 매코비는 자신의 연구 결과를 책으로 펴내면서, 새로운 경영인 유형에 빗댄《승부사》를 제목으로 달았습니다. 하지만 이 책은 결코 승리를 위해 경쟁하는 새로운 유형의 경영인을 찬미하지 않습니다. 오히려 삶을 단지 게임으로 여기면 삶의 의미가 사라지는 순간이 올 것이라고 경고합니다.

젊음, 활력, 심지어 승리의 짜릿함이 사라지면, 승부사는 의기소침해지고 목표를 상실하며 삶의 목적에 의문을 품는다. 더는 남들과 힘을 합쳐 투쟁하며 원기를 충전받지 못하고 기업이든 사회든 자신을 넘어선 이상에 헌신할 수도 없게 되면 그는 처절한 고독을 경험한다.[14]

마이클 밀컨은 최고의 승리자이면서도 승리에서 만족을 얻지 못한 사람의 전형적인 사례일 것입니다. 밀컨이 성공의 절정을 달리고 있을 때—금융계에서는 10억만장자가 나타났다는 소문이 돌고 있었습니다—밀컨의 동료가《뉴요커》기자 코니 브룩에게 이렇게 말했습니다. "마이클 맘에 드는 것은 아무것도 없습니다. 마이클은 제가 아는 한 가장 불행한 사람입니다. 아무리 가져도 충분하다고 생각하지 못합니다. …… 뭐든지 밀어붙입니다. 거래, 거래, 더 많은 거래를 원하죠." 밀컨의 정크본드를 오랫동안 매입한 투자자는 1986년에 브룩에게 이렇게 말했습니다. "밀컨은 초창기에 누렸던 기쁨을 잃어버리고 점점 강박에 빠져드는 것 같았습니다."[15]

서구 사회의 경쟁 중시 풍토를 비판적으로 연구한 앨피 콘은 많은 운동선수들이 최고의 성공을 거둔 뒤에 허탈감을 느낀다는 사실을 발견했습니다. 댈러스 카우보이스의 코치 톰 랜드리가 말합니다.

심지어는 슈퍼볼에서 우승한 바로 그 순간에—특히 승리한 그 직후부터—항상 그다음 해에 대한 걱정이 밀려왔다. 만약 "승리는 모든 것이 아니라 유일한 것"이라면, 그 "유일한 것"은 사실 아무것도 아니다. 인생에 있어 별 의미가 없는 악몽이며 공허함이다.[16]

《경쟁》이라는 책의 저자이자 경쟁 전도사인 하비 루벤도 이것만은 인정합니다. "성공이 결국 공허한 소득일 뿐이라는 발견은 경쟁에서 이긴 사람들에게 가장 고통스러운 경험이다." 요트 경주 선수이며 역시 승리와 경쟁을 주제로 책을 쓴 적 있는 스튜어트 워커가 말합니다.

승리는 만족감을 주지 못한다. 왜냐하면 계속해서 이기고, 또 이겨야 하기 때문이다. 승리를 한번 맛보면 더 많은 승리를 원하게 된다. 패배하면 다음엔 꼭 승리하겠다는 더욱 압도적인 충동에 사로잡힌다. 다음 주말에도 연습해야 한다는 생각을 억제하지 못한다. 승리하여 앞서 있을 때나, 패배하여 뒤처졌을 때나 멈출 수 없다. 우리는 중독되어 있다.[17]

이제 1장에서 제가 던진 물음에 대해 가장 타당한 대답을 제시하겠습니다. 아이번 보스키가 평생 다 쓰지 못할 재산을 소유하고도 고작 몇 백만 달러를 벌려고 모든 것을 건 이유는 무엇일까요? 보스키가 내부자 거래에 대해 유죄를 인정한 지 6년 뒤인 1992년, 그와 사이가 틀어진 아내 시마 보스키가 침묵을 깨고 미국 ABC 방송 〈20/20〉의 진행자 바버라 월터스와의 인터뷰에서 아이번 보스키의 동기에 대해 입을 열었습니다. 월터스는 아이번 보스키가 호사스러운 생활을 갈망했느냐고 물었습니다. 시마는 그렇게 생각하지 않는다며, 보스키가 일주일 내내 하루 종일 일했고 단 하루도 돈 쓸 짬을 내지 못했다고 말했습니다. 그러면서 1982년에 《포브스》지에서 보스키를 미국 부호 명단에 처음 올렸을 때 그가 침울해 하더라고 회상했습니다. 시마는 보스키가 대중에게 알려지는 것이 싫어서 그런 줄 알고 위로를 건넸습니다. 그러자 보스키는 이렇게 대답했습니다.

> 그래서 속상한 게 아니야. 우리는 아무것도 아니야. 누구도 우리를 알아주지 않아. 우리는 명단 밑바닥에 있어. 내 약속하지. 결코 당신을 이따위로 욕보이지 않겠어. 명단 밑바닥에 처박혀 있지는 않을 거야.[18]

사업에서든 스포츠에서든 승리를 향한 갈망은 시시포스가 받은 형벌—목표 없이 영원히 끝나지 않는 노역—의 현대판입니다. 이 중독이 보스키를 사로잡아 파멸시켰습니다. 하지만 보스키가 파멸하지 않았더라도 결국 그는—이겼든 졌든—자신의 갈망을 만족시키지 못했을 것입니다.

—
자아의
안과 밖
—

많은 사람들이, 삶에서 성취감을 느끼지 못하면 뭔가 문제가 있는 것이라고
생각하여 정신과 문을 두드립니다. 1976년까지 20년 동안 정신과를 찾은
미국인 수가 세 배로 늘었습니다. 이런 추세는 젊고 교육 수준이 높은 도시
전문직을 중심으로 점차 사회 전반에 퍼졌습니다.[19] 저는 뉴욕 대학 철학과
초빙 교수 시절인 1973년에 이런 현상을 똑똑히 목격했습니다. 뉴욕에 오
기 전까지만 해도 제가 아는 사람 중에서 일주일에 한 번씩 정신과를 찾는
사람은 한 명도 없었습니다. 하지만 뉴욕 대학 교수들과 또한 그들의 배우
자와 친분을 쌓으면서 그중 상당수가 '매일같이' 정신과를 찾고 있다는 사
실을 알았습니다. 1년에 11개월, 일주일에 닷새, 하루 1시간의 약속은 생사
를 다투는 위급 상황을 제외하면 결코 어기는 법이 없었습니다. 휴가도 정
신과 의사가 가는 때를 맞춰서 갔습니다. (부부가 서로 다른 정신과 의사에
게 상담을 받는 경우가 많았지만 다행히도 정신과 의사들은 모두 8월에 휴
가를 가기 때문에 일정을 맞출 수 있었습니다.) 이 모든 일에는 꽤 많은 비
용이 들었습니다. 고임금의 잘나가는 학자인 동료들 중에는 연봉의 4분의

1 이상을 정신과 의사에게 갖다 바치는 사람들도 있었습니다. 제가 보기에 이 사람들의 정신적 문제는 정신과 상담을 받지 않는 사람들보다 더하지도 덜하지도 않았습니다. 정신과에 다닌다는 것 말고는 옥스퍼드 대학과 멜버른 대학에서 제가 알고 지낸 사람들과 조금도 다르지 않았습니다. 저는 친구들에게 왜 정신과에 다니느냐고 물었습니다. 누구는 억압을 느껴서라고, 누구는 해소되지 않은 심리적 긴장 때문이라고, 누구는 삶의 의미를 찾지 못해서라고 대답했습니다. 저는 이 문제를 자세히 들여다보고 싶었습니다. 이 사람들은 똑똑하고 재능 있고 부유하며 세계에서 가장 역동적인 도시에서 살았습니다. 뉴욕은 커뮤니케이션의 중심지이기도 했습니다. 《뉴욕타임스》는 현실 세계가 돌아가는 상황을 매일같이 전해주었습니다. 이를테면 제 친구들은 개발도상국에 사는 사람들이 내일 끼니를 걱정해야 하며 영양실조 때문에 아이들의 신체적·정신적 발육이 지체된다는 사실을 알았습니다. 지구는 모든 사람이 먹기에 충분한 식량을 생산하지만 분배가 전혀 공평하지 않아서 국가 간 정의 운운하는 것이 빈말이라는 사실 또한 알았습니다. (이를테면 1973년에 미국의 1인당 국민총생산은 6,200달러였는데 말리는 고작 70달러였습니다.)[20] 능력 많고 부유한 이 뉴요커들이 정신과의 소파를 박차고 일어나 자신의 문제는 그만 고민하고 방글라데시나 에티오피아의—심지어 북쪽으로 전철 몇 정거장 떨어진 맨해튼의—불쌍한 사람들이 직면한 진짜 문제를 해결하고자 나선다면 자신의 문제 따위는 잊어버릴 수 있을 것이며 어쩌면 세상을 더 나은 곳으로 바꿀 수도 있을 것입니다.

문제의 해결책을 내면에서 찾고자 하는 사람들은 테일러가 시시포스의 삶에 의미를 부여한 두 번째 방법, 즉 시시포스가 언덕 위로 바윗돌을 굴려 올리고 싶어 하도록 신이 그에게 불어넣은 신비한 힘을 얻으려 합니다. 이에 반해 세상에 나아가 가치 있는 일을 하는 데서 해결책을 찾으라는 저의 제안은 내면을 바꾸기보다는 신전을 지어 바깥세상을 바꾸라는 것입니다. 여기서는 이러한 객관주의적 입장에 대해 철학적 정당화를 제시하지 않겠습니다. 지금 상황에서는 이 입장이 실제로 효과가 있음을 증명하는 것으로 충분하니까요.

정신 분석을 몇 년씩 받고도 별 효과를 보지 못하는 이유는 정신 분석학자들이 프로이트의 학설에 따라 환자의 무의식 상태에서 문제를 찾아 내성(자기 관찰)으로 해결하려 하기 때문입니다. 바깥세상을 보아야 하는 환자들에게 마음속만 들여다보라고 말하는 것입니다. 비非프로이트파 심리 치료사 빅토르 프랑클은 자신의 빈 진료실을 찾은 미국인 외교관 이야기를 들려줍니다. 이 외교관은 5년 전에 뉴욕에서 정신 분석을 받았는데 빈에서도 분석을 계속 받고 싶어 했습니다. 프랑클이 왜 정신 분석을 받았느냐고 묻자 그는 외교관 업무에 만족하지 못하고 미국의 외교정책을 도저히 지지할 수 없었기 때문이라고 대답했습니다. 뉴욕의 분석가는 프로이트파였는데, 그는 외교관의 문제가 미국 정부와 상관에게서 아버지의 이미지를 보는 것이라며, 외교관이 업무에 만족하지 못하는 이유는 무의식적으로 아버지를 증오하기 때문이라고 해석했습니다. 그 분석가가 제시한 해법은 아버지에 대한 무의식적 감정을 자각하고 아버지와 화해하라는 것이었습니다. 프랑클은 반대했습니다. 그가 내린 결론은 외교관이 심리 치료를 전혀 받을 필요 없다는 것이었습니다. 외교관이 불행한 이유는 단지 직업에서 의미를 찾을 수 없기 때문이었습니다. 프랑클은 다른 일자리를 찾아보라고 조언했고 외교관은 조언을 받아들였습니다. 외교관은 새 직장이 처음부터 마음에 들었으며 5년 뒤에 프랑클을 다시 만났을 때도 그 일을 계속하고 있었습니다.[21]

의미를 내면에서 찾는 오류가 어찌나 흔한지 로버트 벨라와 동료들은 《미국인의 사고와 관습》에서 연애, 결혼과 더불어 심리 치료를 미국인의 삶에서 중요한 측면으로 지목했습니다. 머리말을 읽어봅시다.

개인 생활의 분석을 위해 사랑과 결혼을 연구하기로 했다. 이는 사람들의 사생활을 형상화하는 가장 오래된 방법인 것이다. 그리고 심리 치료를 택했다. 이것은 새로운 것이면서 미국의 중산층이 사생활의 영역에서 점점 더 중요한 의미를 가지는 요소이다.[22]

심리 치료사의 임무는 단순히 정신 질환자를 돕는 것이 아니라 미국 중산층의 삶에 의미를 부여하는 것으로 확대되었습니다.

심리 치료가 삶의 문제를 해결하는 방법으로 널리 쓰이고 있음을 보여주는 또 다른 지표는 M. 스콧 펙의 책 《아직도 가야 할 길》이 아주 오랫동안 인기를 끌었다는 것입니다. 1992년 6월에 이 책은 436주, 그러니까 8년 넘게 《뉴욕타임스》 베스트셀러에 올라 있었습니다. 정신과 의사 펙은 심리 치료를 단순히 정신 질환을 치료하는 수단으로서가 아니라 "인간적 성장에로의 지름길"으로서 권고합니다. "정신 치료 없이 개인적 성장을 이룰 가능성"을 인정하면서도 "정신 치료 없이 성장하기란 힘이 들고 또 시간도 오래 걸린"다고 덧붙입니다. 펙은 심리 치료를 개인적 성장의 수단으로 삼는 것이 "집을 짓는 데 망치와 못을 사용하는 것과 같"다고 비유하면서 "일반적으로

는 지름길로서 쓸 수 있는 도구들을 이용하는 것"이라고 주장합니다.[23]

저는 이 비유가 못마땅합니다. 지름길은 결국 막다른 골목이기 십상입니다. 대다수 심리 치료사가 앓고 있는 직업병은 자아에 집착한다는 것입니다. 여기에다 가치에 대한 피상적 주관주의까지 결합되면 윤리적 입장을 진지하게 추구하기는 불가능합니다. 《미국인의 사고와 관습》에서는 이렇게 말합니다.

심리 치료적인 자아는 …… 요구와 만족감으로 정의된다. …… 이 자아의 사회적 미덕은 대부분 감정 이입을 중심으로 하는 의사 전달이나 진실 말하기, 그리고 정당한 타협으로 제한되어 있다. …… 심리 치료에 치우친 사람들이 '내 생각에는'이나 '느낌상' 따위의 주관적 유보 조항을 달지 않고서는 무엇이 옳거나 그르다고 말하기를 두려워하는 이유는 도덕적 판단이 순전히 주관적인 감정을 토대로 삼는 탓에 유의미하게 논의될 수 없다고 생각하기 때문이다.[24]

한 게슈탈트 요법사는 '도덕'에서 심리 치료로의 전향을 이렇게 묘사했습니다.

'이것이 옳은가, 그른가?'라는 물음은 '이것이 지금 내게 효과가 있을까?'로 바뀐다. 이에 대해 사람들은 자신의 욕구에 비추어 대답해야 한다.[25]

자아를 넘어선 어떤 목표에서도 가치를 보지 못하는 것은 도덕을 불신하는 인기 작가도 마찬가지입니다. 《포 넘버 원》에서 로버트 J. 링어가 말합니다.

일등 인생을 추구하는 것이 옳은가를 따질 때 가장 먼저 해야 할 일은 남들의 달 갑잖은 도덕적 의견을 고려 대상에서 전부 제외하는 것이다. …… 일등을 추구 하는 것이 자신의 합리적이고 의식적인 관점에서 도덕적인가만 신경 쓰면 된다. …… '이것이 옳은가?'라는 물음에 대한 최선의 대답은 '타인의 권리를 침해하지 않는 한, 더 즐겁고 덜 고통스럽게 살려고 노력하지 말아야 할 합리적 이유가 하나라도 있는가?'라고 반문하는 것이다.[26]

모든 것을 자아의 내면적 관점으로 환원하는 사람들 속에 링어를 포함시 킨 이유는 이것이 (제목에서 보듯) 그의 책에 담긴 전반적 취지이기 때문입니다. 하지만 링어가 타인의 권리를 침해하지 말라는 단서를 살짝 끼워 넣은 것에 유의하십시오. 전제를 뒤집어 '더 즐겁고 덜 고통스럽게 사는 한, 타인의 권리를 침해하지 말아야 하'는 '합리적 이유'를 링어에게 물어보면 재미 있을 것입니다. 쾌락이나 고통에 근거하지 않은 도덕적 요구가 적어도 하나는 존재한다는 사실을 인정한다면 또 다른 요구가 있으리라고 생각하지 말아야 할 이유가 어디 있습니까?

게일 쉬이의 《통과 의례: 성년의 삶에서 예측할 수 있는 위기》는 《포 넘버 원》처럼 70년대에 선풍적인 인기를 끈 자기계발서였습니다. 이 책은 링어의 책보다는 고급 독자를 겨냥했지만 개인의 자아를 모든 승인의 토대로 삼는다는 점은 비슷합니다. 중년의 위기에 대해 쉬이가 내놓는 처방은 이렇습니다.

중년에게 가장 중요한 것은 내려놓는 것이다. 자신에게 일어나는 일을, 배우자에게 일어나는 일을, 감정을, 변화를 내려놓는 것.

중년의 여정을 출발할 때 모든 것을 가져갈 수는 없다. 여행은 떠나는 것이다. 제도의 요구로부터, 남들의 의견으로부터 떠나야 한다. 외부의 평가와 인정에서 벗어나 내면의 승인을 추구해야 한다. 역할에서 벗어나 자아로 들어가야 한다. …… 저 너머 탁 트인 곳에 이르려면 짐을 버리고 불확실성을 받아들여야 한다.[27]

자신이 받아들이는 가치와 기준을 비판적으로 돌아보는 것은 좋습니다만, 내려놓고 짐을 버리고 '자아'에서 자기만의 기준을 찾을 수 있다고 상상하는 것은 우리가 살아가는 현실 - 행동의 기회이자 한계가 되는 현실 - 이 아니라 내면에 시선을 돌리는 정신 분석학자들의 오류를 반복하는 것입니다. 우리의 삶에서 상상의 판타지를 넘어선 의미를 찾으려면 이 현실에 단단히 뿌리박고 현실이 우리에게 무엇을 요구하는지 생각해보아야 합니다. 우리는 잠시 살다 갑니다. 삶은 즐거울 수도 있고 괴로울 수도 있습니다. 하지만 쾌락과 고통을 넘어 삶에 의미를 부여하고 싶다면, 주관적 경험만으로는 이 의미를 만들어낼 수 없음을 알아야 합니다. 해야 할(가치 있는) 일이 없다면 삶은 의미가 없습니다. 그리고 어떤 일이 해야 할 가치가 있는지 없는지 정하는 것은 윤리적 판단의 영역입니다.

이제 우리는 '시시포스의 삶에서 중요한 것은 그가 해야 하는 일의 성격이 아니라 그가 그 일을 하고 싶어 하는가의 여부'라는 리처드 테일러의 주관주의에 결함이 있음을 알게 되었습니다. 테일러는 우리가 아무리 터무니없는 일을 하고 있어도—똑같은 바윗돌을 언덕 꼭대기에 굴려 올리다가 마지막 순간에 바윗돌이 다시 굴러떨어지는 모습을 보는 것보다 더 터무니없는 일은 없을 것입니다—이것이 시시포스가 바라는 일이라면 그는 최고의 삶을 사는 것이라고 주장합니다. 마찬가지로, 앞에서 인용한 게슈탈트 요법사는 시시포스의 운명에 대해 이렇게 말했을 것입니다.

'바윗돌을 굴리는 것이 시시포스에게 옳은가, 그른가?'라는 물음은 '이것이 지금 그에게 효과가 있을까?'로 바뀐다. 이에 대해 시시포스는 자신의 욕구에 비추어 대답해야 한다.

시시포스가 영원의 중반쯤에 중년의 위기를 겪게 된다면 게일 쉬이는 그에게 '외부의 평가와 인정'에 괘념치 말고 '내면의 승인'을 추구하라고 다독일 것입니다.

심리 치료사 중에서 빅토르 프랑클만이 자아 바깥에서 의미를 찾으라고 말합니다. 일찍이 프랑클은 가장 절망적인 환경에서도 의미를 찾는 일이 중요하다는 것을 깨달았습니다. 빈에 살던 유대인 프랑클은 제2차 세계대전 내내 나치 강제수용소에 갇혀 있었습니다. 그곳에서 프랑클은 "미래—그 자신의 미래—에 대한 믿음을 잃어버린 수감자는 불운한 사람"이라는 사실을 알게 되었습니다.[28] 삶의 목표를 잃어버린 이 수감자들은 자신이 신체적으로나 정신적으로나 부패하도록 내버려두었습니다. 자살을 한 사람도 있었고, 노역을 거부하다 총살당하거나 매 맞아 죽은 사람도 있었습니다. 살아남은 사람들도 질병에 시달렸습니다. 생존을 위한 일말의 희망이라도 얻으려면 삶의 목표가 필요했습니다. 이를테면 전쟁 전에 피신한 자녀나 연인과 다시 만나는 것을 목표로 삼을 수 있었습니다. 한 과학자는 중단된 연구를 마무리해야 한다는 생각으로 버텼습니다. 심지어 홀로코스트의 믿기지 않는 현실을 증언하기 위해 꼭 살아남고야 말겠다고 다짐할 수도 있었습니다. 프랑클의 목표는 아우슈비츠에 끌려온 첫날 빼앗긴 자신의 첫 책 원고를 새로 쓰겠다는 것이었습니다. 프랑클은 "'왜' 살아야 하는지 아는 사람은 그 '어떤' 상황도 견딜 수 있다"라는 니체의 말을 인용합니다.[29]

자아에 대한 집착은 70년대와 80년대의 대표적인 심리적 오류였습니다. 자아 문제가 매우 중요한 것은 사실이지만, 자아에만 초점을 맞추어 해답을 찾으려는 것은 잘못입니다. 마치 자서전을 쓰겠다며 어릴 적부터 자서전 쓰는 것 말고는 아무 일도 안 하겠다고 마음먹는 꼴입니다. 이 사람은 자서전에 무슨 내용을 담을 수 있을까요? 컴퓨터 앞에 앉아 "나는 자서전을 쓰고 있다"라고 쓸 수는 있겠죠. 자서전 쓰기에 대한 생각을 읊을 수도 있을 겁니다. 한동안 이런 식으로 버틸 수는 있겠지만, 자서전을 쓰는 경험 말고는 쓸 거리가 없다면 그 자서전은 부피가 얄팍하고 내용이 따분할 것입니다. 마찬가지로 자신의 참모습을 찾겠다며 내면을 들여다보는 데 시간과 에너지를 모두 쏟는다면, 그렇게 찾은 자아에는 내용이 없을 것입니다. 그 자아는 '텅 빈 자아'일 것입니다. 물론 이런 식으로 내면을 들여다보는 데 시간과 에너지를 '모두' 쏟는 사람은 없지만, 내면에 지나치게 많은 시간을 투자하다 삶이 위축되고 마는 사람은 많습니다.

사람들이 자아에 집착하는 데는 여러 여유가 있습니다. 심리 치료에서 해결책을 찾는 사람들 중 상당수는 단지 불행하기 때문에 심리 치료에 의지

합니다. 이 사람들은 자기 머릿속에 '잘못'이 들어 있으리라 생각합니다. 하지만 소비사회의 사고방식에 하루에도 수천 번씩 세뇌당하여, 쾌락이나 행복을 추구하는 것만이 가치 있는 목표라고 믿는 사람들도 있습니다. 이 사람들은 철학자들이 '쾌락주의의 역설'이라고 이름 붙인 고대의 오류를 저지르고 있습니다. 쾌락주의자는 쾌락을 추구하는 일에 몰두하지만, 일부러 쾌락을 찾아 나서는 사람들은 좀처럼 쾌락을 얻지 못합니다. 쾌락을 얻는다 해도 찰나일 뿐입니다. 브렛 이스턴 엘리스의 첫 소설 《없느니만 못한》은 현대판 쾌락주의의 역설을 기막히게 묘사합니다. 젊고 부유한 로스앤젤레스의 무대는 알코올에서 섹스로, 마약으로, 텔레비전에서 끊임없이 흘러나오는 록 음악 동영상으로, 폭력으로, 다시 알코올로 바뀌지만 성취감은 고사하고 쾌락도 그다지 찾지 못합니다. 엘리스의 충격적인 후기작 《아메리칸 사이코》의 발단은 이 같은 무의미한 삶입니다. 영국의 철학자 F. H. 브래들리가 쾌락의 추구에 대해 전개한 아래 논증은 100년도 더 지난 뒤에 엘리스의 책에서 명쾌하게 입증됩니다.

쾌락은 소멸에 이르는 연쇄다. 첫 번째 쾌락이 찾아오고 격렬한 자기감정은 만족을 선언한다. 쾌락이 사라지면 '우리'는 만족하지 못하고 …… 다른 쾌락, 또 다른 쾌락도 우리가 원하는 것을 주지 못한다. 우리는 여전히 갈망하고 확신하지만 결국 달아오른 감정이 사그라들면 남은 것은 아무것도 없다. 행복의 측면에서 보면 우리는 출발점에 돌아왔다. 자기 자신을 찾지 못했고 만족도 느끼지 못한다.

이것은 누구나 겪는 경험이며 쾌락에서 행복을 추구하는 쾌락주의를 실질적

으로 반박한다.[30]

풍요로운 소비사회는 쾌락을 추구하는 행위를 삶의 중심에 놓습니다. 그 끝은 브래들리가 말하는 바로 그 경험, 심지어 그가 쓴 바로 그 용어입니다. 우리는 만족하지 못한다고, '자기 자신을 찾아야 한'다고 말합니다. 우리는 '행복이나 지속되는 만족을 찾으려면 다른 것을 목표로 삼아 그 일을 잘하려고 노력해야 한다'라는 옛 지혜를 잊었습니다. 헨리 시지윅이 빅토리아시대의 정제된 언어로 말합니다. "행복을 의식적 목표로 삼는 정도를 신중하게 제한하면 행복을 더 수월하게 얻을 수 있다."[31] 그런데 무엇을 목표로 삼아야 할까요?

—

무쇠 한스의
이상

—

《미국인의 사고와 관습》에서 로버트 벨라와 동료들은 의미를 찾기 위해 내면으로 향하는 현대의 추세를 간파하고 경고합니다. 그들은 이 추세를 기록하는 한편 또 다른 방안을 제시합니다. 이를테면 동네의 가난한 이민자들을 돕는 웨인 바우어처럼 적극적인 정치적 활동을 벌이는 사람에게 이야기를 듣습니다. 바우어는 삶의 우선순위를 정하느라 힘든 시기를 겪었다며 현재의 상태를 이렇게 묘사합니다.

도덕이 제게 중요한 문제가 되었습니다. 말하자면, 잡아당겨도 찢어지지 않는 튼튼한 재료로 모든 것을 다시 묶고 싶었습니다. 정치를 바라보는 것은 문명이 투쟁하고 진화하는 것을 보는 것입니다. 매우 흥미진진하지만, 한편으로는 훨씬 개인적이죠. 진화하여 이 광경에 참여하는 것, 이 역사적 광경에 어떻게든 참여하는 것은 저의 투쟁이니까요. …… 제가 하는 일이 마음에 듭니다. 제가 하는 일이 남들에게 이로운 영향을 직접적으로 미친다는 생각이 듭니다. 다시 가치 문제로 돌아왔습니다. 물질적 소유를 얼마나 축적할 수 있는지, 돈을 얼마나 벌 수 있는지 확인하느라 시간을 모두 보낼 수도 있고 남을 돕고 함께 일하느라 시간을 보낼 수도 있습니다. …… 그 일부가 되는 것은 매우 아름답고 흥미진진합니다. 제가 목격하는 것은 일종의 '의식의 진화'이니까요.[32]

마라 제임스는 캘리포니아 남부 교외에서 환경 운동에 몸담고 있습니다. 그녀의 말을 들어봅시다.

저를 곧잘 고무공에 비유해요. 납작하게 눌릴 때가 있지만 그때마다 다시 튀어오르죠. …… 제가 전체의 일부라는, 그러니까 역사에 참여하고 있다는 느낌이 들어요. 제가 살아가는 스펙트럼은 온 세상을 포괄하죠. 저는 그 모든 것의 일부예요. 제가 하는 일이 전체에 영향을 미치니까요.[33]

바우어와 제임스는 자신이 하는 일에서 성취감을 얻는 이유를 설명하면서 더 큰 이상理想—'의식의 진화'나 역사의 일부가 되는 것—에 참여하는 것을 언급합니다. 《미국인의 사고와 관습》 저자들은 미국 사람들이 순수한 개인적 성취감을 추구하다가 "곧잘 허무감에 빠지"지만 "개인적 성취감과 공적 참여가 대립하지 않"음을 발견하는 사람도 많다며, 그 이유는 "자신을 공동체와 전통에 적극적으로 동일시하"는 데서 성취감의 내용을 끌어내기 때문이라고 말합니다.[34]

삶에 의미를 부여하려면 성취감이 필요하다는 말을, 전혀 다른 두 저자에게서 들을 수 있었습니다. 이 장 앞부분에서 베티 프리던은 여자들이 자신에게 부여된 역할에서 느끼는 목표의 상실을 묘사했습니다. 프리던은

'인생 계획', 즉 '평생의 관심사와 목표'를 발전시키는 것에서 '이름 붙일 수 없는 문제'의 해법을 찾았습니다. 일자리도 그중 하나이지만 단서가 하나 있습니다.

> 직업이 여성에게 올가미를 벗어날 수 있게 하는 방편이 되려면, 일생의 설계로
> 서 진지하게 자리매김되어야 하며 사회의 일부분으로 성장할 수 있어야 한다.[35]

《여성의 신비》가 출간된 지 30년 뒤에 정반대 주장을 펴는 책이 베스트셀러가 되었습니다. 제목을 '남성의 신비'라고 달았으면 딱 좋았을 테지만 저자 로버트 블라이는 '무쇠 한스 이야기'를 선택했습니다. 두 책의 차이점은 프리던이 여성에게 덧씌워진 신비를 비판하는 반면 블라이는 그 속에서 뒹군다는 것입니다. 블라이는 주말 쉼터를 운영하는데, 이곳에서는 남자들이 떼를 지어 숲에 들어가 전사들의 영웅담을 읊은 고대 전설을 읽습니다. 이 20세기 미국 남성들은 칼을 머리 위로 휘두르며 햇빛이 번쩍이는 칼날에 반사되는 장면을 지켜봅니다. 이들은 무슨 수를 써서라도 자기 안의 '전사'를 재발견하고 싶어 하지만, 기껏해야 '남자는 다 자라도 어린애'라는 여자들의 푸념을 입증할 뿐입니다. 1년 동안 베스트셀러 자리를 지킨 《무쇠 한스 이야기》는 연못에서 나타난 '야성인'Wild Man(블라이는 '야만인'과 '야성인'을 구분한다_옮긴이)이 어린 왕자를 남자로 키운다는 내용의 그림 동화 〈무쇠 한스 Iron Hans〉를 재해석했습니다. 하지만 《무쇠 한스 이야기》를 읽어보면 두서없는 논평들 속에서 중요한 교훈을 찾을 수 있습니다.

그러나 전사가 참된 왕, 곧 초월적 이상을 따를 때, 그는 추위, 더위, 부상, 배고 픔, 수면 부족 같은 온갖 고난을 견디면서 주인을 섬길 수 있는 강인한 몸을 갖 게 된다. 아니꼬운 상사를 참아내고, 소비자 운동가 랠프 네이더처럼 검소하게 살며, 덜렁 하나 매달린 전구 밑에서 몇 년 동안 글을 쓴 T. S. 엘리엇 같은 집념 으로 글을 쓴다. 성 프란체스코나 테레사 수녀처럼 끝없이 오물과 쓰레기를 청 소하고, 소련의 반체제 물리학자 사하로프처럼 모욕과 경멸과 유배를 참아낸 다. 안락을 좇는 어린아이는 야수에게 잡혀가고 성숙한 전사가 몸속으로 들어온 다.[36]

로버트 블라이, 베티 프리던, 웨인 바우어, 마라 제임스, 《미국인의 사고 와 관습》의 저자들, 빅토르 프랑클이 모두 동의하듯, 순수한 자존감을 찾고 자아를 온전히 실현하려면 자아보다 큰 이상을 위해 노력해야 합니다. 리처 드 테일러는 자신이 원하는 일을 하는 한 어떤 행동을 해도 상관없다고 말 하지만, 앞의 저자들은 삶에 의미를 부여하는 데 더 알맞은 이상이 있다고 말합니다.

하지만 블라이가 여러 이름으로 부르는 '참된 왕'이나 '초월적 이상'이란 대체 무엇일까요? 이것이 우리가 하고 싶은 행동과 별개 문제라면, 삶에 의 미를 더하는 이상을 어떻게 찾아야 할까요? 리처드 테일러는 시시포스가 바윗돌을 산 아래로 굴리지 않고 돌들을 꼭대기에 쌓아 신전을 지음으로써 삶에 의미를 부여할 수 있으리라는 가정에 반대했습니다. 시시포스가 신전 을 짓는 데서 의미를 찾을 수 있다는 가정은 우리의 성취—적어도 그 일부 —가 객관적 가치를 지닐 수 있음을 전제합니다. 이에 대해 테일러는 신전을 아무리 튼튼하게 지어도 세월이 지나면 무너져 돌무더기가 될 것이라고 지적합니다. 셸리의 시 〈오지만디아스Ozymandias〉는 이런 사고방식을 전형적으로 보여줍니다.

> 나는 어느 고대의 나라에서 온 한 여행자를 만났는데
> 그가 말했다: 거대하고 몸통 없는 두 개의 돌다리가
> 사막에 서 있네…… 그 근처 모래 위에는,
> 반쯤 묻힌, 부서진 두상 하나가 누워 있는데, 찌푸리고
> 주름진 입술과, 차가운 명령조의 냉소를 보면,
> 조각가가 저 열정들을 잘도 읽었다고 말해주지.
> 그게 이 생명 없는 물체에 인각되어, 그걸 조롱한
> 손과, 그걸 부추긴 심장보다 오래 살아남았으니.
> 그리고 대좌에 이런 글귀가 새겨져 있네:
> '내 이름은 오지만디아스, 왕 중의 왕이로다.
> 내 업적을 보라, 너희 권력자여, 그리고 절망할지어다!'
> 그 외에는 남아 있는 게 없었네. 부식되어가는 그 거대한 잔해 사방으로, 끝
> 도 없이 황량하게
> 쓸쓸하고 한결같은 사막만이 아득히 펼쳐져 있을 뿐.[37]

버트런드 러셀도 곧잘 비슷한 말을 했습니다. 수백만 개의 은하 중 단하나의 은하, 그 속에 있는 3,000억 개의 별 중 단 하나의 별, 그 주위를 돌고 있는 행성들 중 단 하나인 지구가 우리의 세상 전부임을 지적하며 인간

이 우주적 관점에서 티끌 같은 존재임을 강조했습니다. 언젠가 태양이 식고 지구상의 뭇 생명이 종말을 맞더라도 무심한 우주는 여전히 존재할 것입니다.[38]

시시포스가 오지만디아스 같은 오만함에 사로잡혀 자신의 신전이 영원히 서 있으리라 생각했다면 러셀의 충고에 뜨끔할 만도 합니다. 하지만 시시포스가 러셀의 글을 더 들여다본다면 "인간의 모든 근심이 하찮다는 사실을 깨닫는 것"이 처음에는 억압적이고 (심지어) 사람을 무기력하게 만들지라도 "이 효과는 합리적이지 않으며 지속될 리 없"다고, "크기만을 숭배할 이유가 없"다고 말하는 문장을 만날 것입니다.[39] 그러면 시시포스는 파르테논 신전만큼 오래가고 그에 못지않은 아름다움과 건축 기술로 칭송받는 신전을 짓는 것이 자부심을 가져 마땅한 성취라고 생각할 것입니다. 시시포스는 우주에서 자신이 처한 위치를 더 깊이 성찰한 뒤에 다시 바윗돌을 굴리기 시작할 것입니다.

따라서 인간이 만든 가장 아름답고 오래가는 인공물이 언젠가 먼지로 바뀐다고 해서 이 창조 행위의 가치와 의미를 부정할 수는 없습니다. 하지만 테일러는 시시포스의 행동이 의미 있는지의 여부가 행동 자체의 성격이 아니라 시시포스의 느낌에 달려 있다는 주장의 또 다른 이유를 들고 나옵니다. 시시포스가 신전을 완성한 뒤에 그 아름다움을 영원토록 감상하더라도 그것이 무슨 의미가 있겠느냐는 것입니다. 테일러는 '영원한 권태'만 남을 것이라며 "영원하고 무의미한 활동의 악몽"이 "영원한 부재의 지옥"으로 바뀔 뿐이라고 말합니다. 그리하여 시시포스는 자신의 모든 노고가 무의미했음을 보게 될 것이라는 얘기입니다.

여기에서도 테일러는 인간의 삶이 어떻게 의미를 가지는가에 대한 설명의 신빙성을 떨어뜨리는 잘못을 저질렀습니다. 테일러는 어떤 인간에게도 없는 특별한 특징이 시시포스에게 있음을 간과했습니다. 신들이 시시포스에게 내린 형벌은 바윗돌을 산꼭대기로 굴려 올리되 영원토록 굴려 올리는 것이었습니다. 따라서 시시포스는 불사의 존재여야 합니다. 그렇다면 시시포스는 어떤 인간보다도 오래 살 것이고, 신전을 완성한 뒤에도 영원한 시간을 보내야 합니다. 신전을 감상하다가 권태에 빠질 만도 합니다. 하지만 죽을 운명의 우리 인간은 그렇지 않습니다. 우리는 신전을 완성하기 전에 죽을 것입니다. 인생은 늘 아쉬움이 남습니다.

이상을 추구함으로써 삶의 의미를 찾겠다면 그 이상은 블라이 말마따나 '초월적 이상', 즉 자아의 테두리를 넘어선 이상이어야 합니다. 그런 이상은 얼마든지 있습니다. 축구 선수들은 팀이 개인보다 더 중요하다는 얘기를 끊임없이 듣습니다. 회사—특히 일본처럼 사가, 사훈, 사회봉사 등으로 집단에 대한 충성심을 고취하는 회사—직원들도 마찬가지입니다. 자신의 마피아 '패밀리'를 건사하는 것도 자아보다 큰 이상의 일부가 되는 것입니다. 신흥 종교 집단이나 나치당에 속하는 것도 마찬가지입니다. 마라 제임스와 웨인 바우어처럼 불의와 착취에 저항하는 것도 그렇습니다. 이러한 이상에 헌신하는 것이 어떤 사람들에게는 의미와 성취감을 찾는 방법이라는 것은 의심할 여지가 없습니다. 그렇다면 윤리적인 이상을 선택하는 것과 그렇지 않은 이상을 선택하는 것은 자의적 결정일까요? 그렇지 않습니다. 윤리적 삶을 살아가는 것이 삶에 의미와 가치를 부여하는 유일한 방법은 아니지만, 윤리적 이상이 가장 단단한 토대에 서 있는 것은 분명합니다. 축구팀이나 회사, 분파의 이익에 헌신하는 것은, 그에 대해 성찰할수록 그 속에서 의미를 찾기가 더욱 힘들어집니다. 이에 반해 윤리적 삶에 헌신하는 것은, 그에 대해 아무리 성찰해도 그것이 하찮거나 무의미하다고 생각되지 않습니다. 이것은 이 책에서 가장 중요한 주장이자 가장 논란이 되는 주장일 것입니다. 마지막 장에서는 윤리적 삶을 살아가는 것이 세상에서 가장 위대한 이상과 자신을 동일시하는 방법이며 삶을 의미 있게 만들 수 있는 최선의 방법이라고 주장할 것입니다.

좋은 삶

11

헨리 스피라는 십 대 소년 시절에 집을 떠나 상선을 탔습니다. 그는 선원이 자 전국해운노조 회원으로서 부패한 노조 간부들에 맞선 개혁 운동에 몸담 았습니다. 매카시즘 광풍이 몰아치던 시절, 뉴저지의 자동차 조립 라인에서 일하며 좌파 간행물에 글을 쓰다 FBI에 요주의 인물로 찍혔습니다. 60년대 에는 미시시피에서 민권 행진에 참여했습니다. 우리는 1973년에 처음 만났 는데, 제가 뉴욕 대학에서 동물 해방을 주제로 성인 교육 강좌를 진행할 때 스피라가 등록한 것이 계기가 되었습니다. 스피라가 동물 해방이라는 말을 처음 들은 것은 마르크스주의 잡지에서였습니다. 기사에서는 동물 해방 운 동을 《뉴욕 서평》류 급진파 무리가 벌인 최근의 헛짓거리로 폄하했습니다. 하지만 스피라는 조롱에 현혹되지 않고 동물 해방 운동에서 배울 점이 있음 을 꿰뚫어보았습니다. 강좌가 끝나고 제가 오스트레일리아에 돌아간 뒤에 스피라는 집에서 몇 블록 떨어진 미국자연사박물관의 동물 실험 실태를 조 사하여 연구원들이 고양이를 불구로 만들고 있다는 사실을 알아냈습니다. 이를테면 후각이 성 행동에 미치는 영향을 알아보기 위해 뇌의 후각 영역을 절제했습니다. 스피라는 제 강좌를 수강한 사람들과 함께 실험 중단을 요구하는 캠페인을 조직했습니다. 캠페인은 규모가 점점 커졌으며 박물관 밖에서 연일 피켓 시위가 벌어졌습니다. 이따금 대규모 집회가 열리기도 했습니다. 결국 박물관은 실험을 중단한다고 발표했습니다. 동물 실험 반대 캠페인이 목표를 달성한 것은 그때가 처음이었을 것입니다. 그러자 스피라는 더 큰 표적을 겨냥했습니다. 화장품 회사 레브론에서는 의식이 멀쩡한 토끼를 꼼짝 못하게 묶어놓고 눈에다 화장품을 바르는 실험을 하고 있었는데 이것을 중단시키기로 마음먹은 것입니다. 레브론은 꿈쩍도 하지 않았지만 스피라는 압박을 멈추지 않았습니다. 10년 뒤에 레브론은 제품을 동물에게 실험하지 않겠다고 선언했습니다. 다른 화장품 회사들도 이에 동참했습니다. 이 글을 쓸 당시에 스피라는 미국에서 가장 유명한 공장식 양계장 업자 프랭크 퍼듀를 겨냥하여 퍼듀가 닭을 학대할 뿐 아니라 건강에 좋지 않은 식품을 생산하고 노동자를 착취하고 폭력배를 동원하여 노조 결성을 방해하려 한다고 비난하는 광고를 내보내고 있었습니다. 스피라는 충분한 근거를 제시했으며 《뉴욕타임스》는 스피라의 광고 내용을 사실로 받아들였습니다.

다양한 이상을 위해 평생 운동한 이유를 물으면 헨리 스피라는 이렇게 대답합니다. "세상의 고통을 줄이는 가장 좋은 방법이 무엇일까, 하고 스스로에게 묻습니다." 줄이고 줄여도 사라지지 않는 고통을 항상 생각하다 보면 우울해질 법도 하지만 스피라는 유머 감각을 잃지 않았습니다. (퍼듀를 겨냥한 광고 하나는 '안전한 닭고기 따위는 없다'라는 제목 아래 콘돔에 싸인 닭 사체 사진을 실었습니다(콘돔 사용을 권장하는 '안전한 섹스safe sex' 캠페인에 빗댄 광고_옮긴이).) 사실, 할 일이 너무 많아서 우울증에 빠질 여유도 없었습니다. 한 인터뷰에서 묘비에 어떤 문구를 새기고 싶으냐고 묻자 스피라는 '그는 티끌을 모았다'라고 새기고 싶다고 대답했습니다. 저는 뉴욕을 방문할 때면 스피라가 고양이와 함께 사는 어퍼웨스트사이드의 임대 아파트에서 머뭅니다. 그때마다 스피라는 문제 해결을 위한 전략을 짜고 다음 캠페인을 설레는 마음으로 준비합니다. 그런 모습을 보면서 저도 힘을 얻습니다.

이 책을 쓰던 중에 동물 해방 운동에 몸담고 있는 오랜 벗에게서 편지가 왔습니다. 크리스틴 타운언드는 오스트레일리아 최초의 동물 해방 단체를 설립한 인물입니다. 크리스틴은 녹음이 우거진 시드니 교외 널찍한 부지의 근사한 집에서 변호사 남편 제러미와 함께 살고 있었습니다. 그러다 몇 해 전에 인도를 여행하던 중에 동물들의 안타까운 처지를 목격했습니다. 힌두교와 불교는 기독교에 비해 동물에게 관대하지만, 인도는 가난한 나라여서 이곳의 동물들은 비참하게 살다 더 비참하게 죽었습니다. 크리스틴은 해마다 한두 해씩 인도에 머물며 라자스탄 자이푸르 근방에서 풀뿌리 동물 단체를 지원했습니다. 인도는 오스트레일리아와 달리 문제가 뚜렷했습니다. 오스트레일리아의 동물 운동은 개혁을 시도할 때마다 정부 위원회들이 끝없는 회의를 통해 지루한 협상을 벌여야 하는 단계에 이르렀으니까요. 이제 크리스틴의 편지 내용을 말씀드리겠습니다. 크리스틴과 제러미는 자녀가 장성하여 출가했으니 인도 단체를 위해 더 많은 일을 할 수 있고 또 해야 한다고 말했습니다. 둘은 집을 팔고 제러미는 변호사 일을 그만두고 부부가 적어도 5년 동안 인도에서 자원봉사를 할 계획이었습니다. 용기 있는 결정에 찬사를 보내려고 전화를 걸었더니, 크리스틴의 목소리는 자신감과 확신에 가득 차 있었습니다. 흥미진진하고 가치 있는 일을 할 거라고 말했습니다. 희생이라는 생각은 전혀 없었습니다. 지금 누리고 있는 안락한 삶보다 앞으로의 활동이 더 가치 있다고 생각했으니까요.

헨리 스피라와 크리스틴 타우넌드는 캐럴 길리건이 《다른 목소리로》에서 인용한 여인의 말과 딱 맞아떨어집니다. 9장에서 인용한 구절이지만 한 번 더 소개하겠습니다.

내가 세상에 대해 책임이 있다는 것과 나 자신의 즐거움만을 위해서 살 수 없다는 것을 강하게 느끼며, 이 세상에 존재한다는 사실 그 자체만으로도 이 세상을 좀 더 나은 곳으로 바꿀 의무가 있다고 생각해요. 나아지는 정도가 아무리 하찮다고 해도 말이죠.

제가 아는 수많은 사람들도 마찬가지입니다. 가난한 나라를 더 많이 돕기 위해, 가축이 몸을 돌리고 다리를 뻗을 기본적 자유를 누리도록 하기 위해, 양심수 석방을 위해, 핵무기 철폐를 위해 애쓰는 사람들이 있습니다. 8장에서 소개했듯 낯선 사람에게 도움을 베푸는 행동에서도 이런 모습을 찾아볼 수 있습니다. 10장에서 웨인 바우어와 마라 제임스가 더 큰 전체에 속하는 느낌을 어떻게 표현했는지, 이것이 삶에 얼마나 긍정적인 영향을 미쳤는지 떠올려보십시오.

이 사람들처럼 세상을 넓은 시야로 바라보는 것은 윤리적 삶의 특징입니다. 헨리 시지윅의 인상적인 표현을 빌리자면 "우주적 관점"을 채택한 것이죠. 물론 이 표현을 문자 그대로 받아들일 수는 없습니다. 범신론자가 아닌

다음에야 우주 자체가 관점을 가진다고 생각할 리 없으니까요. 제가 말하는 우주적 관점은 최대한 모든 것을 포괄하되, 우주가—또는 감각 있는 존재가 아닌 개체가—의식을 가졌다고 생각하거나 그런 태도를 취하지는 않습니다. 이 관점에서 보면 고통과 쾌락은 우리에게나 남에게나 똑같으며 남의 고통을—단지 '남'이라는 이유로—외면할 이유가 없음을 알 수 있습니다. '남'을 어떻게 정의하더라도 마찬가지입니다. 고통과 쾌락을 느낄 능력이 있는 한 말입니다.

우주적 관점을 채택한 사람은, 해야 할 일이 너무 많아서 엄두가 나지 않을지는 모르지만 권태를 느끼지 않으며 (삶에 의미를 부여하기 위해) 심리 치료를 받아야 할 필요도 없습니다. 우리가 성취감을 느낄 수 있는 이유가 이 세상에 (당하지 않아도 될) 고통이 너무 많기 때문이라는 사실은 비극적 아이러니이지만, 세상은 원래 그런 곳입니다. 영양실조로 발육이 부진하거나 쉽게 치료할 수 있는 감염으로 죽어가는 아이, 종이 상자로 몸을 녹이는 노숙자, 재판 없이 구금된 양심수, 인류를 위협하는 핵무기, 누추한 수용소에서 몇 년째 살아가는 난민, 비좁은 우리에 갇혀 몸을 돌리지도 다리를 뻗지도 못하는 가축, 철제 올무에 다리가 낀 모피 동물, 인종이나 성별이나 종교나 성적 취향이나 기타 부당한 이유로 죽임 당하고 매 맞고 차별받는 사람, 부자들의 하찮은 요구를 만족시키려고 잘려나가는 고목, 갈 곳이 없어서 가정 폭력을 견뎌야 하는 여인, 이러한 무수한 고통이 사라지기 전에는 우리의 임무는 끝나지 않을 것입니다. '당하지 않아도 될 고통이 모두 사라진 뒤에는 어떻게 삶에서 의미를 찾을까' 하는 문제는, 철학적으로는 흥미로운 주제이지만 안타깝게도 현실적으로는 무의미한 물음입니다.

헨리 스피라나 크리스틴 타우넌드 같은 사람들, 이 지구를 괴롭히는 고통의 원인을 줄이려 애쓰는 수많은 사람들은 자신이 하는 일에서 '정당한' 성취감을 찾을 수 있습니다. 이들은 자신이 옳은 쪽에 서 있음을 압니다. 잘난 체하는 것처럼 들릴지도 모르겠습니다. 요즘은 누구의 입장이든 용납해 주는 분위기여서, '옳은 쪽'이라는 말만 꺼내도 독선적으로 비칠 우려가 있으니까요. 하지만 다른 사람의 의견을 용납하는 것과 그 의견이 타당하다고 생각하는 것은 엄연히 다릅니다. 넓게 본다면 많은 쟁점에서 옳은 편이 분명히 있었음을 쉽게 알 수 있습니다. 노예제 반대 투쟁에서는 옳은 편이 있었습니다. 노동조합 권리 투쟁, 8시간 노동 쟁취 투쟁, 최저 노동 조건 쟁취 투쟁에서도 옳은 편이 있었습니다. (숨 막히는 공장이나 땅속 깊숙한 탄광에서 아이들이 하루에 12시간씩 일했던 시절로 돌아가고 싶은 사람은 아무도 없을 것입니다.) 여성 투표권, 여성의 대학 입학, 결혼한 뒤에 재산을 소유할 권리 등을 쟁취하기 위한 오랜 투쟁에서도 옳은 편이 있었습니다. 히틀러에게 맞선 싸움에서도 옳은 편이 있었습니다. 흑인이 버스와 식당에서 백인과 나란히 앉을 수 있도록 하기 위해 마틴 루서 킹이 행진을 이끌 때에도 옳은 편이 있었습니다. 오늘날에도 개발도상국의 극빈층을 돕고 분쟁을 평화적으로 해결하고 인간 아닌 동물에게 윤리적 고려를 확대하고 지구 환경을 지키는 일에 옳은 편이 있습니다.

각 쟁점과 관련하여 정확히 어떻게 목표를 달성할 것인가, 어디까지 추진할 것인가에 대해서는 애매한 부분이 있을 것입니다. 소수민족에게 동등한 기회를 주는 데 찬성하면서도, 소수민족 우대 제도가 기회균등을 위한 좋은 방법인지에 대해서는 이견이 있을 수 있습니다. 양성평등이 낙태의 자유를 의미하는가에 대해서도 논란의 여지가 있습니다. 미식가들이 좋아하는 '하얀 살의 젖먹이 송아지 고기'를 생산하려고 어린 송아지를 독방 우리에 몇 달씩 가두어두고 고의로 빈혈을 일으키는 행위는 분명히 잘못이지만, 동물원을 그대로 두는 것이 바람직한가에 대해서는 합리적인 견해차가 있을 수 있습니다. 우리는 전쟁 없는 세상을 위해 노력해야 합니다. 하지만 어떻게 하는 게 최선일까요? 유엔은 국민총생산의 0.7퍼센트를 대외 원조에 할당한다는 소박한 목표를 세웠으나 미국, 독일, 영국, 일본, 오스트레일리아 등 대부분의 부자 나라들은 이조차 지키지 않습니다. 이는 도저히 윤리적으로 정당화될 수 없습니다. 하지만 대외 원조를 얼마나 해야 합리적인가, 어떻게 분배하는 것이 최선인가는 더 고려해야 할 문제입니다. 이런 곤란한 문제가 불거지는 것은 세부 사항을 분간할 수 있을 만큼 쟁점에 가까이 다가갔을 때입니다. 멀찍이 뒤로 물러서면 커다란 덩어리가 보입니다. 그래야 제대로 볼 수 있습니다. 멀리서 바라보면, 앞 문단에서 열거한 사례는 숭고한 윤리 원칙을 따르는 두 집단의 마찰이 아니라 윤리 원칙을 따르는 집단과 따르지 않는 집단의 투쟁임을 알 수 있습니다. 부와 권력이 없어도 동등한 고려를 받을 수 있도록 노력하는 사람들이 있는가 하면 자신의 부와 특혜, 권력을 지키려는 사람들이 있는 것입니다.

물론 윤리적 고려의 범위를 확장하려다 삼천포로 빠질 수도 있습니다. 마르크스와 레닌은 순수한 의도에서 무산계급 노동자 대중에게 더 나은 삶을 가져다주려고 노력했지만, 사회주의를 달성하기 위한 마르크스의 계획에는 치명적 결함이 있었습니다. 마르크스는 사유재산 제도를 없애면 인간 본성이 바뀌고 권력과 특혜를 차지하려는 투쟁이 벌어지지 않을 것이라고 생각했습니다. (이 점에서는 무정부주의자 바쿠닌이 훨씬 현명했습니다.)[1] 마르크스가 옳다는 신념에다 독재적 통치 방식을 결합한 레닌은 볼셰비키 혁명 당시에 대다수 러시아 사람들이 사회주의를 원하지 않은 문제점을 강압적으로 해결하려 했습니다. 그리하여 마르크스와 레닌, 그리고 수많은 초기 마르크스주의자들의 윤리적 이상은 스탈린주의의 악몽으로 끝났습니다. 윤리 원칙을 빙자한 광신과 독재는 파벌적 특혜를 이기적으로 지키려 드는 것만큼이나 많은 해악을 끼칠 수 있습니다. 이것이 광신과 독재를 거부해야 할 타당한 이유입니다. 정부를 견제하고 독선가로부터 개인을 보호할 기본적 시민의 자유가 필요한 것도 이 때문입니다. 역사에서 단 하나의 교훈을 얻는다면, 그것은 윤리적 동기에서 행동하는 사람들이 탐욕과 개인적 야망에 이끌리는 자들 못지않게 우리의 민주주의적 자유를 위협할 수 있다는 사실입니다. 그나마 후자에 대해서는 대비를 하고 있으니 오히려 전자가 더 위험하다고 볼 수도 있습니다. 거대 담론을 내세우며 자신이 모든 고통의 원인과 유일한 해결책을 안다고 주장하는 사람들도 조심해야 합니다.

하지만 그 무엇도 윤리적 삶—오류 가능성을 인정하고 세상을 더 나은 곳으로 바꾸기 위해 직접적이고도 현실적인 방법으로 우리가 할 수 있는 일을 하는 삶—에서 돌아설 이유는 되지 못합니다. 제대로 된 정치인에게 표를 던지는 것만으로는 충분하지 않습니다. 윤리를 첫째 자리에 놓고 정치를 둘째 자리에 놓으면 누구에게 투표하는가 또는 어떤 일이 일어나기를 바라는가가 아니라 지금 무엇을 하는가를 잣대로 사람들을 판단할 수 있습니다. 부자 나라와 가난한 나라의 자원 불균형에 반대하십니까? 그렇다면 (그리고 여러분이 부자 나라 국민이라면) 지금 어떤 노력을 하고 있습니까? 개발도상국의 극빈층을 돕는 단체들에 소득의 몇 퍼센트를 기부하고 있습니까? 인구 증가를 해결하지 못하면 기아 문제를 해결할 수 없다고 생각하십니까? 좋습니다. 그런데 산아제한 캠페인을 벌이는 단체를 어떻게 지원하고 있습니까? 종이를 만들기 위해 나무를 베어내도 상관없다고 생각하십니까? 아니라고요? 그런데, 다 쓴 종이는 재활용하고 있습니까? 걷지도, 다리를 뻗지도 못하게 가축을 가두어두는 것에 반대하십니까? 하지만 이렇게 생산된 베이컨과 달걀을 사면서 공장식 축산에 일조하고 있지는 않습니까? 윤리적 삶을 산다는 것은 올바른 태도를 취하고 올바른 견해를 표명하는 것 이상을 요구합니다.

—

꼬리에 꼬리를
무는 이유

—

앞에서 우리는 자신이 친족과, 호혜 관계를 맺을 수 있는 사람들과 또한 (어느 정도는) 집단 구성원들에게 관심을 가지는 이유를 진화적으로 설명할 수 있음을 알았습니다. 그런데 영웅적 상황이나 일상적 상황에서 낯선 이를 기꺼이 돕는 사람들이 있습니다. 이것은 진화적 본성의 테두리를 뛰어넘는 사례일까요? 세상 전체를 더 나은 곳으로 바꿔야 한다는 책임감을 진화론으로 어떻게 설명할 수 있을까요? 이런 책임감을 가진 사람들이 후손을 남기지 못하여 정상적인 진화 과정에 따라 점차 사라지지 않도록 하려면 어떻게 해야 할까요?

한 가지 대답은 이것입니다. 인간은 고릴라만큼 힘세지도, 사자만큼 이빨이 날카롭지도, 치타만큼 빠르지도 않습니다. 인간의 특기는 지능입니다. 뇌는 추론의 도구이며, 추론 능력 덕분에 우리는 생존하고 식량을 구하고 자녀를 보호할 수 있습니다. 추론 능력을 통해 우리는 고릴라보다 더 무거운 물체를 들어올리는 기계와 사자의 이빨보다 날카로운 칼과 치타를 거북이로 보이게 하는 이동 수단을 만들어냈습니다. 하지만 추론 능력, 즉 이성은 묘한 특징이 있습니다. 이성은 힘센 팔이나 날카로운 이빨이나 쏜살같은 다리와 달리 우리가 바라지 않은 결과를 가져다줄 수 있습니다. 이성은 에스컬레이터 같습니다. 일단 계단에 발을 디디면 몇 층까지 올라갈지 알 수 없습니다.[2]

토머스 홉스가 철학에 흥미를 가지게 된 사연은 추론의 힘을 잘 보여줍니다. 홉스는 개인 서재를 둘러보다 우연히 유클리드의 《기하학 원론》의 사본을 발견했습니다. 책은 47번 정리가 펼쳐진 채였습니다. 홉스는 결론을 읽고 이것은 증명이 불가능하다고 단언했습니다. 그러면서 증명 과정을 읽었는데 이 증명은 앞서 증명된 정리를 토대로 삼고 있었습니다. 그 정리는 다른 정리로, 또 다른 정리로 연결되어 결국 추론의 사슬이 유클리드의 공리에까지 이르렀습니다. 홉스는 공리가 자명하여 부정할 수 없음을 인정할 수밖에 없었습니다. 홉스가 자신이 처음에 거부했던 결론을 받아들인 것은 오로지 추론을 통해서였습니다. (이 일로 깊은 감명을 받은 홉스는 자신의 역작 《리바이어던》에서 이와 같은 연역적 추론 방법을 적용하여 '주권자가 절대 복종을 요구할 권리'를 옹호하려 했습니다.)[3]

예상치 못한 곳으로 우리를 이끄는 이성의 능력은 직선인 줄 알았던 진화 과정을 뜻밖의 경로로 구부리기도 합니다. 인간에게서 이성이 진화한 것은 생존하고 번식하는 데 이롭기 때문입니다. 하지만 이성이 에스컬레이터라면, 그 여정의 첫걸음은 생존하고 번식하는 데 이바지하는 것이겠지만 그 목표에만 머물러서는 안 됩니다. 심지어 인간 본성의 다른 측면과 갈등을 빚는 지경에 이를 수도 있습니다. 이 점에서는 추론 능력—또한 이를 통해 '옳은 일'로 판단하게 되는 것—과 기본 욕구가 갈등한다는 칸트의 지적에도 일리가 있습니다. 하지만 모순을 지니고 살아가는 데는 한계가 있습니다. 모든 사람에게 생명, 자유, 행복 추구의 권리가 있다는 미국 독립주의자들의 선언이 노예제도 폐지를 염두에 두지는 않았을지 모르나, 약 100년에 걸쳐 그런 결과를 가져올 과정의 주춧돌을 놓은 것은 사실입니다. 독립선언문이 아니더라도 노예제도는 폐지되었을지 모릅니다. 독립선언문이 노예제 폐지를 앞당기지 못했는지도 모릅니다. 하지만 이토록 보편적인 권리 선언이 노예제도와 양립할 수 없다는 사실은 누구나 알 수 있습니다.

또 다른 예는 미국의 인종 문제에 대한 군나르 뮈르달의 고전적 연구서 《미국의 딜레마》입니다. 이 책은 민권 운동이 60년대에 승리를 거두기 오래전인 1944년에 출간되었지만, 이미 인종주의의 토대를 허무는 윤리적 추론 과정이 담겨 있었습니다.

> 개인은 …… 도덕적 고립 상태에서 행동하지 않는다. 외부의 개입 없이 자기 멋대로 합리화하도록 방치되지 않는다. 그의 가치 판단에 대해서는 의문이 제기되고 논란이 발생한다. …… 도적적 가치 판단의 위계 안에서 논리적 일관성을 유지해야 한다는 느낌—또한 도덕 질서가 흔들리고 있다는 당황스러운, 때로는 고통스러운 느낌—이 현대 들어서 이토록 격렬해진 것은 새로운 현상이다.[4]

뮈르달은, 일관성을 유지해야 한다는 강박이 현대 들어서 격렬해진 것은 교통과 통신의 발달, 교육의 보급과 관계있다고 말합니다. 좁은 지역 안에서 유지되던 전통적 사유는 거대 사회의 도전을 받으며 보편적 가치의 매력을 이겨내지 못합니다. 뮈르달은 이 때문에 보편적 가치가 널리 수용되리라고 예견했습니다. 뮈르달은 도덕 원칙이 인간 종의 모든 구성원에게 보편적으로 적용될 것이라고 생각했지만, 그가 오늘날 글을 썼다면 (자신이 논의한 추세의 또 다른 예로) 인간 아닌 동물의 이익도 동등한 고려를 받아야 한다는 견해를 염두에 두었을 것입니다.[5]

카를 마르크스도 계급 혁명의 역사를 서술하면서 이와 비슷한 추세를 언급했습니다.

> 종래의 지배 계급을 쫓아내고 들어서는 모든 새로운 계급은, 단지 그들의 목적만을 관철시키기 위해서, 자기 계급의 사상에다가 더욱더 보편적인 성격을 부여하고, 그것을 합리적이고 보편타당한, 유일한 사상으로 제시하지 않을 수 없기 때문이다. ····· 모든 새로운 계급은 오직 예전의 지배 계급의 기반보다 넓은 기반 위에서만 자신의 지배를 확립할 수 있다.[6]

마르크스가 생각하기에, 이성은 혁명을 추진하는 자들의 계급 이익을 가리는 외투에 불과했습니다. 그의 유물론적 역사관에서는 더 할 얘기도 없었습니다. 하지만 마르크스는 자본주의가 노동자를 산업 중심지에 몰아넣고 적어도 최저 수준의 교육을 제공해야 했기에 역설적으로 노동자가 자기 처지에 대한 인식 수준을 높이는 데 기여했다는 사실 또한 언급했습니다. 그런데 같은 사건을 다르게 볼 수도 있습니다. 교육받고 자각한 사람들이 증가하는 사회에서는 이성의 본질적인 보편화 성향으로 인해 종교적이고 편협한 믿음의 제약에서 점차 벗어날 수 있다고 말입니다. 전 세계에서 전반적 교육 수준과 통신 편의성이 향상되고 있기에 이 과정이 계속되어 결국 윤리관에 근본적 변화를 가져올 것이라고 기대할 만한 근거가 있습니다. (이를테면 이 책을 쓸 당시 소말리아에서는 사람들의 고통을 덜어주려고 전 세계가 노력하고 있었습니다. 참상을 즉각적으로 전파할 텔레비전, 구호품을 실어 나를 항공기, 행동을 취할 국제기구(유엔)가 없었다면 불가능했을 일입니다.)

그렇다면 추론 능력은 자의적 주관주의에서와 공동체 가치의 무비판적 수용에서 벗어나는 계기가 될 수 있습니다. 모든 것이 주관적이라는, 더 구체적으로 말하자면 공동체에 대해 상대적이라는 사고방식은 세대마다 유행을 달리하는 듯합니다. 과거의 상대주의와 마찬가지로, 현재의 포스트모던 상대주의는 공동체가 간직해야 하는 가치에 대한 논리적 토론이 어떻게 가능한지 해명하지 못하며, 우리의 가치가 노예제도, 여성 할례, (국가 종교에 존경심을 보이지 않는) 작가에 대한 사형 선고 등을 인정하는 공동체의 가치보다 뛰어나다고 주장하지도 못합니다. 이에 반해 제가 내세우는 관점에서는 두 가지 단순한 전제를 토대로 이러한 논의의 가능성을 해명할 수 있습니다. 첫 번째 전제는 인간에게 추론 능력이 있다는 사실입니다. 두 번째 전제는 현실 문제를 추론할 때 자신의 관점에서 벗어나 더 넓은 관점, 궁극적으로는 우주적 관점에 설 수 있다는 것입니다.

이성을 통해 우주적 관점에서 자신을 볼 수 있는 이유는 세계에서 자신이 어떤 위치에 있는지 생각함으로써 자신이 남과 마찬가지로 이익과 욕망을 가진 여럿 가운데 하나일 뿐임을 알 수 있기 때문입니다. 세상에 대한 개인적 관점에서는 자신의 이익이 무대의 맨 앞 한가운데에 놓이고 가족과 친구의 이익이 바로 뒤에 놓이며 낯선 사람의 이익은 뒤쪽 구석에 밀려나 있습니다. 하지만 이성의 눈으로 보면 남들이 나와 다를 바 없는 주관적 관점을 가지고 있으며 '우주적 관점'에서 나의 관점이 그들의 관점보다 전혀 특별하지 않음을 알 수 있습니다. 따라서 추론 능력은 자신의 관점에서 초연할 수 있는 가능성을 제시할 뿐 아니라 개인적 관점을 모두 버렸을 때 우주가 어떤 모습인지 보여줍니다.

우주적 관점을 윤리적 관점의 토대로 삼는다는 것은 모든 경우에 불편부당하게 행동해야 한다는 뜻이 아닙니다. 때로는 편파적 행동이 불편부당한 관점에서 정당화될 수도 있습니다. 이를테면 부모에게는 낯선 사람의 자녀를 돌볼 의무보다 자기 자녀를 돌볼 의무를 훨씬 엄격하게 지우는 것이 대체로 자녀에게 최선일 것입니다. 이렇듯 사회에서는 부모 자식 간의 자연스러운 사랑의 끈을 활용할 수 있습니다. 아동 복지 담당 부서와 담당 공무원이 아무리 선의를 가지고 행동하더라도, 정상적 상황에서는 부모의 사랑이 언제나 복지 담당 부서의 호의보다 바람직합니다. 그런데 자녀 사랑은 모두의 이익을 위해 이용할 수 있는 힘이지만, 불편부당한 관점에서 덜 좋은 쪽을 선택하는 원인이 되기도 합니다. 자녀가 다니는 학교에 불이 났는데 한 교실에는 자녀가 혼자 갇혀 있고 다른 교실에는 학생 스무 명이 갇혀 있다고 해봅시다. 문을 둘 다 부술 시간이 없다면, 대부분의 부모는 자기 자녀를 구할 것입니다. 다른 학생들의 부모가 이런 행동을 비난할 수도 있겠지만, 이들이 공정한 사람이라면 비슷한 상황에서 자기들도 똑같이 행동했으리라고 인정할 것입니다. 자녀를 구하는 행위를 불편부당한 관점만 가지고 평가한다면 잘못이라고 판단할 테지만, 자녀에 대한 부모의 사랑이 바람직하다는 사실을 우선적으로 고려하고 이 행위가 그러한 사랑에서 비롯했음을

두 번째로 고려한다면 부모의 선택에 동의할 수 있을 것입니다.[7]

우주적 관점을 채택하는 것과 일맥상통하며 누구나 (어떤 형태로든) 받아들이는 주요한 윤리 전통으로, 이익을 동등하게 고려하라고 가르치는 황금률이 있습니다. 예수는 "이웃을 네 자신같이 사랑하라"라고 말했습니다. 랍비 힐렐은 "자신에게 싫은 일을 이웃에게 하지 말라"라고 말했습니다. 공자도 "자신이 원하지 않는 일을 남에게 하지 말라己所不欲 勿施於人"라며 자신의 가르침을 매우 비슷한 취지로 요약했습니다. 인도의 대서사시《마하바라타》에서는 "자신이 싫어할 만한 일을 남에게 하지 말라"라고 말합니다.[8] 놀랍도록 비슷하지 않습니까? 예수와 힐렐이야 둘 다 유대교 전통에서 출발했다지만 공자와《마하바라타》는 유대교·기독교와 상관없이 독자적으로 동일한 결론에 이르렀습니다. 게다가 위 구절들은 하나같이 모든 도덕법을 요약한 것으로 제시됩니다. 예수와 힐렐의 황금률이 집단 구성원에 국한된다고 해석할 수도 있지만, 선한 사마리아인 비유를 보면 예수가 말하는 이웃은 집단 구성원에 한정되지 않습니다.[9] 힐렐, 공자,《마하바라타》의 가르침 또한 (적어도 위 구절들에서는) 보편 윤리로 전혀 손색이 없습니다.

영겁의 시간과 비교할 때 인간의 존재는 찰나에 불과하지만, 우주적 관점을 취할 수만 있다면 삶에서 의미를 찾을 때의 난점을 극복할 수 있습니다. 개발도상국의 작은 마을이 빚더미에서 벗어나고 식량을 자급하도록 지원하는 사업에 참여한다고 가정해봅시다. 사업이 눈부신 성공을 거둔 덕에 주민들은 예전보다 더 건강하고 행복하고 교육 수준이 높고 경제적으로 안정되고 자녀도 덜 낳게 되었습니다. 그런데 누군가 이렇게 말합니다. "당신이 한 일에 무슨 유익이 있습니까? 천 년이 지나면 이 사람들은 모두 죽었을 테고 이들의 자녀와 손자 손녀도 이 세상 사람이 아닐 것입니다. 당신이 한 일은 아무런 변화도 가져오지 못할 것입니다." 이 말은 옳을 수도 있고 그를 수도 있습니다. 오늘 우리가 일으킨 변화가 눈덩이처럼 커져 오랜 시간이 지난 뒤에 훨씬 거대한 변화를 낳을 수 있습니다. 반대로 물거품처럼 사라질 수도 있습니다. 이것은 간단하게 말할 수 있는 문제가 아닙니다. 하지만 우리의 노력이 영원히, 또는 아주 오랫동안 지속되지 않는다고 해서 이것이 헛되다고 생각해서는 안 됩니다. 시간을 제4의 차원으로 간주한다면 우주를 (감각 능력 있는 생명체가 존재한 모든 시간에 대해) 4차원의 존재로 생각할 수 있습니다. 그렇다면 특정 시간에 특정 장소에서 무의미한 고통을 줄임으로써 4차원 세계를 (우리가 노력하지 않았을 때보다) 더 나은 곳으로 바꿀 수 있습니다. 이를 통해 다른 장소나 시간에서 고통을 증가시키거나 가치를 떨어뜨리지 않는 한 우리는 우주에 긍정적인 영향을 끼친 것입니다. 앞 장에서 저는 시시포스가 똑같은 바윗돌을 끊임없이 굴려 올리지 않고 수많은 바윗돌을 꼭대기에 쌓아서 아름다운 신전을 지을 수 있다면 그의 삶에서도 의미를 찾을 수 있으리라고 말했습니다. 시시포스가 짓는 신전이 모든 가능한 목표의 비유라면, 세상을 더 나은 곳으로 바꾸는 것은 모든 신전 중에서 가장 위대한 신전의 아름다움에 작게나마 기여하는 행위일 것입니다.

앞에서 저는 가치가 주관적 욕망에 전적으로 좌우된다는 주장을 반박했습니다. 하지만 윤리의 객관성을 전통적인 의미에서 옹호하지는 않을 것입니다. 윤리적 진리는 우주의 구조에 새겨져 있지 않습니다. 그 점에서는 주관주의가 옳습니다. 어떤 형태로든 욕망이나 성향을 가진 존재가 하나도 없다면 가치 있는 것은 아무것도 없을 것이며 윤리는 아무런 의미도 없을 테니까요. 반면에 욕망을 가진 존재가 있다면 가치가 존재합니다. 이 가치는 각 개별적 존재의 주관적 가치만이 아닙니다. 추론을 통해 우주적 관점에 도달할 수 있다면 가능한 최고의 '객관성'을 얻을 수 있습니다. 나의 추론 능력을 통해 남의 고통이 나 자신의 고통과 매우 비슷하다는 사실과 나의 고통이 내게 중요하듯 (적절한 경우에) 남의 고통이 그에게 중요하다는 사실을 깨달았다면 이 결론은 부정할 수 없는 '참'입니다. 이 결론을 무시하기로 결정할 수는 있겠지만, 그렇게 하면 자신의 관점이 (이 결론을 받아들였을 때보다) 편협하고 제한적임을 부인할 수 없습니다. 이것만으로는 객관적으로 참인 윤리적 입장을 제시하기에 부족할지도 모릅니다. (사람들은 '더 폭넓고 보편적인 관점을 가지면 뭐가 좋은가?'라고 시비를 걸 것입니다.) 하지만 이것이야말로 윤리의 객관적 토대에 가장 근접했다고 말할 수 있습니다.

우주적 관점을 취하면, 욕망에 사로잡히지 않고 가치 있는 이상을 찾을 수 있을 만큼 객관적으로 자신을 바라볼 수 있습니다. 그런 이상 중에서 가장 명백한 것은 이 장 첫머리에서 헨리 스피라가 말하듯 '고통이 존재하는 곳 어디에서든 그 고통을 줄이는 것'입니다. 이것이 합리적 토대를 갖춘 유일한 가치인지는 모르겠지만 가장 보편적으로 인정되는 시급한 당면 과제인 것은 분명합니다. 극심한 고통에 시달릴 때 다른 모든 가치가 뒷전으로 물러나는 경험은 누구에게나 있습니다. 우주적 관점을 취하면, 아름다움이나 지식이나 자율성이나 행복 같은 가치의 증진을 고려하는 것에 앞서 남의 고통을 줄이기 위해 시급히 무언가를 해야 함을 깨달을 것입니다.

우주적 관점을 취하는 것이 가능하다는 말은, 자신이나 가족, 친구, 국가만을 위해 (불편부당한 관점에서 볼 때 간접적으로도 옹호할 수 없는) 좁은 시야로 행동하는 사람이 반드시 비합리적으로 행동한다는 뜻일까요? '이성'의 온전한 의미에서는 그렇지 않습니다. 이 점에서 현실적 추론, 즉 무엇을 할 것인가에 대한 추론은 이론적 추론과 다릅니다. 홉스가 유클리드의 공리를 받아들이고 그로부터 47개 정리로 귀결되는 추론 과정에서 결함을 찾지 못하고서도 그 정리가 '불가능'하다고 계속 주장한다면 우리는 홉스가 유클리드의 추론 과정을 이해하지 못했다고 말해도 무방할 것입니다. 어쩌면 홉스가 단순히 착각했는지도 모릅니다. 또한 그가 자신의 믿음을 측량이나 건축 같은 현실 문제에 적용했다면 잘못된 답을 얻었을 테고 이는 측량이나 건축을 통해 이루고자 한 목표에 도달하는 데 걸림돌이 되었을 것입니다. 반면에 낯선 사람의 고통보다 가족이나 친구의 고통을 중시하는 것은 우주적 관점을 이해하지 못해서가 아니라, 다만 우주적 관점이 개인적 관점만큼 자신에게 중요하지 않기 때문입니다. 비합리적인 것이 곧 오류를 저지르는 것이라면 여기에는 아무 오류도 없습니다. 제한적 관점을 취한다고 해서 잘못된 해답이 도출되지는 않습니다. 자신의 제한적 목표를 이루는 데 방해가 되지도 않습니다. 이를테면 5장에서는 우리가 가족 구성원의 이익을 보호하고 증진하려는 욕망이 유독 강하도록 진화되었다고 주장한 바 있습니다. 인간 본성의 이런 측면을 완전히 무시하는 것은 불가능에 가깝습니다. 이성의 에스컬레이터에 오르기 위해서는 에스컬레이터를 통제할 수 있다는 것과 더 넓은 관점이 있다는 것을 자각하면 충분합니다. 따라서 '이성'의 의미를 확장하지 않는 한, 편협한 관점을 취하는 사람이 우주적 관점에서 행동할 수 있는 사람보다 덜 합리적으로 행동한다고 말할 수는 없습니다.

윤리의 토대에 관하여 이보다 더 설득력 있는 결론을 내놓을 수 있다면 좋겠지만, 현재로서는 시지윅의 '옛 부도덕의 역설'—즉, 자기 이익과 일반화된 호의의 갈등—을 누그러뜨렸을 뿐 해소하지는 못했습니다.

윤리적 삶을
향하여

물질적 자기 이익을 편협하게 추구하는 것이 정상으로 간주되는 사회에서 윤리적 입장을 바꾼다는 것은 흔히 생각하는 것보다 더 급진적인 변화입니다. 소말리아에서 굶어 죽어가는 사람들의 비참한 처지에 비하면, 프랑스의 일류 포도원에서 생산한 포도주를 맛보겠다는 욕망은 하찮은 것에 불과합니다. 토끼를 옴짝달싹 못하게 결박하고 눈에 샴푸 방울을 떨어뜨릴 때 토끼가 당하는 고통에 견주면, 샴푸의 품질을 개선한다는 것은 무가치한 목표입니다. 오래된 숲을 보전하려는 욕망은 일회용 키친타월을 쓰려는 욕망보다 중요합니다. 생명을 윤리적으로 대하라는 말은 인생을 즐기거나 음식과 포도주를 음미하지 말라는 뜻이 아닙니다. 우선순위를 바꾸라는 뜻입니다. 잠시나마 자신이 스포트라이트에서 비켜나도록 관점을 바꿀 수 있는 사람에게는, 근사한 옷을 사는 데 들어가는 노력과 비용, 날로 세련되어지는 미각을 만족시키기 위한 끝없는 맛집 탐방, '자동차는 원하는 장소에 제시간에 도착하게 해주는 수단'이라고 생각하는 사람들은 엄두도 내지 못할 고가의 고급차—이 모든 것이 무의미해질 것입니다. 더 높은 차원의 윤리 의식이 널리 전파되면 우리가 사는 세상이 완전히 바뀔 것입니다.

이 고차원적 윤리 의식이 보편적으로 받아들여지리라 기대할 수는 없습니다. 누구도, 무엇도, 심지어 자기 자신도 신경 쓰지 않는 사람은 늘 있게 마련이니까요. 다른 사람, 특히 힘없고 가난한 사람들을 등쳐 먹는 약삭빠른 사람들은 더 많습니다. 모든 사람이 서로 사랑하고 조화롭게 살아가는 찬란한 세상을 마냥 기다릴 여유는 없습니다. 지금의 인간 본성이 그렇지 않기 때문입니다. 가까운 장래에 바뀔 기미도 보이지 않습니다. 이성만으로는 자기 이익과 윤리의 갈등을 완전히 해소할 수 없음이 입증된 만큼 합리적 논증만으로 모든 합리적 인간을 윤리적으로 행동하도록 설득할 수는 없습니다. 이성의 힘이 지금보다 더 컸더라도, 이성에—심지어 자기 이익을 추구하는 천박한 이성에—기반하여 행동하지 않는 사람이 많다는 엄연한 현실에 직면해야 했을 것입니다. 그러니 세상을 살아가는 것은 앞으로도 오랫동안 녹록치 않을 것입니다.

그럼에도 우리는 이 세상 속에서 살아갈 수밖에 없습니다. 이 세상에는 사람들의 고통을 줄이고 사회적·생태적 파국을 막기 위해 꼭 해야 할 일이 있습니다. 먼 유토피아적 미래를 상상하며 허송세월할 여유가 없습니다. 수많은 인간과 동물이 고통받고 있습니다. 숲이 급속도로 사라지고 있습니다. 인구는 여전히 손쓸 수 없이 증가하고 있습니다. 3장에서 보았듯, 온실가스 배출량을 대폭 줄이지 않으면 나일 강 삼각주와 벵골 삼각주에서만 4,600만 명의 보금자리와 목숨이 위험에 처할 것입니다. 정부가 변화를 가져다주기를 기다릴 수도 없습니다. 자기를 당선시켜준 유권자의 대전제를 뒤흔드는 것은 정치인에게 이로울 것이 없습니다. 만일 인구의 10퍼센트가

의식적으로 윤리적 입장에 서서 행동한다면 이로 인한 변화는 정부의 어떠한 변화보다 의의가 클 것입니다. 삶에 대한 윤리적 태도와 이기적 태도의 차이는 우파 정책과 좌파 정책의 차이보다 훨씬 근본적입니다.

첫걸음을 내디뎌야 합니다. 세상을 지배하는 물질주의적 이기주의에 맞서 윤리적 삶을 현실적이고도 실용적인 대안으로 복원해야 합니다. 앞으로 10년 안에 삶의 우선순위를 새로이 정한 사람들의 수가 충분히 늘고, 이들이 제 몫을 다한다면, 또한 이들이 협력하여 상생하고 삶에서 기쁨과 성취감을 찾는다면, 윤리적 태도는 널리 퍼지고 우리는 윤리와 자기 이익의 갈등을 극복할 수 있을 것입니다. 그러려면 추상적 논증에 머물지 말고 윤리적 삶을 현실적 생활 방식으로 받아들여 이것이 심리적으로, 사회적으로, 생태적으로 효과가 있음을 입증해야 합니다.

너무 늦기 전에 세상을 더 나은 곳으로 바꾸는 일에는 누구나 참여할 수 있습니다. 자신의 목표를 재고하고 자신의 행동에 질문을 던질 수 있습니다. 지금의 삶이 공평한 가치 기준에 어긋난다면 바꿀 수 있습니다. 그것은 직장을 그만두는 것일 수도 있고, 집을 팔고 인도의 자원봉사 단체에서 일하는 것일 수도 있습니다. 윤리적 생활 방식을 선택하는 것은 첫걸음을 내딛는 것입니다. 이제 자신의 생활 습관에서, 자신이 세상에서 차지하는 위치를 생각하는 태도에서 점진적이면서도 원대한 발전을 이루어가야 합니다. 그러면 새로운 이상을 품게 되고 목표가 바뀔 것입니다. 일에서 보람을 찾는다면 더는 돈과 지위에 연연하지 않을 것입니다. 관점이 바뀌면 세상이 달라 보입니다. 분명한 사실은 가치 있는 일을 얼마든지 찾을 수 있다는 것입니다. 권태를 느끼거나 삶에서 공허감을 느끼지도 않을 것입니다. 무엇보다 중요한 사실은 자신의 삶이 헛되지 않았음을 알게 된다는 것입니다. 윤리적 삶을 산다는 것은 이 세상의 온갖 고통에 연민을 느껴 세상을 더 나은 곳으로 바꾸고자 애쓴 위대한 전통에 참여하는 것이니까요.

—
주
—

01 궁극적 선택

1. 아이번 보스키에 대한 내용은 Robert Slater, *The Titans of Takeover*, Prentice-Hall, Englewood Cliffs, NJ, 1987, ch. 7을 일부 참고했다.

2. *Wall Street Journal*, June 20, 1985. Slater, p. 134에서 재인용.

3. Ivan F. Boesky, *Merger Mania*, Holt, Rinehart and Winston, New York, 1985, p. v. 앞 인용문은 pp. xiii-xiv에서 인용.

4. Mark Brandon Read, *Chopper From the Inside*, Floradale Productions, Kilmore, Vic., 1991, pp. 6-7.

5. Plato, *The Republic*, Book II, 360, 2nd edn, trans. Desmond Lee, Penguin Books, Harmondsworth, Middlesex, 1984. 한국어판은 박종현 옮김, 《플라톤의 국가·정체》(서광사, 2005) 129쪽.

6. Robert Slater, *The Titans of Takeover*, p. 132; Adam Smith, *The Roaring '80s*, Penguin Books, New York, 1988, p. 209.

7. Michael Lewis, *Liar's Poker*, Penguin Books, New York, 1990, pp. 9, 81. 한국어판은 정명수 옮김, 《라이어스 포커》(위즈덤하우스, 2006) 9쪽(앞 인용문은 재번역).

8. Donald J. Trump, with Charles Leerhsen, *Surviving at the Top*, Random House, New York, 1990, p. 13.

9. *Time*, April 8, 1991, p. 62.

10. Oliver Stone, dir./prod., *Wall Street*, CBS/Fox, Los Angeles, 1987.

11. Karl Marx, *Economic and Philosophical Manuscripts*. D. McLellan, ed., *Karl Marx: Selected Writings*, Oxford University Press, Oxford, 1977, p. 89에서 재인용. 한국어판은 강유원 옮김, 《경제학-철학 수고》(이론과실천, 2006) 128쪽.

12. Francis Fukuyama, *The End of History and the Last Man*, Hamish Hamilton, London, 1992 참고. 한국어판은 이상훈 옮김, 《역사의 종말》(한마음사, 1992).

13. Daniel Bell, *The End of Ideology*, 2nd edn, with a new Afterword, Harvard University Press, Cambridge, Mass., 1988 참고. 한국어판은 이상두 옮김, 《이데올로기의 종언》(범우사, 1999).

14. Bill McKibben, *The End of Nature*, Random House, New York, 1989 참고. 한국어판은 진우기 옮김, 《자연의 종말》(양문, 2005).

15. Derek Parfit, *Reasons and Persons*, Clarendon Press, Oxford, 1984, p. 454.

16. 이 명제를 옹호하는 논증으로는 필자가 쓴 *Practical Ethics*, 2nd edn, Cambridge University Press, Cambridge, 1993, ch. 6 참고. 한국어판은 황경식 외 옮김, 《실천윤리학》(연암서가, 2013) 6장 '살생: 수정란과 태아'.

17. *The Independent*, London, March 20, 1992. 필자가 쓴 *Practical Ethics*, 1st edn, Cambridge University Press, Cambridge, 1979, pp. 1-2에서도 매우 비슷한 이야기를 한 적이 있다. 한국어판은 《실천윤리학》19~20쪽.

18. Robert J. Ringer, *Looking Out for # 1*, Fawcett Crest, New York, 1978, p. 22. 한국어판은 박은래 옮김, 《포 넘버 원》(갑진출판사, 1994) 30쪽.

19. Todd Gitlin, *Inside Prime Time*, Pantheon, New York, 1983, pp. 268-9.

02 제 잇속만 차리는 사회

1. Joelle Attinger, "The Decline of New York", *Time*, Sept. 17, 1990.

2. *New York Times*, March 2, 1992, p. B3.

3. *Time*, Sept. 17, 1990.

4. Richard Brooks, "Dreamland Now Third World Capital", The Observer, London, May 3, 1992.

5. Time, Sept. 17, 1990.

6. Robert N. Bellah, Richard Madsen, William M. Sullivan, Ann Swidler and Steven M. Tipton, *Habits of the Heart: Individualism and Commitment in American Life*, University of California Press, Berkeley, 1985, p. 16. 한국어판은 김명숙 외 옮김, 《미국인의 사고와 관습》(나남, 2001) 84쪽(재번역).

7. *New York Times*, Oct. 10, 1991.

8. *New York Times*, Feb. 11, 1991.

9. Joseph Nocera, 'Scoundrel Time', GQ, Aug. 1991, p. 100.

10. Graef S. Crystal, *In Search of Excess: The Overcompensation of American Executives*, W. W. Norton & Co., New York, 1991, p. 205 ; The Age, Nov. 11, 1991.

11. *New York Times*, May 8, 1991.

12. *New York Daily News*, Feb. 3, 1992.

13. *Time*, Aug. 26, 1991, p. 54; New York Times, April 10, 1991, p. A22; May 10, p. A14; July 30, p. A1; *The Animals' Agenda*, July/Aug. 1991.

14. *Sunday Age*, Dec. 27, 1992.

15. *Nancy Gibbs*, "Homeless, USA", Time, Dec. 17, 1990.

16. *Time*, Dec. 17, 1990.

17. Robert N. Bellah et al., *Habits of the Heart*, pp. 57, 82, 194. 인용문 출처는 Alexis de Tocqueville, *Democracy in America*, J. Mayer, ed., trans. G. Lawrence, Doubleday Anchor, New York, 1969, p. 508. *Habits of the Heart* 한국어판은 《미국인의 사고와 관습》 136, 172, 334쪽(재번역). *Democracy in America* 한국어판은 임효선·박지동 옮김, 《미국의 민주주의 II》(한길사, 2009) 669쪽.

18. Frances Fitzgerald, *Cities on a Hill*, Picador, London, 1987, pp. 241-2.

19. Raoul Naroll, *The Moral Order*, Sage Publications, Beverly Hills, Calif., 1983.

20. Thomas Hobbes, *Leviathan*, J. M. Dent, London, 1973, ch. 11, p. 49. 한국어판은 최진원 옮김, 《리바이어던》(동서문화사, 2009) 104쪽.

21. Thomas Hobbes, *Leviathan*, ch. 13, pp. 64-5. 한국어판은 《리바이어던》 131, 132쪽.

22. *New York Times*, Dec. 25, 1990, p. 41.

23. *Democracy in America*, J. Mayer, ed., p. 508. Robert N. Bellah et al., *Habits of the Heart*, p. 37에서 재인용. *Democracy in America* 한국어판은 《미국의 민주주의 II》 669쪽. *Habits of the Heart* 한국어판은 《미국인의 사고와 관습》 113쪽(재번역).

24. G. Hofstede, *Culture's Consequences*, Sage Publications, Beverly Hills, Calif., 1980. H. Triandis, C. McCursker and H. Hui, 'Multimethod Probes of Individualism and Collectivism', *Journal of Personality and Social Psychology*, 1990, vol. 59, no. 5, p. 1010에서 재인용.

25. Daniel Coleman, 'The Group and the Self: New Focus on a Cultural Rift', *New York Times*, Dec. 25, 1990에서 재인용.

26. D. McLellan, ed., *Karl Marx: Selected Writings*, pp. 223, 226. 한국어판은 강유원 옮김, 《공산당 선언》(이론과실천, 2008) 12, 16쪽.

27. *Advances in Biotechnology: Proceedings of an International Conference Organized by the Swedish Council for Forestry and Agricultural Research and the Swedish Recombinant DNA Advisory Committee*, 11-14 March 1990, Swedish Council for Forestry and Agricultural Research, Stockholm, 1990에 수록된 P. R. Mooney, 'On folkseed and life patents'.

28. *E Magazine*, vol. 3, no. 1, Jan./Feb. 1992, p. 9.

29. Robert N. Bellah et al., *Habits of the Heart*, p. 163. 한국어판은 《미국인의 사고와 관습》 294쪽(재번역).

30. Andrew Stephen, 'How a burn-up ended in flames on the streets of LA', *The Observer*, London, May 3, 1992.

31. Martin Walker, 'Dark Past Ambushes the "City of the Future"', *Guardian Weekly*, May 10, 1992.

32. Richard Schickel, 'How TV Failed to Get the Real Picture', *Time*, May 11, 1992.

33. Andrew Stephen, 'How a burn-up ended …'.

03 흥청망청의 끝

1. R. H. Campbell & A. S. Skinner, eds, *The Wealth of Nations, Clarendon Press*, Oxford, 1976, p. 24. 한국어판은 김수행 옮김, 《국부론》(비봉출판사, 2007) 16쪽.

2. 로크는 아프리카가 아니라 아메리카의 왕이라고 썼다. "그 넓고 풍요로운 영토의 왕이 먹고 자고 입는 것은 영국의 날품팔이보다도 못하다." (John Locke, *Second Treatise on Civil Government*, introduction by W. S. Carpenter, J. M. Dent, London, 1966, ch. 5, para. 41.) 또한 Bernard Melville, *The Fable of the Bees*, pt. i. 181: "사치는 가난뱅이 백만에 일자리를 주었고 얄미운 오만은 또 다른 백만을 먹여 살렸다." Second Treatise on Civil Government 한국어판은 남경태 옮김, 《시민정부》(효형출판, 2012) 43쪽. *The Fable of the Bees* 한국어판은 최윤재 옮김, 《꿀벌의 우화》(문예출판사, 2010) 106쪽. 이 참고 문헌은 *The Wealth of Nations*에서 인용했다. 한국어판은 《국부론》. 120년 뒤에 앤드루 카네기도 같은 주장을 폈다. 이 책 124~125쪽 참고.

3. Jean-Jacques Rousseau, *Discourse on Inequality*, J. M. Dent, London, 1958, p. 163. 한국어판은 주경복·고봉만 옮김, 《인간 불평등 기원론》(책세상, 2003) 51쪽.

4. Adam Smith, *The Theory of Moral Sentiments*, Oxford University Press, Oxford, 1976, vol. IV, ch. 1, 10. 한국어판은 박세일·민경국 옮김, 《도덕감정론》(비봉출판사, 2009) 343~346쪽. 이 인용문들은 Michael Ignatieff, *The Needs of Strangers*, Chatto and Windus, London, 1984, pp. 108 ff에서 접했다.

5. 창세기(이하 개역개정판) 1장 28절.

6. Lester R. Brown, ed., *State of the World, 1991: The Worldwatch Institute Report on Progress Towards a Sustainable Society*, Allen & Unwin, Sydney, 1991에 수록된 Sandra Postel and Christopher Flavin, 'Reshaping the Global Economy', p. 186. 한국어판은 《지구환경보고서 1991》(따님, 1991) 323쪽.

7. Lester Brown, ed., *State of the World, 1991: The Worldwatch Institute Report on Progress Towards a Sustainable Society*, Allen & Unwin, Sydney, 1991에 수록된 Alan Durning, 'Asking How Much is Enough', pp. 154, 157. 한국어판은 《지구환경보고서 1991》 264, 269쪽.

8. 전체 글은 Sandra Postel and Christopher Flavin, 'Reshaping the Global Economy', p. 170 참고. 한국어판은 《지구환경보고서 1991》 294쪽.

9. 'Ozone Hole Gapes Wider', *Time*, Nov. 4, 1991, p. 65.

10. 특히 필자가 쓴 *Animal Liberation*, 2nd edn, A *New York Review* Book, New York, 1990 참고. 한국어판은 김성한 옮김, 《동물 해방》(인간사랑, 1999).

11. Jeremy Rifkin, *Beyond Beef*, E. P. Dutton, New York, 1992, p. 152. 한국어판은 신현승 옮김, 《육식의 종말》(시공사, 2002) 194~195쪽. 축산의 환경 비용에 대해서는 Alan B. Durning and Holly B. Brough, *Taking Stock: Animal Farming and the Environment*, Worldwatch Paper 103, Worldwatch Institute, Washington, DC, 1991 참고.

12. Sandra Postel and Christopher Flavin, 'Reshaping the Global Economy', p. 178. 한국어판은 《지구환경보고서 1991》 309쪽.

13. Fred Pearce, 'When the Tide Comes in ⋯', *New Scientist*, Jan. 2, 1993, p. 23.

14. '"Don't Let Us Drown", Islanders Tell Bush', *New Scientist*, June 13, 1992, p. 6.

15. Lester Brown et al., *State of the World. 1990: The Worldwatch Institute Report on Progress Towards a Sustainable Economy*, Worldwatch Institute, Washington, DC, 1990에 수록된 Jodi L. Jacobson, 'Holding Back the Sea' 참고. 한국어판은 《지구환경보고서 1990》 152쪽.

16. '"Don't Let Us Drown" ⋯', p. 6.

17. Anil Agarwal and Sunita Narain, *Global Warming in an Unequal World: A case of environmental colonialism*, Centre for Science and the Environment, New Delhi, 1991. Fred Pearce, 'Ecology and the New Colonialism', New Scientist, Feb. 1, 1992, pp. 55-6에서 재인용.

18. Adam Smith, *A Theory of the Moral Sentiments*, vol. IV, ch. 1, 10. 한국어판은 《도덕감정론》 345~346쪽.

19. 이를테면 E. J. Mishan, *Costs of Economic Growth*, Staples, London, 1967와 D. H. Meadows et al, *The Limits to Growth*, Universe Books, New York, 1972 참고. The Limits to Growth 한국어판은 김병순 옮김, 《성장의 한계》(갈라파고스, 2012). 이 시기의 성장 옹호론과 반대론에 대해서는 H. W. Arndt, *The Rise and Fall of Economic Growth*, Longman Cheshire, Melbourne, 1978 참고.

20. Sandra Postel and Christopher Flavin, 'Reshaping the Global Economy', pp. 186-7. 한국어판은 《지구환경보고서 1991》 323, 324쪽.

21. Lester Brown et al., eds, *State of the World, 1990: The Worldwatch Institute Report on Progress Towards a Sustainable Society*, Worldwatch Institute, Washington, DC, 1990에 수록된 Lester Brown, 'Picturing a Sustainable Society', p. 190. 한국어판은 《지구환경보고서 1990》 314쪽.

22. Jose Goldemberg et al., *Energy for a Sustainable World*, Worldwatch Institute, Washington, DC, 1987의 연구. Alan Durning, 'Asking How Much is Enough', p. 157에서 재인용. 한국어판은 《지구환경보고서 1991》 270쪽.

23. Paul Wachtel, *The Poverty of Affluence*, Free Press, New York, 1983, p. 11.

24. Alan Durning, 'Asking How Much is Enough', p. 154. 한국어판은 《지구환경보고서 1991》 264쪽.

25. Alan Durning, 'Asking How Much is Enough', p. 156에서 1990년 9월 일리노이 시카고 대학 국

가여론연구소National Opinion Research Center의 마이클 월리Michael Worley와의 개인적 의견 교환을 인용. 한국어판은 《지구환경보고서 1991》 268쪽.

26. Paul Wachtel, *The Poverty of Affluence*, pp. 22-3.

27. J. Elster and J. Roemer, eds, *Interpersonal Comparisons of Well-Being*, Cambridge University Press, Cambridge, 1991에 수록된 D. Kahneman and C. Varey, 'Notes on the Psychology of Utility', pp. 136-7. (주 27과 주 28의 참고 문헌은 줄리언 사불레스쿠Julian Savulescu가 개인적으로 알려주었음.)

28. P. Brickman, D. Coates and R. Janoff-Bulman, 'Lottery Winners and Accident Victims - is Happiness Relative?', *Journal of Personality and Social Psychology*, 1978, vol. 36, no. 8, pp. 917-27.

29. John Greenwald, 'Why the Gloom?', *Time*, Jan. 13, 1992.

30. P. A. David and M. Abramovitz, eds, *Nations and Households in Economic Growth*, Academic Press, New York, 1974에 수록된 R. A. Easterlin, 'Does Economic Growth Improve the Human Lot: Some Empirical Evidence', p. 121.

31. Alan Durning, 'Jobs in a Sustainable Economy', *Worldwatch Paper* 104.

04 어쩌다 이렇게 살게 되었을까

1. Max Weber, *The Protestant Ethic and the Spirit of Capitalism*, trans. T. Parsons, Unwin, London, 1930, p. 56. 한국어판은 김덕영 옮김, 《프로테스탄티즘의 윤리와 자본주의 정신》(길, 2010) 80쪽.

2. Max Weber, *The Protestant Ethic*, pp. 71-2. 한국어판은 《프로테스탄티즘의 윤리와 자본주의 정신》 95쪽.

3. Aristotle, *Politics*, Book II (trans. B. Jowett), intro. H. W. C. Davis, Clarendon Press, Oxford, 1905, p. 61. 한국어판은 천병희 옮김, 《정치학》(숲, 2009) 75쪽.

4. Aristotle, *Politics*, pp. 62-3. 한국어판은 《정치학》 76쪽.

5. Aristotle, *Politics*, pp. 43-4. 한국어판은 《정치학》 37, 46쪽.

6. Aristotle, *Politics*, p. 46. 한국어판은 《정치학》 41, 49쪽.

7. 신명기 23장 19~20절.

8. 누가복음 6장 35절.

9. 마태복음 21장 13절.

10. 마가복음 10장 17~25절.

11. W. E. H. Lecky, *History of European Morals from Augustus to Charlemagne*, Longman, London, vol.

II, p. 81, 1899.

12. 그레고리우스의 말은 Nicole Oresme, *Traictie de la Premiere Invention des Monnoies*, 초판 c. 1360, ch. 17. 재출간된 A. E. Monroe, ed., *Early Economic Thought: Selections from economic literature prior to Adam Smith*, Harvard University Press, Cambridge, Mass., 1965 (초판 1924), p. 96에서 재인용. 오렘이 출처를 밝히지 않아 그레고리우스의 원래 글을 확인할 수 없었음.

13. Lester K. Little, *Religious Poverty and the Profit Economy in Medieval Europe*, Cornell University Press, Ithaca, NY, 1978, p. 38.

14. John T. Noonan, Jr., *The Scholastic Analysis of Usury*, Harvard University Press, Cambridge, Mass., 1957, p. 1.

15. Center for Medieval and Renaissance Studies, University of California, Los Angeles, *The Dawn of Modern Banking*, Yale University Press, New Haven, Conn., 1979에 수록된 Jacques Le Goff, 'The Usurer and Purgatory', pp. 28-30.

16. Jacques Le Goff, *The Dawn of Modern Banking*, pp. 32-43.

17. Lester K. Little, *Religious Poverty* …, pp. 36-7.

18. Lester K. Little, *Religious Poverty* …, p. 34.

19. Thomas Aquinas, *Summa Theologica*, II-II, Question 32, art. 5, trans. Fathers of the English Dominican Province, Benziger Brothers, New York, vol. II, p. 1328.

20. Thomas Aquinas, *Summa Theologica*, II-II, Question 67, art. 7, pp. 1479-80.

21. 소유의 자연법 학설과 그 영향에 대해서는 Stephen Buckle, *Natural Law and the Theory of Property: Grotius to Hume*, Clarendon Press, Oxford, 1990 참고.

22. John T. Noonan, Jr., *The Scholastic Analysis of Usury*, p. 365-7.

23. Richard Huber, *The American Idea of Success*, McGraw-Hill Book Company, New York, 1971, p. 15. 또한 Louis B. Wright, *Middle-Class Culture in Elizabethan England*, Huntington Library Publications, Chapel Hill, North Carolina, 1935, pp. 165-200 참고.

24. Andre Siegfried, *America Comes of Age: A French Analysis*, trans. H. H. and Doris Hemming, Jonathan Cape, London, 1927, p. 36.

25. Cotton Mather, *A Christian at His Calling*, Boston, 1701. Richard Huber, *The American Idea of Success*, p. 12에서 재인용.

26. William Penn, *The Advice of William Penn to His Children*. Richard Huber, *The American Idea of Success*, p. 14에서 재인용.

27. Richard Huber, *The American Idea of Success*, pp. 20-1.

28. Nathaniel Hawthorne, *Tales, Sketches, and Other Papers*, *The Works of Nathaniel Hawthorne*, Houghton Mifflin, Boston and New York, 1883, vol. XII, p. 202; Paul Ford, *A List of Books*

Written by or Relating to Benjamin Franklin, Brooklyn, NY, 1889, p. 55. 두 책 다 Richard Huber, *The American Idea of Success*, p. 21에서 알게 되었음.

29. Max Weber, *The Protestant Ethic*, p. 56. 한국어판은 《프로테스탄티즘 윤리와 자본주의 정신》 80 쪽. 이종인 옮김, 《젊은 상인에게 보내는 편지》(두리미디어, 2008) 17~18, 23~24쪽에서 재인용.

30. Peter Baida, *Poor Richard's Legacy*, William Morrow, New York, 1990, p. 25에서 출처 없이 인용한 구절을 재인용.

31. Peter Baida, *Poor Richard's Legacy*, p. 78. 이후 인용문은 4장에서 인용.

32. Richard Huber, *The American Idea of Success*, p. 25.

33. W. J. Ghent, *Our Benevolent Feudalism*, Macmillan & Co., Ltd., New York, 1902, p. 29. Richard Huber, *The American Idea of Success*, p. 66에서 재인용.

34. Richard Hofstadter, *Social Darwinism in American Thought*, Beacon Press, Boston, 1966, p. 31에서 재인용.

35. Lochner v. New York, 198 US 45 (1905). Richard Hofstadter, *Social Darwinism*, p. 47에서 재인용.

36. Andrew Carnegie, Autobiography, Houghton Mifflin, Boston, 1948, p. 321; 'Wealth', *North American Review*, 391, June 1889, pp. 654-7. *Autobiography* 한국어판은 《성공한 CEO에서 위대한 인간으로》(21세기북스, 2006) 457쪽.

37. Alexis de Tocqueville, *Democracy in America*, pp. 54, 615. 한국어판은 《미국의 민주주의》 111, 796쪽.

38. Max Weber, *The Protestant Ethic*, p. 51에서 재인용. 한국어판은 《프로테스탄티즘 윤리와 자본주의 정신》 75쪽.

39. Thomas L. Nicholls, *Forty Years of American Life*, London, 1964, vol. 1, pp. 402-4. Richard Huber, *The American Idea of Success*, p. 116에서 재인용.

40. Andre Siegfried, *America Comes of Age*, pp. 348, 353.

41. Harold Laski, *The American Democracy*, New York, 1948, pp. 165, 172. Richard Huber, *The American Idea of Success*, p. 35에서 재인용.

42. Lewis Feuer, ed., *Marx & Engels: Basic Writings on Politics and Philosophy*, Doubleday Anchor, New York, 1959에 수록된 Friedrich Engels, 'The Labor Movement in the United States', p. 496. 한국어판은 최인호 외 옮김, 《칼 맑스 프리드리히 엥겔스 저작 선집 6》(박종철출판사, 2004) 〈아메리카에서의 노동자 운동〉 297쪽.

43. Vance Packard, *The Hidden Persuaders*, Penguin Books, Harmondsworth, Middlesex, 1957, p. 22.

44. Charles Reich, *The Greening of America*, Allen Lane, The Penguin Press, London, 1971, p. 1. 한국어판은 황문수 옮김, 《의식혁명》(문예출판사, 1974) 11~12쪽.

45. Peter Weiss, *The Persecution and Assassination of Jean-Paul Marat as Performed by the Inmates of the*

Asylum of Charenton Under the Direction of the Marquis de Sade, Pocket Books, New York, 1966, p. 31. Todd Gitlin, *The Sixties*, Bantam Books, New York, 1987, p. 424에서 재인용. *The Persecution and Assassination of Jean-Paul Marat as Performed by the Inmates of the Asylum of Charenton Under the Direction of the Marquis de Sade* 한국어판은 최병준 옮김, 《마라/사드》(예니, 2004) 171쪽.

46. Michael Rossman, 'The Only Thing Missing was Sufis', Creem, Oct. 1972. Michael Rossman, *New Age Blues*, E. P. Dutton, New York, 1979, p. 5에 재수록.

47. Michael Rossman, *New Age Blues*, pp. 15-18.

48. Michael Rossman, *New Age Blues*, p. 20.

49. Jerry Rubin, *Growing (Up) at Thirty-Seven*, M. Evans, New York, 1976, p. 20. Christopher Lasch, *The Culture of Narcissism: American Life in an Age of Diminishing Expectations*, W. W. Norton & Co., New York, 1978, p. 14에서 재인용.

50. '자쿠지' 논평은 Todd Gitlin, *The Sixties*, p. 433에서 재인용. 기틀린은 Charles Krauthammer, 'The Revolution Surrenders: From Freedom Train to Gravy Train', *Washington Post*, April 12, 1985, p. A25를 인용하지만 그 자신의 견해는 언론이 소수의 눈에 띄는 사건에 주목하여 진실—과거의 많은 급진주의자들이 평화와 정의를 위해 더 조직적으로 합의에 따라 노력했다는 사실—을 왜곡했다는 것이다.

51. Kitty Kelley, *Nancy Reagan: An Unauthorized Biography*, Bantam Books, New York, 1991, p. 267.

52. Kelley, *Nancy Reagan*, pp. 274-5.

53. *Los Angeles Times*, Feb. 6, 1982. Robert Bellah, et al., *Habits of the Heart*, University of California Press, Los Angeles, 1985, p. 264에서 재인용. 한국어판은 《미국인의 사고와 관습》 430쪽(재번역).

54. *Time*, Aug. 3, 1987.

55. Frances Fitzgerald, *Cities on a Hill*, Picador, London, 1987, pp. 143, 195; John Taylor, *Circus of Ambition*, Warner Books, New York, 1989, p. 3; *Time*, Aug. 3, 1987.

56. *Time*, Aug. 3, 1987.

57. Frances Fitzgerald, *Cities on a Hill*, pp. 248, 375.

58. John Taylor, *Circus of Ambition*, p. 107.

59. John Taylor, *Circus of Ambition*, ch. 4.

60. George Gilders, *Wealth and Poverty*, Basic Books, New York, 1981, p. 118. 한국어판은 김태홍·류동길 옮김, 《부와 빈곤》(우아당, 1981) 139~140쪽(재번역).

61. *New York Times*, March 5, 1992; Wall Street Journal, April 8, 1992. 80년대 미국에서 부자가 더 부유해지고 빈곤층이 더 가난해졌음을 보여주는 자세한 통계는 Donald L. Bartlett and James B. Steele, *America: What Went Wrong?*, Andrews and McMeel, Kansas City, Missouri, 1992, ch. 1 참고.

05 이기적 유전자

1. 이 이야기는 J. Macaulay and L. Berkowitz, *Altruism and Helping Behavior*, Academic Press, New York, 1970에 수록된 John M. Darley and Bibb Latane, 'Norms and Normative Behavior : Field Studies of Social Interdependence', p. 86에서 출처 없이 인용되었다.

2. Richard D. Alexander, *The Biology of Moral Systems*, Aldine de Gruyter, New York, 1987, p. 159. 알렉산더는 필자가 *The Expanding Circle*, Farrar, Straus & Giroux, New York, 1981에서 말한 헌혈자 논의를 반박했다. *The Expanding Circle* 한국어판은 김성한 옮김, 《사회생물학과 윤리》(인간사랑, 1999).

3. E. O. Wilson, *On Human Nature*, Harvard University Press, Cambridge, Mass., 1978, p. 165. 한국어판은 이한음 옮김, 《인간 본성에 대하여》(사이언스북스, 2011) 230쪽.

4. Sociobiology and Human Nature, M. S. Gregory, A. Silvers and D. Sutch, eds, Jossey-Bass, Inc., Publishers, San Francisco, 1978에 수록된 P. L. van den Berghe, 'Bridging the paradigms : biology and the social sciences', pp. 32-52. 이 출처는 Joseph Lopreato, *Human Nature and Biocultural Evolution*, Allen & Unwin, London, 1984, p. 209에서 참고했다.

5. G. Hardin, *The Limits of Altruism : An Ecologist's View of Survival*, Indiana University Press, Bloomington, Ind., 1977.

6. 침팬지의 이타주의 예는 E. O. Wilson, *Sociobiology : The New Synthesis*, Belknap Press/Harvard University Press, Cambridge, Mass., 1975, p. 128에서 인용. 한국어판은 이병훈·박시룡 옮김, 《사회생물학》(민음사, 1992) 637쪽. 앞에서 언급한 이타주의 사례와 그 밖의 자세한 예는 *Sociobiology : The New Synthesis*, pp. 122-9, 475, 495와 Andrew M. Colman, ed., *Cooperation and Competition in Humans and Animals*, Van Nostrand Reinhold, London, 1982에 수록된 Felicity Huntingford, 'The Evolution of Cooperation and Altruism', pp. 3-5 참고.

7. 늑대의 자제에 대한 예는 Konrad Lorenz, King Solomon's Ring, Methuen, London, 1964, pp. 186-9에서 인용.

8. Dimity Reed, 'My Kidney for My Son', *Canberra Times*, Oct. 14, 1989.

9. Peter Hillmore, 'Kidney Capital', *The Age*, Aug. 17, 1991.

10. David Gilmore, *Manhood in the Making : Cultural Concepts of Masculinity*, Yale University Press, New Haven, Conn., 1990, pp. 42, 105, 149.

11. J. S. Mill, *On the Subjection of Women*, 1869, ch. 2 ; J. S. Mill, *On Liberty, Representative Government, On the Subjection of Women*, J. M. Dent, London, 1960, p. 469로 재출간. *On the Subjection of Women* 한국어판은 서병훈 옮김, 《여성의 종속》(책세상, 2006) 78쪽.

12. Pat Shipman, 'Life and death on the wagon trail', *New Scientist*, July 27, 1991, pp. 40-2 ; Donald K.

Grayson, 'Dormer party deaths: A demographic assessment', *Journal of Anthropological Research*, Fall 1990, vol. 46, no. 3, pp. 223-42.

13. Plato, *Republic*, V, 464. 한국어판은 《국가》 347쪽.

14. Yonina Talmon, *Family and Community in the Kibbutz*, Harvard University Press, Cambridge, Mass., 1972, pp. 3-34 참고.

15. John Lyons, 'The Revenge of the Mommy', *The Good Weekend*, Melbourne, Sept. 28, 1991.

16. Douglas Adams and Mark Carwardine, *Last Chance to See*, Heinemann, London, 1990, p. 134. 한국어판은 강수정 옮김, 《마지막 기회라니》(홍시, 2010) 231쪽(둘째 문장 재번역). 뉴질랜드 자연보호국 담당자의 견해는 V. Wynne Edwards, *Animal Dispersion in Relation to Social Behaviour*, Oliver and Boyd, Edinburgh, 1962에서 전개하고 Robert Ardrey, *The Social Contract*, Collins, London, 1970를 통해 널리 알려진 (논란의 여지가 있는) 이론과 비슷하며 아마도 이 이론을 토대로 삼았을 것이다. 이 이론은 이제 어떤 생물학자들에게도 지지를 받지 못하고 있다.

17. J. Maynard Smith, *The Theory of Evolution*, Penguin Books, London, 1975; Richard Dawkins, *The Selfish Gene*, Oxford University Press, Oxford, 1976, pp. 74, 200 참고. *The Selfish Gene* 한국어판은 홍영남·이상임 옮김, 《이기적 유전자》(을유문화사, 2010).

18. David Hume, *A Treatise of Human Nature*, Book III, pt 2, sec. i., Ernest C. Mossner, ed., with an introduction by the editor, Penguin Books, Harmondsworth, Middlesex, 1984. 한국어판은 이준호 옮김, 《도덕에 관하여》(서광사, 2008) 58쪽.

19. Sydney L. W. Mellon, *The Evolution of Love*, W. H. Freeman, Oxford, 1981, p. 261.

20. Robert Edgerton, Rules, *Exceptions and Social Order*, University of California Press, Berkeley, 1985, p. 147.

21. Joseph Lopreato, *Human Nature and Biocultural Evolution*, Allen & Unwin, London, 1984, pp. 225-35.

22. Richard D. Alexander, *The Biology of Moral Systems*, p. 160.

06 일본인이 사는 법

1. 여기에서 제시하는 견해는 일본에서, 또한 일본 사회를 주제로 한 서양 저술에서 주로 나타나는 관점이다. 이 주된 견해를 설득력 있게 비판하고 대안을 제시한 글로는 Ross Mouer and Yoshio Sugimoto, *Images of Japanese Society: a study in the social construction of reality*, KPI, London, 1986 참고.

2. 이를테면 Thomas P. Rohlen, *For Harmony and Strength: Japanese White-Collar Organization in*

Anthropological Perspective, University of California Press, Berkeley, 1974, pp. 94-100, 111에서 일본 은행의 근무 시간에 대한 기록 참고. 롤런은 자신이 연구한 은행의 직원들이 일주일에 평균 56시간을 사무실에서 일했으며 동료 직원들과 어울리느라 일주일에 4~6시간을 더 썼다고 추산한다.

3. Jack Seward and Howard Van Zandt, *Japan: The Hungry Guest*, Yohan Publications, Tokyo, revised edn, 1985, p. 97.

4. B. H. Chamberlain. Thomas Crump, *The Death of an Emperor*, Oxford University Press, Oxford, 1991, p. 57에서 재인용.

5. Jack Seward and Howard Van Zandt, *Japan: The Hungry Guest*, p. 102.

6. David Sills, ed., *International Encyclopedia of the Social Sciences*, Macmillan and The Free Press, New York, 1968, vol. 8에 수록된 Herbert Passin, 'Japanese Society', p. 242 참고.

7. Thomas P. Rohlen, *For Harmony and Strength*, pp. 38-45.

8. Thomas P. Rohlen, *For Harmony and Strength*, p. 36.

9. Mark Zimmerman, *How to do Business with the Japanese*, Random House, New York, 1985, pp. 12-13 참고.

10. Jack Seward and Howard Van Zandt, *Japan: The Hungry Guest*, pp. 95-6.

11. Jack Seward and Howard Van Zandt, *Japan: The Hungry Guest*, p. 97.

12. Thomas P. Rohlen, *For Harmony and Strength*, pp. 79, 148-9.

13. Thomas P. Rohlen, *For Harmony and Strength*, p. 47.

14. Thomas P. Rohlen, *For Harmony and Strength*, pp. 97-100.

15. George W. England and Jyuji Misumi, 'Work Centrality in Japan and the United States', *Journal of Cross-cultural Psychology*, 1986, vol. 17, no. 4, pp. 399-416.

16. Robert Cole, *Work, Mobility and Participation: A comparative study of American and Japanese industry*, University of California Press, Berkeley, 1979, pp. 252-3. Robert J. Smith, *Japanese Society: Tradition, Self and the Social Order*, Cambridge University Press, Cambridge, 1983, p. 60에서 재인용.

17. Robert Whiting, 'You've Gotta Have "Wa"', *Sports Illustrated*, Sept. 24, 1979, pp. 60-71, Robert J. Smith, *Japanese Society*, p. 50에서 재인용.

18. John David Morley, *Pictures from the Water Trade: An Englishman in Japan*, Fontana, London, 1985, p. 185.

19. V. Lee Hamilton et al., 'Group and Gender in Japanese and American Elementary Classrooms', *Journal of Cross-Cultural Psychology*, 1991, vol. 22, no. 3, pp. 317-46, 특히 pp. 327, 336.

20. Jeremiah J. Sullivan, Teruhiko Suzuki and Yasumasa Kondo, 'Managerial Perceptions of

Performance', *Journal of Cross-cultural Psychology*, 1986, vol. 17, no. 4, pp. 379-98, 특히 p. 393.

21. John David Morley, *Pictures from the Water Trade*, p. 53.

22. Jack Seward and Howard Van Zandt, *Japan: The Hungry Guest*, p. 54.

23. Thomas P. Rohlen, *For Harmony and Strength*, pp. 48-9, 175.

24. 이 책 2장 53쪽 참고.

25. John David Morley, *Pictures from the Water Trade*, p. 38.

26. Robert J. Smith, *Japanese Society*, p. 81.

27. 山內 友三郎,《相手の立場に立つ―ヘアの道德哲學》, 勁草書房, 1991. 이 책 9장에서 R. M. 헤어의 철학을 더 깊이 논의한다.

28. Thomas P. Rohlen, *For Harmony and Strength*, p. 52.

29. 이를테면 Ross Mourer and Yoshio Sugimoto, *Images of Japanese Society*, pp. 196-7 참고.

30. *Time*, Nov. 4, 1991, p. 7.

31. Thomas P. Rohlen, *For Harmony and Strength*, p. 252.

32. *Time*, Feb. 10, 1992, p. 11.

33. John David Morley, *Pictures from the Water Trade*, p. 184.

34. Mary Midgley, *Heart and Mind: The varieties of moral experience*, Harvester Press, Brighton, 1981에 수록된 Mary Midgley, 'On Trying Out One's New Sword' 참고.

35. John David Morley, *Pictures from the Water Trade*, p. 121.

36. 자세한 내용은 Peter Singer, ed., *In Defence of Animals*, Basil Blackwell Ltd, Oxford, 1985에 수록된 Dexter Cate, 'The Island of the Dragon' 참고.

07 죄수의 딜레마 벗어나기

1. Tony Ashworth, *Trench Warfare, 1914-1918: The Live and Let Live System*, Holmes and Meier, New York, 1980. Robert Axelrod, *The Evolution of Cooperation*, Basic Books, New York, 1984, ch. 4에서 재인용. *The Evolution of Cooperation* 한국어판은 이경식 옮김,《협력의 진화》(시스테마, 2009) 4장.

2. 이 설명은 페테르 뭉크에게서 원용한 것으로, Raoul Naroll, *The Moral Order*, Sage Publications, Beverly Hills, Calif., 1983, pp. 125-7에 요약되어 있다. Peter Munch, *Crisis in Utopia*, Crowell, New York, 1971 참고. 인용문 출처는 Peter Munch, 'Economic Development and Conflicting Values: A Social Experiment in Tristan da Cunha', *American Anthropologist*, vol. 72, 1970, p. 1309.

3. Robert Axelrod, *The Evolution of Cooperation*, pp. 27-54. 한국어판은《협력의 진화》51~79쪽.

4. '봉'과 '사기꾼'이라는 용어는 R. Dawkins, *The Selfish Gene*, Oxford University Press, Oxford, 1976를 따랐다. 한국어판은 《이기적 유전자》.

5. Robert Axelrod, *The Evolution of Cooperation*, pp. 99. 한국어판은 《협력의 진화》 126쪽.

6. Richard Christie and Florence Geis, *Studies in Machiavellianism*, Academic Press, New York, 1970, pp. 318-320. A. de Miguel and S. Guterman의 연구를 인용하고 있다.

7. E. Westermarck, *The Origin and Development of the Moral Ideas*, vol. 2, Macmillan Publishing Company, London, 1906.

8. Cicero, *de Officiis*, J. M. Dent, ed., Everyman, London, 1955, vol. 1, par. 47. 한국어판은 허승일 옮김, 《키케로의 의무론》(서광사, 2007) 47쪽.

9. Peter Singer, ed., *A Companion to Ethics*, Basil Blackwell Ltd, Oxford, 1991에 수록된 Chad Hansen, 'Classical Chinese Ethics', p. 72 참고. 한국어판은 김미영 옮김, 《윤리의 기원과 역사》(철학과현실사, 2004) 177쪽.

10. Alvin Gouldner, 'The Norm of Reciprocity', *American Sociological Review*, vol. 25, no. 2, 1960, p. 171.

11. Polybius, History, Book VI, sec. 6. E. Westermarck, *The Origin and Development of the Moral Ideas*, vol. 1, p. 42에서 재인용.

12. Peter Singer, ed., *A Companion to Ethics*에 수록된 Gerald A. Larue, 'Ancient Ethics', p. 32. 한국어판은 《윤리의 기원과 역사》 90쪽.

13. 이런 앙숙 관계는 많은 사회에서 흔히 관찰된다. Jacob Black-Michaud, *Cohesive Force: Feud in the Mediterranean and Middle East*, Basil Blackwell Ltd, Oxford, 1975 또는 Altina L. Waller, *Feud: Hatfields, McCoys and Social Change in Appalachia*, 1860-1900, University of North Carolina Press, Chapel Hill, North Carolina, 1988 참고.

08 윤리적 삶

1. 발렌베리의 삶에 대한 자세한 내용은 John Bierman, *The Righteous Gentile*, Viking Press, New York, 1981 참고.

2. Thomas Kenneally, *Schindler's Ark*, Hodder and Stoughton, London, 1982 참고.

3. Samuel and Pearl Oliner, *The Altruistic Personality: Rescuers of Jews in Nazi Europe*, Free Press, New York, 1988. 문단 앞에서 언급한 사례의 출처는 Kristen R. Monroe, Michael C. Barton and Ute Klingemann, 'Altruism and the Theory of Rational Action: Rescuers of Jews in Nazi Europe', *Ethics*, vol. 101, no. 1, Oct. 1990, pp. 103-23. 또한 J. Macaulay and L. Berkowitz, eds, *Altruism and Helping Behavior*, Academic Press, New York, 1970에 수록된 Perry London, 'The Rescuers:

378

motivational hypotheses about Christians who saved Jews from the Nazis'; Carol Rittner and Gordon Myers, eds, *The Courage to Care - Rescuers of Jews During the Holocaust*, New York University Press, New York, 1986; Nehama Tec, *When Light Pierced the Darkness - Christian Rescuers of Jews in Nazi-Occupied Poland*, Oxford University Press, New York, 1986; Gay Block and Malka Drucker, *Rescuers - Portraits of Moral Courage in the Holocaust*, Holmes and Meier, New York, 1992 참고.

4. Primo Levi, *If This is a Man*, trans. Stuart Woolf, Abacus, London, 1987, pp. 125, 127-8. 한국어 판은 이현경 옮김, 《이것이 인간인가》(돌베개, 2007) 183~184, 187쪽.

5. 코티와 딜레이니 이야기는 Jonathan Kwitny, *Acceptable Risks*, Poseidon Press, New York, 1992의 주제다.

6. The Blockaders, *The Franklin Blockade*, The Wilderness Society, Hobart, 1983, p. 72.

7. *Conservation News*, vol. 24, no. 2, April/May 1992.

8. Maimonides, *Mishneh Torah*, Book 7, ch. 10. Isadore Twersky, *A Maimonides Reader*, Behrman House, New York, 1972, pp. 136-7에 재수록.

9. R. M. Titmuss, *The Gift Relationship*, Allen & Unwin, London, 1971, p. 44.

10. 이 수치는 1992년 6, 7월에 각국의 골수 등록 기관에서 입수했다.

11. Alfie Kohn, *The Brighter Side of Human Nature*, Basic Books, New York, 1990, p. 64.

12. B. O'Connell, 'Already 1,000 Points of Light', *New York Times*, Jan. 25, 1989, A23. (이 참고 문 헌은 Alfie Kohn, *The Brighter Side of Human Nature*, p. 290에서 인용했다.) 또한 Time, April 8, 1991 참고.

13. Chemical Specialty Manufacturers Association, *The Rose Sheet*, Federal Department of Conservation Reports, Chevy Chase, Maryland, vol. 11, no. 50, Dec. 10, 1990. 이에 따르면 1989년의 개인용 미용/위생 에어로졸 제품 생산량은 1988년보다 11퍼센트 감소했다.

14. 'Doing the Right Thing', *Newsweek*, Jan. 7, 1991, pp. 42-3.

15. R. M. Titmuss, *The Gift Relationship*, pp. 227-8에서 인용.

16. E. Lightman, 'Continuity in social policy behaviors: The case of voluntary blood donorship', *Journal of Social Policy*, vol. 10, no. 1, 1981, pp. 53-79; E. Staub et al., eds, *Development and Maintenance of Prosocial Behavior: International Perspectives on Positive Morality*, Plenum Press, New York, 1984 에 수록된 J. A. Piliavin, D. E. Evans and P. Callero, 'Learning to "give to unnamed strangers": The process of commitment to regular blood donation', pp. 471-91; J. Piliavin, 'Why do they give the gift of life? A review of research on blood donors since 1977', *Transfusion*, vol. 30, no. 5, 1990, pp. 444-59. 덕에 대한 아리스토텔레스의 견해는 *Nicomachean Ethics*, trans. W. D. Ross, World Classics, Oxford University Press, London, 1959 참고. 한국어판은 강상진·김재홍·이창우 옮 김, 《니코마코스 윤리학》(길, 2011). 이 문단에서 제시한 요점은 Santa Clara University Center

for Applied Ethics, Calif에서 발표한 Issues in Ethics, vol. 5, no. 1, 1992의 무기명 논문 'Giving Blood: The Development of Generosity'에서 원용했다.

09 윤리의 본질

1. 철학적 마술이 드러나는 과정은 A. N. Prior, *Logic and the Basis of Ethics*, Oxford University Press, Oxford, 1949 참고.

2. 일부 철학자는 우리가 논의하는 바로 그 물음에 일관성이 없다고 치부하여 이를 입증하려 했다. 이를테면 Stephen Toulmin, *The Place of Reason in Ethics*, Cambridge University Press, Cambridge, 1961, p. 162 참고. 필자가 제시한 이유에 따르면 이것은 오류다. 실질적인 것은 결코 단어의 정의에 의거할 수 없다. 자세한 논의는 필자가 쓴 'The triviality of the debate over "Is-Ought" and the definition of "moral"', *American Philosophical Quarterly*, vol. 10, 1973, pp. 51-6 참고.

3. Babylonian Talmud, Order Mo'ed, Tractate Sabbath, sec. 31a에서 랍비 힐렐의 가르침; 논어 12편 안연 2와 15편 위령공 23(E. Westermarck, *The Origin and Development of the Moral Ideas*, vol. 1, p. 102에서 재인용); Marcus Aurelius, *Commentaries*, vol. IV, no. 4, trans. A. S. L. Farquharson, Oxford University Press, Oxford, 1944, p. 53 참고.

4. 이것은 매우 간결하게 요약한 것이므로, 관심 있는 독자는 R. M. Hare, *Freedom and Reason*, Oxford University Press, Oxford, 1965와 R. M. Hare, *Moral Thinking*, Oxford University Press, Oxford, 1981을 참고하기 바란다. *Moral Thinking* 한국어판은 김형철 외 옮김, 《도덕사유》(서광사, 2004).

5. Jean-Jacques Rousseau, *Emile*, trans. Barbara Foxley, J. M. Dent, London, 1974, p. 345. 한국어판은 이용철·문경자 옮김, 《에밀 또는 교육론》(한길사, 2007) 343쪽.

6. Jean-Jacques Rousseau, *Emile*, pp. 340, 349. 한국어판은 《에밀 또는 교육론》 333, 350쪽.

7. Sigmund Freud, 'Some Psychical Consequences of the Anatomical Distinction between the Sexes', *The Standard Edition of the Complete Psychological Works of Sigmund Freud*, James Strachey, ed., Hogarth Press, London, 1964, vol. XIX, p. 257. 한국어판은 김정일 옮김, 《성욕에 관한 세 편의 에세이》(열린책들, 1998) 23쪽(두 번째 인용문 재번역).

8. Peter Singer, ed., *A Companion to Ethics*에 수록된 Jean Grimshaw, 'The Idea of a Female Ethic', p. 496에서 재인용. 한국어판은 김성한·김성호·소병철·이병철 옮김, 《메타윤리》(철학과현실사, 2006) 229쪽.

9. Carol Gilligan, *In a Different Voice: Psychological Theory and Women's Development*, Harvard University Press, Cambridge, Mass., 1982. 한국어판은 허란주 옮김, 《다른 목소리로》(동녘,

1997) 76~87쪽. 콜버그의 원래 논의는 *Collected Papers on Moral Development and Moral Education*, Moral Education and Research Foundation, Cambridge, 1973에 수록된 Lawrence Kohlberg, 'Continuities and Discontinuities in Childhood and Adult Moral Development Revised' 참고. 또한 Lawrence Kohlberg, *The Philosophy of Moral Development*, Harper and Row, San Francisco, 1981 참고. 한국어판은 김민남 외 옮김, 《도덕발달의 철학》(교육과학사, 2000).

10. Nel Noddings, *Caring: A Feminine Approach to Ethics and Education*, University of California Press, Berkeley, 1984. pp. 153-9.

11. 길리건이 결론에 이르게 된 토대를 간략하게 비판한 글로는 Susan Faludi, *Backlash*, Charm & Windus, London, 1992, pp. 361-6 참고.

12. Claudia Card, ed., *Feminist Ethics*, University Press of Kansas, Lawrence, 1991에 수록된 Alison Jaggar, 'Feminist Ethics: Projects, Problems, Prospects', pp. 79-103, 특히 pp. 92, 94. 여성주의 윤리에 대한 일반적 설명으로는 Peter Singer, ed., *A Companion to Ethics*에 수록된 Jean Grimshaw, 'The Idea of a Female Ethic' 참고. 한국어판은 《메타윤리》.

13. Carla Bennett, People for the Ethical Treatment of Animals, 개인적 의견 교환, May 15, 1992.

14. Carol Gilligan, *In a Different Voice*, p. 21. 한국어판은 《다른 목소리로》 71쪽.

15. 마태복음 16장 28절. 또한 마태복음 10장 23절, 24장 34절, 마가복음 9장 1절, 13장 30절, 누가복음 9장 27절 참고.

16. 마태복음 24장 44절.

17. 마태복음 6장 2~4절.

18. 마태복음 5, 6, 7장 참고. 예수는 마태복음 19장 27~30절, 25장 31~46절, 마가복음 3장 29절, 8장 34~38절, 9장 41~48절, 10장 21절, 누가복음 9장 24~25절, 12장 4~5절, 14장 7~14절에서도 상과 벌에 대해 이야기했다.

19. Immanuel Kant, *The Moral Law: Kant's Groundwork of the Metaphysic of Morals*, trans. H. J. Paton, Hutchinson, London, 1966, p. 10. 한국어판은 이원봉 옮김, 《도덕 형이상학을 위한 기초 놓기》(책세상, 2002) 34, 35쪽. 칸트주의자들은 칸트가 다른 저작에서 자신의 도덕철학을 더 부드럽게 표현했다고 항변할 것이다. 물론 그렇게 표현하기는 했다. 필자는 칸트의 일관성에 대해서는 아무런 주장도 하지 않는다. 다만 앞에서 설명한 입장을 칸트가 고수했으며 많은 사람들이 도덕철학에 대한 칸트의 가장 훌륭한 저작으로 평가하는 글에서 그 입장을 옹호했다고 주장할 뿐이다.

20. F. H. Bradley, *Ethical Studies*, 2nd edn, Oxford University Press, Oxford, 1959, p. 63.

21. H. Arendt, *Eichmann in Jerusalem*, Faber & Faber, London, 1963, pp. 120-3. 한국어판은 김선욱 옮김, 《예루살렘의 아이히만》(한길사, 2006) 210쪽. 나중에 아이히만은 최종 해결책의 집행 책임을 맡은 뒤에 칸트의 원칙에 따라 살아가기를 그만두었다고 말했는데, 이는 앞선 발언과 모순

된다. 어쩌면 이 삶은 (일반적 법 일반이 아니라) 하나의 구체적인 일반적 법을 따르는 삶, 또는 다른 사람을 항상 목적으로 대하고 결코 수단으로 대하지 말라는 또 다른 정언명령을 따르는 삶을 일컫는지도 모른다. 칸트의 윤리학이 - 제대로 이해한다면 - 대량 학살로 귀결된다고 말하는 것은 아니다. 다만 의무 자체를 위해 의무를 행하고 그 이상의 정당화를 요구하지 말아야 한다는 주장이 오류이고 위험하다고 지적했을 뿐이다.

22. R. Hilberg, *The Destruction of the European Jews*, Quadrangle, Chicago, 1961, pp. 218-19.

23. Soren Kierkegaard, *Fear and Trembling: Dialectical Lyric (1843)*, trans. Howard V. Hong and Edna H. Hong, Princeton University Press, Princeton, NJ, 1983, p. 15. 한국어판은 임춘갑 옮김, 《공포와 전율》(치우, 2011) 27쪽.

24. R. B. Braithwaite, ed., *The Foundations of Mathematics and Other Logical Essays*, Routledge & Kegan Paul, London, 1931에 수록된 F. P. Ramsey, 'Epilogue', p. 289.

25. The Gilgamesh Epic은 James B. Pritchard, ed., *The Ancient Near East*, Princeton University Press, Princeton, NJ, 1958을 비롯하여 여러 출판사에서 재출간했다. 이 구절은 Tablet X (iii), p. 64에서 인용했다. 한국어판은 이현주 옮김, 《길가메시 서사시》(범우사, 1997). 73쪽.

26. Roshi Philip Kapleau, *To Cherish All Life*, The Zen Center, Rochester, NY, 1981, pp. 27-30.

27. Anthony Ashley Cooper, 3rd Earl of Shaftesbury, *Characteristics of Men*, Manners, Opinions and Times, Bobbs-Merrill, New York, 1964 (초판 1711); Joseph Butler, *Fifteen Sermons preached at the Rolls Chapel and A dissertation of the Nature of Virtue*, T. A. Roberts, ed., S. P. C. K., London, 1970; David Hume, A Treatise of Human Nature, ed. with an introduction by Ernest C. Mossner, Penguin Books, Harmondsworth, Middlesex, 1984 참고. *A Treatise of Human Nature* 한국어판은 《도덕에 관하여》.

10 목적을 추구하는 삶

1. Albert Camus, *The Myth of Sisyphus and Other Essays*, trans. Justin O'Brien, Alfred A. Knopf, Inc., New York, 1969, p. 3. 한국어판은 김화영 옮김, 《시지프 신화》(책세상, 2008) 15쪽.

2. Albert Camus, *The Myth of Sisyphus and Other Essays*, pp. 121, 123. 한국어판은 《시지프 신화》 186, 189쪽.

3. Richard Taylor, *Good and Evil*, Prometheus, Buffalo, NY, 1984 (초판 Macmillan, New York, 1970).

4. Betty Friedan, *The Feminine Mystique*, Penguin Books, Harmondsworth, Middlesex, 1965, p. 19. 한국어판은 김현우 옮김, 《여성의 신비》(이매진, 2005) 64, 65쪽.

5. Richard Gould, *Yiwara Foragers of the Australian Desert*, Collins Publishers, London, 1969, p. 90.

6. Donald Trump, *Surviving at the Top*, p. 5.

7. Thorstein Veblen, *The Theory of the Leisure Class*, Unwin Books, London, 1970 (초판 1899), pp. 35, 37. 한국어판은 김성균 옮김, 《유한계급론》(우물이있는집, 2012) 58쪽.

8. Thorstein Veblen, *The Theory of the Leisure Class*, pp. 77-8. 한국어판은 《유한계급론》 132, 133쪽.

9. Thorstein Veblen, *The Theory of the Leisure Class*, p. 111. 한국어판은 《유한계급론》 192쪽.

10. Thorstein Veblen, *The Theory of the Leisure Class*, p. 39. 한국어판은 《유한계급론》 61쪽(둘째 문장 재번역).

11. Michael Lewis, *Liar's Poker*, p. 203. 한국어판은 《라이어스 포커》 341~342쪽(재번역).

12. John Taylor, *Circus of Ambition*, pp. 176-7.

13. Tom Wolfe, *Bonfire of the Vanities*, Farrar, Straus & Giroux, New York, 1987, pp. 329-30. 한국어판은 이은정 옮김, 《허영의 불꽃》(민음사, 2010) 8~9쪽.

14. Michael Maccoby, *The Gamesman: The New Corporate Leaders*, Bantam Books, New York, 1978, p. 111.

15. Connie Bruck, *The Predators' Ball*, pp. 302, 314.

16. Alfie Kohn, *No Contest: The case against competition*, Houghton Mifflin, Boston, 1986, p. 111. 한국어판은 이영노 옮김, 《경쟁에 반대한다》(산눈, 2009) 150~151쪽.

17. Alfie Kohn, *No Contest*, pp. 112-13. 한국어판은 《경쟁에 반대한다》 153쪽(넷째 문장 재번역).

18. ABC News, 20/20, Transcript # 1221, ABC Television, New York, May 15, 1992, p. 5.

19. Joseph Veroff, Richard Kulka and Elizabeth Douvan, *Mental Health in America: Patterns of Help-Seeking from 1957 to 1976*, Basic Books, 1981. Robert N. Bellah et al., *Habits of the Heart*, p. 121 에서 재인용. *Habits of the Heart* 한국어판은 《미국인의 사고와 관습》 231쪽(재번역).

20. Peter Brown and Henry Shue, eds, *Food Policy: The Responsibility of the United States in the Life and Death Choices*, Free Press, New York, 1977에 수록된 Peter Brown and Henry Shue, 'Introduction', p. 2.

21. V. Frankl, *Man's Search for Meaning: an introduction to logotherapy*, trans. use Lasch, Hodder & Stoughton, London, 1964, pp. 103-4. 한국어판은 이시형 옮김, 《죽음의 수용소에서》(청아출판사, 2012) 171~172쪽.

22. Robert N. Bellah et al., *Habits of the Heart*, p. ix. 한국어판은 《미국인의 사고와 관습》 56쪽.

23. M. Scott Peck, *The Road Less Travelled*, Arrow Books, London, 1990, pp. 58-9. 한국어판은 신승철·이종만 옮김, 《아직도 가야 할 길》(열음사, 2007) 83쪽.

24. Robert N. Bellah et al., *Habits of the Heart*, p. 127, 130. 한국어판은 《미국인의 사고와 관습》 239, 259쪽(셋째 문장 재번역).

25. Robert N. Bellah et al., *Habits of the Heart*, p. 129. 한국어판은 《미국인의 사고와 관습》 243쪽(재번역).

26. Robert J. Ringer, *Looking Out for* #1, pp. 20-1. 한국어판은 《포 넘버 원》 27, 28, 29쪽(재번역).

27. Gail Sheehy, *Passages: Predictable Crises of Adult Life*, Bantam Books, New York, 1977, p. 251.

28. V. Frankl, *Man's Search for Meaning*, p. 74. 한국어판은 《죽음의 수용소에서》 133쪽.

29. V. Frankl, *Man's Search for Meaning*, p. 76. 한국어판은 《죽음의 수용소에서》 137쪽.

30. F. H. Bradley, *Ethical Studies*, Oxford University Press, Oxford, 1959 (초판 1876), p. 96.

31. H. Sidgwick, *The Methods of Ethics*, 7th edn, Macmillan, London, 1907, p. 405.

32. Robert N. Bellah et al., *Habits of the Heart*, p. 18. 한국어판은 《미국인의 사고와 관습》 86쪽(재번역).

33. Robert N. Bellah et al., *Habits of the Heart*, p. 158. 한국어판은 《미국인의 사고와 관습》 286~287쪽(재번역).

34. Robert N. Bellah et al., *Habits of the Heart*, p. 163. 한국어판은 《미국인의 사고와 관습》 293쪽(재번역).

35. Betty Friedan, *The Feminine Mystique*, p. 300. 한국어판은 《여성의 신비》 561쪽.

36. Robert Bly, *Iron John*, Element Books Ltd, Longmead, Shaftesbury, 1990, p. 151. 한국어판은 이희재 옮김, 《무쇠 한스 이야기》(씨앗을 뿌리는 사람, 2005) 242~243쪽.

37. Thomas Hutchinson, ed., *The Poetical Works of Shelley*, London, 1904, p. 550.으로 재출간. 한국어판은 김천봉 옮김, 《겨울이 오면 봄이 저 멀리 있을까?》(이담북스, 2009) 163쪽.

38. Robert Egner and Lester Dononn, eds, *The Basic Writings of Bertrand Russell*, *Allen & Unwin*, 1961에 수록된 Bertrand Russell, 'The Expanding Mental Universe', pp. 392-3 참고. 또한 같은 책의 'What I Believe', p. 371 참고.

39. Robert Egner and Lester Dononn, eds, *The Basic Writings of Bertrand Russell*, p. 393.

11 좋은 삶

1. 이에 대해서는 Peter Singer, Marx, Oxford University Press, Oxford, 1980, pp. 75-6 참고.

2. '이성의 에스컬레이터' 비유는 필자의 책, *The Expanding Circle*, p. 88에서 쓴 바 있다. 이 절의 일부는 그 책을 토대로 삼았다. 한국어판은 김성한 옮김, 《사회생물학과 윤리》(인간사랑, 1999) 177쪽. Colin McGinn, 'Evolution, Animals and the Basis of Morality', *Inquiry*, vol. 22, 1979, p. 91에서도 기본적으로 같은 주장을 제시한다.

3. John Aubrey, *Brief Lives*, ed., A. Clark, Oxford University Press, Oxford, 1898, vol. 1, p. 332.

4. Gunnar Myrdal, *An American Dilemma*, Harper & Row, New York, 1944, app 1.

5. 이 견해와 이로부터 일어난 운동에 대해서는 필자가 쓴 *Animal Liberation*, 2nd edn 참고. 한국어판은 《동물 해방》.

6. Karl Marx, *The German Ideology*, International Publishers, New York, 1966, pp. 40-1. 한국어판은 박재희 옮김, 《독일 이데올로기》(청년사, 2007) 84, 85쪽.

7. 이러한 논점에 대한 자세한 논의는 필자가 쓴 *Practical Ethics*, 2nd edn, pp. 232-4 참고. 한국어판은 《실천윤리학》 276~277쪽.

8. 출처는 각각 마태복음 22장 39절, Babylonian Talmud, Order Mo'ed, Tractate Sabbath, sec. 31a; 논어 12편 안연 2와 15편 위령공 23(E. Westermarck, *The Origin and Development of the Moral Ideas*, vol 1, p. 102에서 재인용); *Mahabharata*, XXIII:5571

9. 누가복음 10장 29~37절.

찾아보기(문헌)

찾아보기(인명·용어)